EMILIA SMECHOWSKI

RÜCKKEHR NACH POLEN

Expeditionen in
mein Heimatland

Hanser Berlin

Die Arbeit an diesem Buch wurde unterstützt von der Robert Bosch Stiftung und der Stiftung für deutsch-polnische Zusammenarbeit.

1. Auflage 2019

ISBN 978-3-446-26418-2
© 2019 Hanser Berlin in der Carl Hanser Verlag GmbH & Co. KG, München
Umschlag: Anzinger und Rasp, München
Motiv: © Adam Lach / Napo Images
Satz: Greiner & Reichel, Köln
Druck und Bindung: GGP Media, GmbH, Pößneck
Printed in Germany

Für Ada

INHALT

Der Riss 11
Geruch der Fremde 17
Zwei Feinde 23
Sprachen und Zungen 37
Fast an der Grenze Europas 48
Land des Wettbewerbs 56
Am Tisch 64
Frauenleben 77
Ein Bürgermeister kämpft 84
Kleine Geschichte des Kapitalismus 96
Gott ist groß 107
Am Strand 117
Ordnung 123
Hashtag Erasmus 130
Polnische Mädchen 141
Matka Polka 149
Himmel und Hölle 162
Eine katholische Jüdin 169
Führen in Auschwitz 181
Ein Traum in Rot-Weiß 197
Grenzerfahrung 206
Geruch der Heimat 215
Eine Woche Fernsehen 223
Dorota aus meinem Block 233
Mama, warum weinst du? 244

Danksagung 255

Der Bürgermeister ist tot. Das Land ist zerrissen. In stillem Hass geht das Leben weiter. Ich packe meinen Koffer und den meiner Tochter. Ich verlasse das Land, in dem ich geboren wurde und in das ich zurückgekehrt bin für ein Jahr.

Wir verabschieden uns von der Kita. Ein letztes Mal gehen wir Pierogi essen. Unsere Freunde fragen, ob wir traurig seien. Dabei wirken sie selbst ein bisschen so. Manche sagen, wer weiß, wann wir uns wiedersehen, vielleicht kommen wir auch nach Deutschland, vielleicht reisen wir aus. Was, wenn die Regierung im Herbst wiedergewählt wird? Andere sagen: Ihr kommt schneller zurück, als ihr denkt. Das Meer wird euch fehlen.

Sie haben Recht, das Meer wird uns fehlen. Ich schließe unsere Wohnung in Danzig ab und stehe mit Kind und Koffern auf der Straße, die penibel gefegt ist – und dennoch liegt alle paar Meter irgendwo Hundekot. Vielleicht, denke ich, ist das der letzte Widerspruch, der mir begegnet in diesem Jahr, in diesem Land voller Widersprüche. Was nehme ich mit aus Polen? Und wie wird es weitergehen?

Es fing so gut an mit diesem Land. Vor dreißig Jahren ging von Polen die Kraft aus, die Europa wieder einte, wie kein anderes kämpfte das Land für Freiheit und für Demokratie. Nun versteht die Welt Polen nicht mehr. Und die Polen verstehen sich selbst auch nicht unbedingt. Die Menschen, die uns durch das Jahr begleitet haben, unsere Freunde und Familie, die Babysitterin, die Tanzlehrerin, der Nachbar, stehen auf unterschiedlichen Seiten, als wäre zwischen ihnen ein unüberwindbarer Graben. Der Hass ist eher gewachsen als zurückgegangen. Und jeder glaubt, die andere Seite sei schuld. Die anderen hätten Polen zugrunde gerichtet oder seien dabei, es zu tun.

Wie konnte es so weit kommen? Was ist passiert, dass so viele Polen nicht mehr an den Wert der Freiheit glauben?

DER RISS

Der Kellner bringt das Schnitzel, das hier *kotlet schabowy* heißt, dazu kleine Kartoffeln und Krautsalat, ein kleines Bier, es ist früher Abend, kurz hinter Posen – oder Poznań? Die Sonne senkt sich hinter den weiten Feldern, vom Winter ganz kahl, noch drei Stunden etwa, dann erreicht der Zug Danzig. Oder Gdańsk.

Es ist März 2018, und so geht sie los, meine Reise ins Land der Widersprüche.

In den vergangenen Jahrzehnten habe ich nicht viel von Polen mitbekommen. 1988 war ich mit meinen Eltern nach Deutschland ausgereist. Plötzlich lebte ich in Westberlin, meine Freunde in Polen sah ich nicht mehr. Ich weiß nicht, wie sie die Wende erlebt haben und wie es ihnen in den Jahren danach erging. Polen wurde für mich zu einem Land der Sommerferien und Weihnachtsfeste, der viel zu kurzen Besuche bei meiner Oma. Ein Land, dem ich mich immer irgendwie verbunden fühlte und das mir gleichzeitig fremd war. Ich hatte keine Ahnung, wie es den Menschen dort ging. In welche Richtung sich das Land bewegte.

Auch von dem Riss, von dem alle sprechen, weiß ich nicht viel. Schon 1989 sei er ganz leicht zu spüren gewesen und mit den Jahren immer tiefer geworden. Und als die Polen im Herbst 2015 eine nationalkonservative Regierung wählten, habe der Riss sich zum Graben erweitert. Auf der einen Seite lebten die Polen, die den Wandel von einem unfreien, kommunistisch regierten Land in eine moderne, liberale Republik erfolgreich mitgemacht hatten, die sich für Europa und andere Kulturen begeisterten, die in den Urlaub nach Ägypten oder Spanien flogen und dafür zu Hause Rad statt Auto fuhren, die Sushi und vegane Burger aßen und ihre Kinder beim Capoeira beklatschten.

Auf der anderen Seite des Grabens lebten die Polen, die all das vielleicht auch wollten. Die sich ebenfalls nach Offenheit und Freiheit gesehnt hatten, bei denen aber auf dem Weg dahin irgendwas schiefgegangen war. Sie wurden arm und arbeitslos, sie konnten ihre Kredite nicht abbezahlen, sie lebten auf dem Land und kamen dort nicht weg. Sie schauten Fernsehserien, die in der Großstadt spielten. Sie sahen ihre Landsleute, die so anders waren als sie selbst. Sie, die Abgehängten, hatten das Gefühl, nicht zu genügen.

Die Menschen schämen sich dafür bis heute, doch zur Scham kam die Wut darüber, nicht gesehen zu werden. Die PiS sah sie. Und sie gab ihnen das Gefühl, gehört zu werden. *Prawo i Sprawiedliwość* heißt die Regierungspartei, Recht und Gerechtigkeit. In Polen würde es wieder gerecht zugehen, versprach sie den Menschen, das Land würde zu sich selbst finden, zu Stolz, Mut und Eigensinn. Sie versprach auch Kindergeld. Und die Menschen wählten sie. Unterm Strich zwar nur jeder fünfte Pole, denn die Wahlbeteiligung lag bei 51 Prozent. Aber nach der Wahl musste das ganze Land mit dem Ergebnis leben.

Ich schaue aus dem Fenster. Draußen ziehen Kühe vorbei, Bahnhöfe, an denen kein Zug mehr hält, riesige Supermärkte an Ortseingängen. Wie geht es den Menschen in Polen? Wie leben sie, und wie gespalten sind sie wirklich? Streiten sie sich auf der Straße darüber, ob das Verfassungsgericht nun machtlos sei oder nicht? Oder schweigen sie lieber? Haben sie über der Frage, wer welche Partei wählt, Freundschaften aufgegeben oder Ehen? Ziehen sie sich in ihre eigenen vier Wände zurück, oder gehen sie raus auf die Straße?

Das werde ich versuchen herauszufinden. Ich will sehen, wie es um die Opposition bestellt ist. Wie es den Bauern im ärmeren Osten geht. Wie es ist, wenn die Rechten durch Warschau marschieren. Wie selbstbestimmt die polnischen Frauen leben und ob es eigentlich noch Juden gibt in Polen. Ich will verstehen, ob der Riss wirklich so klar verläuft zwischen Stadt und Land, Reich und Arm. Woran es liegt, dass eine Gesellschaft plötzlich in zwei verschiedene Richtungen läuft. Und: Werde ich es schaffen, meine Freundin aus Kindertagen zu treffen, die eine der bekanntesten Schriftstellerinnen des Landes geworden ist?

Sie und ich verbrachten unsere ersten Kinderjahre im selben Plattenbau in Wejherowo, einer Kleinstadt bei Danzig, die ich nicht grauer und hässlicher in Erinnerung haben könnte. Die Schlangen vor den Geschäften, die Westpakete, die Teppichstange draußen auf dem Hof, der gleichzeitig unser Spielplatz war. Es sind schöne Erinnerungen.

Nun, dreißig Jahre später, bin ich wieder da. Und werde gemeinsam mit meiner Tochter dreißig Kilometer von meinem Geburtsort entfernt wohnen: in Danzig. Zwei Koffer, zwei Rucksäcke, ein Jahr, viele Reisen. Das ist der Plan. Mit einem festen Kindergarten, einer Dauerkarte für Bus und Tram, einem Bibliotheksausweis. Mit einem polnischen Konto und Ärger mit den Nachbarn. Mit Übernachtungsbesuchen und frischem Fisch am Strand.

Es ist nicht so, dass ich in den vergangenen dreißig Jahren gar nichts von Polen mitbekommen habe. Ich verfolgte, wie das Land der EU und der Nato beitrat. Ich sah die Filialen von KFC und McDonald's aus dem Boden sprießen. Ich hörte, wie prächtig sich die Wirtschaft entwickelte, wie das Land aufholte. Polen war, von außen betrachtet, eine europäische Erfolgsgeschichte, der Primus unter den neuen Mitgliedsstaaten der EU. Die Polen waren die Ersten, die 1989 den Kommunismus zu Fall brachten. Und während der Finanzkrise 2008 die Einzigen, die mit Wirtschaftswachstum glänzten, als andere Länder am Abgrund standen. Polen ging es gut.

Nun sind die Polen auch die Ersten in Europa, in deren Land eine rechte Partei allein regiert.

Vielleicht, denke ich, hat der Westen den Riss im Osten lange einfach nicht sehen wollen. So wie er grundsätzlich sehr ungern Richtung Osten schaut. Der Westen habe Angst, nach Osten zu schauen, weil er nicht wisse, ob er da seine Vergangenheit sehe oder seine Zukunft, sagte mal ein Bekannter zu mir. Das verunsichere ihn, also lasse er es lieber bleiben. Ich finde, da ist etwas Wahres dran. Es war bequemer, nicht so genau hinzusehen und die polnische Erfolgsgeschichte zu erzählen, ohne Widersprüche, ohne Probleme. Nun geht das nicht mehr.

Wenn es stimmt, dass die Gegenwart – in Europa, in Amerika – geprägt ist vom Konflikt zwischen Globalisierung und Rückzug ins Nationale, zwischen den Befürwortern und den Gegnern offener Grenzen, zwischen demokratischer und autoritärer Herrschaft, dann ist Polen so etwas wie die Avantgarde. Populistische Tendenzen gibt es überall in Europa, doch nirgendwo sonst hat es eine rechtskonservative Partei zur absoluten Mehrheit gebracht. Und einen Kurswechsel vorgenommen, der einer 180-Grad-Wendung gleicht. Kann Polen auch das Land werden, in dem ein solcher Kurswechsel korrigiert wird?

Bisher sieht es danach aus, als würde die *dobra zmiana*, der gute Wechsel, wie die PiS ihre Politik nennt, für die Partei funktionieren. Sie liegt seit Beginn ihrer Amtszeit in den Umfragen vorn. In den vergangenen Jahren hat sie willfährige Richter ernannt, sie hat reihenweise Journalisten und Journalistinnen des öffentlich-rechtlichen Rundfunks ausgetauscht und die Lehrpläne der Schulen ändern lassen – die Kinder sollen wieder mehr über nationale Helden lernen.

In Nachtsitzungen peitschte die PiS neue Gesetze durch. Wie die Fidesz-Partei in Ungarn bekennt sich auch die PiS formal zur Demokratie. Das Bekenntnis verschafft der Partei den Raum, nach und nach den Staat umzubauen, die Pressefreiheit, die Informationsfreiheit und die Demonstrationsfreiheit einzuschränken. Ihr Ziel ist es, systematisch die Elite des Landes zu ersetzen, unter dem Vorwand, die alte bestünde vor allem aus Postkommunisten. Sie will die Justiz schwächen zugunsten der Exekutive.

Für die PiS und ihren Chef Jarosław Kaczyński wird der Staat nicht durch die Gesamtheit aller Bürger legitimiert. Sondern durch eine Gruppe von Menschen, die bestimmte Werte und eine Geschichte teilen. In ihrer Logik sind diejenigen, die sich gegen die PiS stellen, nicht Teil der Nation. Sie sind »Polen der schlechteren Sorte« – eins der berühmten Zitate von Kaczyński.

Das klingt, als befände sich das Land im Bürgerkrieg, und tatsächlich treibt die PiS die Spaltung der Bevölkerung bewusst voran. Gerade in den ländlichen Gebieten im Osten, von Ökonomen oft Polen B genannt, hat sich ein regelrechter Hass auf die vermeintlich arroganten, elitären Großstädter aufgestaut. Diese wiederum, Polen A, blicken fast mit Abscheu auf »die Abgehängten«.

Nicht nur Polen, auch Länder wie Frankreich, Ungarn, Italien und die USA haben uns mittlerweile daran erinnert, dass Demokratie keine Impfung ist, die wir einmal verabreicht bekommen, um fortan für alle Zeiten gegen autoritäre Bestrebungen immun zu sein. Wir müssen um sie kämpfen. Nur welche politische Kraft in Polen sollte das tun?

Die Opposition ist zersplittert und zerstritten. Im Sejm, dem Parlament in Warschau, sitzt zum ersten Mal seit Jahrzehnten keine linke Partei mehr – die Linke hatte es im postkommunistischen Polen schon immer schwer. Die liberal-konservative Bürgerplattform, abgekürzt PO, die bis 2015 die Regierung stellte, ist im Sejm zwar noch vertreten, aber sie hat es nach dem Machtverlust nicht geschafft, für einen Neuanfang zu sorgen.

Und ich? Ich war lange nicht mehr in Polen zu Hause, ich bin Gast in meiner Heimat. Heimat – was ist das überhaupt? Je öfter ich darüber nachdenke, desto weniger weiß ich es. Ist es ein Ort, ein Gefühl oder eher eine Person, eine Familie? Ein Geruch wie feuchter Waldboden, ein Gericht wie Barszcz, die Rote-Beete-Suppe, oder eher Musik wie das traurig-schöne polnische Weihnachtslied von Frédéric Chopin?

Habe ich einen unveränderbaren Kern in mir? Oder wird mich dieses Jahr in Polen zu einer anderen machen? Werde ich mich irgendwann in diesem Jahr, irgendwo in diesem Land auf eine Art zu Hause fühlen?

GERUCH DER FREMDE

Ich liege auf einem Klappsofa, das nicht meins ist, unter einer dünnen Wolldecke, in zerschlissener Bettwäsche, die auch nicht mir gehört. Und vor allem nicht so riecht. Was hat es auf sich mit diesem Geruch der Fremde, der einem immer erst mal die Luft zum Atmen nimmt? Ich ziehe mir die Decke bis ans Kinn und will die Luft anhalten. Weichspüler, irgendwas mit Blumen, darunter der Geruch von feuchtem Keller. Hat die Bettwäsche dort gelagert? Über Jahre womöglich? Mein Vermieter, der uns in der Wohnung empfangen hat (»Hier die Schlüssel, bitte schön, ach, und ein paar Möbel sind kaputt, aber da kümmere ich mich drum.«), hat auch seinen Dunst von Zigaretten und altem Schweiß dagelassen. Mir ist leicht übel, ich frage mich, wann ich zuletzt etwas gegessen habe. Im Zug. Das Schnitzel im Speisewagen. Das war vor sechs Stunden. Ich will heulen und schlafen, beides klappt nicht, stattdessen drehe ich mich zur Seite und beobachte meine Tochter.

Ihr Oberkörper hebt und senkt sich, ihr Atem geht gleichmäßig, ab und an seufzt sie, hell und leicht gesungen, wie nur Kinder seufzen. Sie verströmt eine unschuldige Ruhe, ich streiche ihr vorsichtig über die weichen Ärmchen. Den Tag, der in unserem alten Zuhause begonnen hat und in unserem neuen endet, 600 Kilometer weiter östlich, scheint sie wesentlich besser gemeistert zu haben. Ich zwinge mich, die Augen zu schließen, ich warte auf den Schlaf. Stattdessen legt sich mir ein Stein auf die Brust.

Ich könnte gerade genauso gut in Timbuktu sein. So fremd fühlt sich alles an. Und so ungelenk fühle ich mich. Als müsste ich erst üben, eine Polin zu sein, in Polen zu sein. Ich setze mich auf und starre an die Wand mit den überdimensional großen Aktgemälden, an die der Mond Muster wirft. Unser Vermieter ist Künstler. Über dem Sofa, auf dem wir noch gemeinsam schlafen, weil das Kinderbett erst in ein paar Tagen kommt, hängen Kohlezeichnungen: Frauenskelette, an deren ausgemergelten Brüsten Säuglinge saugen, die ebenfalls ausgemergelt sind. Genau das Richtige für ein Kinderzimmer.

Am nächsten Morgen rüttelt mich meine Tochter sanft wach. Ich stehe auf, sauge, putze, stelle fest, dass es sich bei den kaputten Möbeln um den Esstisch und einen Kleiderschrank handelt, die bei der ersten Berührung einfach in sich zusammenfallen. Ich hänge die toten Frauen mit den halbtoten Babys ab und lasse die Akte an den Wänden.

An unserem ersten Wochenende lassen wir uns treiben. Es ist kalt Anfang März, obwohl die Sonne scheint. In Schal und Mütze halten wir Ausschau nach einem Spielplatz. Wir stellen fest, dass die Spielplätze in unserem Viertel hinter Zäunen stehen und zu Kindergärten gehören. Wir drücken uns gegen die Eisenstäbe, »die Rutsche ist bestimmt schnell, oder?«, fragt meine Tochter. Am Ende finden wir doch noch ein paar Spielgeräte, dazwischen Matsch, der irgendwann sicher mal Rasen war: direkt an der größten Straße Danzigs, der Aleja Grunwaldzka. Viele große Straßen in Polen heißen so, nach der Schlacht bei Grunwald, oder auf Deutsch: Tannenberg. Eine wichtige Schlacht – eine, die die Polen ausnahmsweise gewonnen haben.

Wir wissen noch nicht, dass es in Polen keinen Flaschenpfand gibt. Dass die Ansage in der Tram manche Stationennamen singt, an der Oper beispielsweise. Dass die Ticketpreise so günstig sind, dass sich Schwarzfahren eigentlich nicht lohnt. Ich frage mich, was wir hier machen. Wir sind da, aber wir sind noch nicht angekommen. In einem Neuanfang liegt einfach keine Würde.

Wir kaufen ein, Nudeln, Tomatensoße, saure Gurken. Wir

finden keinen Apfelmus, dafür schmeckt der Kakao laut meiner Tochter »voll komisch«. Ich muss lachen, weil meine Schwester und ich uns früher ähnlich echauffierten über die polnische Schokolade, die so seltsam metallen schmeckte.

Wir stellen uns beim Nachbarn vor. Als ich ihm die Hand gebe, schaut er mich etwas komisch an. Ich bin unsicher. Bin ich ihm zu sehr auf die Pelle gerückt? Plötzlich fällt mir ein, was mir der Vermieter gestern noch sagte: »Ihr Nachbar ist okay, ein Taxifahrer. Wenn er allerdings nachts laut Musik hört, rufen Sie mich an, dann hat er wieder Drogen genommen und eine Prostituierte bei sich.«

Ich miste die Wohnung aus. Die Küchenschränke sind voll mit altem Zeug, verschrumpelten Schwämmen, Zwiebeln, von denen ein übler Geruch ausgeht, Kartoffeln, deren Triebe fast einen Meter lang sind. Ich packe alles in Müllsäcke, verlasse die Wohnung und suche die Mülltonnen. Am Haus stehen keine. Ich laufe die Straße runter, nicke einer älteren Frau zu, die den Gehweg fegt, ein paar Meter weiter steht ein Eisentor halb offen, ein altes Sofa, ein Klo, ein paar Bretter aus Spanholz liegen herum, dahinter ein kleiner Verschlag mit verschiedenen Mülltonnen. Papier, Glas, Restmüll. Die Polen trennen also. Allerdings liegt der Müll hier überall. In den Tonnen, neben den Tonnen, vor den Tonnen. Als ich meine Säcke dazustelle, sehe ich weiter hinten einen Schlafsack auf dem Betonboden liegen. Schläft hier jemand?

Auf dem Weg zurück in die Wohnung nicke ich wieder der Frau zu, die fegt. Bei jemandem vorstellen will ich mich jetzt lieber nicht mehr.

Zwei Tage später, an einem Montagmorgen, beginnt unser polnischer Alltag. Als meine Tochter und ich die Straße betreten, ist schon halb Danzig unterwegs, dabei ist es gerade mal sieben Uhr dreißig. Als würde der Tag hier früher beginnen als in Deutschland, als richteten sich die Menschen eben doch nach der Sonne, die hier im Osten früher aufgeht. Oder ist das noch ein Relikt aus dem Sozialismus? Die Bürozeit beginnt in den meisten Firmen um acht Uhr, in manchen schon um sieben Uhr, die Kitas öffnen entsprechend. Wir wurden angehalten, auf jeden Fall vor acht da zu sein, denn dann bekämen die Kinder Frühstück.

Wir laufen mit leerem Magen durch den Matsch. Wir wollten unser polnisches Jahr im Frühling beginnen, aber wie in Deutschland täuscht der März hier nur vor, Frühlingsbeginn zu sein. In den ersten Tagen regnet und schneit es, dann wieder zeigt sich der Himmel in klarem Meerblau, winterlich kalt ist es durchgehend. Außerdem zieht und windet es überall.

Meine Tochter zerrt mich die Straße runter. Wirklich runter, denn wir wohnen in Wrzeszcz, auf einer kleinen Anhöhe, umgeben von alten, schönen Villen und einem Wald. Es ist das Viertel in Danzig, das nach dem Zweiten Weltkrieg noch am besten erhalten war – neunzig Prozent der Stadt lagen 1945 in Trümmern. Unser Haus wurde 1890 erbaut, nur ist es mit seinem apricotfarbenen Anstrich nicht so schön wie die anderen hier. Die Farbe erinnert mich an die Tapete in meinem deutschen Kinderzimmer. An den Versuch, etwas Toskana in ein Berliner Mittelstandsleben zu bringen. Wieder fegt die Frau den Gehweg. Oder immer noch?

»Sehen Sie, wie sauber es hier ist«, hatte mein Vermieter gesagt, als ich die Wohnung ein paar Wochen vor unserem Einzug besichtigt hatte. Und dann hinzugefügt, als Verkaufsargument quasi: »Hier in Polen gibt es keine Flüchtlinge.« Meinte er das mit »sauber«? Ich war so verblüfft, dass es mir zunächst die Sprache verschlug. Sollte ich etwas sagen, jetzt schon? »Also, wenn Sie das so sehen: Ich bin auch geflüchtet.« Er schaute mich erschrocken an, ich glaube, er ahnte schon, worauf ich hinauswollte, dieses Aussiedler-Ding, in Polen kennt das jeder. Jedenfalls schwieg er daraufhin. Die Wohnung bekam ich trotzdem.

Meine Tochter und ich biegen nun in die Jaśkowa Dolina ein, vorbei an »Manhattan«, dem ersten Einkaufscenter Danzigs, und vorbei an dem Gebäude, in dem Anfang der Neunziger der erste McDonald's der Stadt eröffnete, heute ist dort ein angesagtes Restaurant. Als wir das erste von unzähligen Malen in diesem Jahr die Aleja Grunwaldzka an den drei Ampeln überqueren, fragt meine Tochter, was das für ein Piepen sei. Ich sage, das sei für Blinde, damit sie wissen, wann sie gehen und wann sie stehen sollen. Langsames Piepen bei Grün, schnelles Piepen, wenn es bald rot wird. Und als wir durch einen Tunnel laufen, unter Gleisen hindurch, rattern Züge über uns hinweg. »Schau«, sage ich, »diese Gleise haben uns hierhergeführt. Von Berlin nach Danzig.«

Ich hatte nicht erwartet, dass der Anfang sich real anfühlen würde. Aber auch nicht, dass es so wenig geben würde, woran ich anknüpfen könnte. Das Jahr liegt wie ein leeres Gefäß vor mir, das erst gefüllt werden muss. Ich bin neu hier, eine Anfängerin ohne Routine. Wie aufregend aber auch – als würde ich in Slow Motion leben und zugleich im Zeitraffer.

Wir sind schon in der richtigen Straße, irgendwo hier muss es sein. Die Häuser in Wrzeszcz, das ist mir schon aufgefallen, haben eine Besonderheit: kleine Vorbauten aus Holz, Veranden, die ein bisschen an die amerikanischen Südstaaten erinnern. Wir haben auch so eine. Eine Veranda, komplett verglast und ungeheizt – sie muss noch warten, bis sie bewohnt werden kann.

Die Kita ist im Hinterhaus der Nummer 36, und als wir gerade durchs Tor gehen wollen, fällt mir das Haus linker Hand auf. Soll das ein Witz sein? Eine Ironie des Alltags? Direkt neben der Kita meiner Tochter, die ich noch nie in meinem Leben gesehen habe, sitzt der »Bund der deutschen Minderheit«. So steht es vorn auf der Fassade, in schwarz-rot-goldenen, fast schon verblassten Lettern. Ich will da nicht rein, ich will in Polen nicht deutsch sein. Aber was bin ich dann?

Um kurz vor acht betreten wir den Gruppenraum der Bienen, eine blonde Frau mit freundlichem, offenem Gesicht läuft auf meine Tochter zu, »Dzień dobry«, sagt sie, »schön, dass du endlich da bist!« Und als sie mich fragt, womit meine Tochter denn gern spiele, und ich antworte, ach, mit allem eigentlich, Lego, Puppen, Autos, da ruft die Erzieherin: »Das ist ja wunderbar! Wir haben hier noch ein anderes Mädchen, das mit Autos spielt.«

In den Kitas in Deutschland verbrachten wir jeweils die ersten Wochen damit, unser Kind mit den neuen Räumlichkeiten, den neuen Kindern und neuen Erziehern vertraut zu machen. Eingewöhnung nannte sich das, langsam, sanft und plüschig. Als ich in der Danziger Kita anrief, um zu erfragen, wie denn dort die ersten Wochen ablaufen würden, sagte man mir: »Was meinen Sie mit ablaufen? Sie kommen am ersten Tag, lassen Ihr Kind bei uns und holen es am Nachmittag wieder ab.«

Und so kommt es dann auch. Während ich noch darüber nachdenke, was ich tun soll, wenn mich meine große Kleine nicht gehen lässt, wenn sie mein Bein umschlingt, anfängt zu schreien, gibt sie mir schon einen Kuss, schubst mich über die Türschwelle – eine Angewohnheit aus der Berliner Kita – und winkt mir nach. Sie ist in einer fremden Stadt, in einem fremden Land. Sie kennt weder die anderen Kinder noch die Erzieherin, sie spricht noch nicht mal deren Sprache. Und doch läuft sie nun voller Elan in ihre Gruppe. Meine mutige Tochter.

Vielleicht, denke ich, als ich wieder die Straße betrete, wird sie mir hier mehr helfen können als ich ihr. Auf dem Weg zurück in die Wohnung, nach drei Tagen in Polen, kann ich endlich heulen.

ZWEI FEINDE

Ich laufe durch Danzig, durch diese historische Stadt. Hier griffen die Deutschen am 1. September 1939 Polen an, drüben auf der Westerplatte. Der Zweite Weltkrieg begann. Hier auf der Werft gründete sich die Gewerkschaft der Solidarność, die sich dem kommunistischen Regime entgegenstellte. Jeder Pole weiß das.

Und heute? Die Polen lieben Danzig, die Danziger lieben Danzig noch mehr. So liberal! So offen! Die sozialen Medien, Facebook, Twitter, Instagram, sind voller Lokalpatrioten, die Videos mit Kamerafahrten durch die Stadt teilen: Danzig bei Nacht, Danzig bei Sonnenaufgang, Danzig bei Nebel. Ähnlich wie die Hamburger, die ebenfalls einen Hafen haben, einen Strand und Wind und Nieselregen, glauben auch die Danziger von sich: Wir wohnen in der schönsten Stadt der Welt!

Wo soll ich anfangen? Mit wem sprechen? Würde man Deutsche fragen, an welche bedeutende Person sie zuerst denken, wenn es um Polen geht, dann fiele vermutlich ein Name besonders häufig: Lech Wałęsa. Welche Rolle er aber genau spielte, auf dem polnischen Weg zur Freiheit, das wüssten wohl nur die wenigsten. Soll ich also mit ihm beginnen? Wałęsa wohnt noch immer in Danzig.

Spreche ich mit Polen über Polen, gibt es eine Aussage, die ich immer wieder höre, seit Jahren schon. Wer auch immer versucht, mir die aktuelle Lage im Land zu erklären, sagt: Das, was heute hier passiert, geht zurück auf die Wendejahre. Wer verstehen will, warum Polen so gespalten ist, muss verstehen, was damals geschah.

Ein Jahr nachdem meine Familie und ich Polen verließen,

brach der Kommunismus zusammen, das Regime gab auf, das Land war frei. Ein Umbruch, der das Leben aller Polen veränderte. Und der für immer zwei Männer aneinanderband, in Konkurrenz, dann Verachtung, dann Hass. Sie werden sich wohl bis zu ihrem Tod nicht voneinander lösen können. Es ist eine unglaubliche, fast unwirkliche Geschichte.

Es ist das Jahr 1989. Vertreter der Gewerkschaft Solidarność und der Regierung verhandeln über die Zukunft des Landes. Es ist die Sternstunde von Lech Wałęsa, der als Elektriker die Streiks auf der Danziger Werft angeführt hatte – und nun wesentlich dazu beiträgt, dass die Revolution in Polen unblutig verläuft. *Der Spiegel*, die *New York Times*, der *Guardian* – alle berichten. Polen rückt in den Fokus der Weltöffentlichkeit.

Zwei stehen am Rand des Geschehens und schauen zu. Sie sind zwar Mitglieder der Solidarność, der eine sogar ein Assistent von Wałęsa, aber sie wollen mehr. Wałęsa hält sie auf Abstand. Er traut ihnen nicht ganz. Es muss in diesen Wochen gewesen sein, dass sie einen Pakt schließen: Irgendwann werden sich alle wundern. Dann werden sie dieses Land regieren.

Es sind die Brüder Kaczyński.

Lech ist mittlerweile tot, gestorben 2010 bei einem Flugzeugabsturz in Smolensk. Jarosław aber hat die Agenda der Zwillinge zu Ende gebracht: Er regiert nun das Land, allein, als Drahtzieher. Die offiziellen Machthaber lässt er auf der politischen Bühne wie Marionetten tanzen. Jarosław Kaczyński ist zum Schattenherrscher Polens geworden. Offiziell nur Parteichef ohne Regierungsamt, hat er loyale Vertraute als Präsident und Premierminister installiert.

Sein Erfolg besteht nicht nur in sozialen Reformen wie dem Kindergeld oder dem herabgesetzten Rentenalter. Er hat eine Erzählung geschaffen: von einem Polen, das sich von den Knien erhebt. Das sich widersetzt, dem Westen, der EU, das sich nicht für blöd verkaufen lässt. Er gibt an, das »Polnische« in Polen stärken zu wollen, was für ihn vor allem heißt: Familie, Glaube, Nation. Es ist eine kulturelle Revolution von oben.

Eine Revolution, die neue Helden schafft: Sein toter Bruder Lech sei einen Märtyrertod gestorben, der Flugzeugabsturz, bei dem alle 96 Insassen ums Leben kamen: ein Attentat. Das ist Kaczyńskis Wahrheit. Dass eine Untersuchungskommission von einem Unfall und von dichtem Nebel spricht, interessiert ihn nicht.

Eine Revolution, die alte Helden stürzt: Als Lech Wałęsa 2016 ankündigte, den Widerstand unterstützen zu wollen, tauchten plötzlich Dokumente auf, die seine Arbeit als Spitzel im kommunistischen Geheimdienst beweisen sollten. Wałęsa spricht von einer Fälschung. Die Solidarność, die er einst prägte, hat an Bedeutung verloren, es gibt sie kaum mehr.

Die Wende jährt sich 2019 zum dreißigsten Mal. Noch immer lässt diese Zeit die Polen nicht los. In diesem Punkt sind sich ausnahmsweise alle einig: Damals, sagen sie, begann die Spaltung des Landes. Damals begann auch der Hass zwischen Lech Wałęsa und Jarosław Kaczyński.

Zwischen einem, der 1983 den Friedensnobelpreis bekam und stur sein kann wie ein Kleinkind, und einem, der im Verborgenen das Land regiert, aber noch immer im Haus seiner Mutter wohnt.

Wałęsa und Kaczyński sind typische Polen: voller Widersprüche. Sie sind grundverschieden, der eine spricht ständig von einem liberalen, freien Polen, der andere baut an einem zentralisierten, autoritären Staat. Der eine kann sich kaum fünfzehn Minuten am Stück konzentrieren, der andere liebt Sachbücher. Doch sosehr sie sich in Politik und Bildung unterscheiden, so sehr ähneln sie sich privat. Wałęsa und Kaczyński, zwei Männer, zwei Einzelgänger, die Polens Politik in den vergangenen Jahrzehnten geprägt haben wie kaum jemand anders, sind beide alt und einsam. Sie sind beide klein und untersetzt. Sie gelten als störrisch, herrisch und beratungsresistent, sie sind schnell beleidigt und fühlen sich oft nicht ernst genommen. Ihre Mitarbeiter haben Angst vor ihnen. Wer sie näher kennt, sagt: Vielleicht sind sie deshalb zu Erzfeinden geworden. Sie ähneln sich zu sehr.

Beide beanspruchen für sich, im Sinne Polens zu handeln oder gehandelt zu haben. Das ist seit vielen Jahren der Kern ihres Streits: Kaczyński wirft Wałęsa vor, bei den Verhandlungen am Runden Tisch zu viele Kompromisse mit den kommunistischen Machthabern eingegangen zu sein. Wałęsa wirft Kaczyński vor, die Demokratie im Land und damit auch sein, Wałęsas, Erbe zu zerstören.

Wałęsa und Kaczyński haben noch eine Gemeinsamkeit: Sie mögen keine Journalisten. Journalistinnen vielleicht noch weniger. Ich versuche es trotzdem. Über das Jahr verteilt schreibe ich Jarosław Kaczyński mehr als ein Dutzend E-Mails mit der Bitte um ein Gespräch. Es kommt keine Antwort.

Lech Wałęsa zu treffen scheint zunächst einfacher. Sein Bürochef antwortet zwar unfreundlich, aber an einem Tag im April bittet er mich in Wałęsas Büro.

Es ist fast frühlingshaft, endlich schlägt sich die Sonne durch, als ich mich an einem Mittwochmorgen Richtung Danziger Werft aufmache. Ein paar Stationen mit der Tram, die Aleja Grunwaldzka entlang, über die Gleise der Stadtbahn, wo ich von der Brücke aus die Kräne sehen kann – die Wahrzeichen von Danzig. Für die Industrie ist die Werft unbedeutend geworden, aber noch immer der ganze Stolz der Stadt. Dann stehe ich vor einem Gebäude aus braunrotem Beton, der an Rost erinnern soll, an das Schweißen von Metall, an harte Arbeit. Das Solidarność-

Zentrum wurde 2014 eröffnet, ich mag die helle Eingangshalle voller großer Pflanzen, man kann hier guten Kaffee trinken und sich die Solidarność-Ausstellung ansehen – genau da, wo 1980 die Arbeiter auf der damaligen Leninwerft streikten.

Ich fahre in den zweiten Stock. Raus aus dem Fahrstuhl und nach links, das hatte mir der Mitarbeiter noch geschrieben. Ich klopfe an eine Tür, ein Mann schiebt sich heraus, schließt die Tür leise hinter sich und sagt dann: »Hallo, wer sind Sie?«

Ich nenne meinen Namen und sage, dass ich gekommen sei, um mit Lech Wałęsa zu sprechen.

Der Mann wirkt etwas verwirrt. »Ach ja«, sagt er nur, dann mustert er mich. Denkt er nach? »Okay«, sagt er. »Sie dürfen reinkommen. Aber denken Sie daran: Erwähnen Sie nicht Ihren Namen und woher Sie kommen, dieses ganze Blabla interessiert ihn nicht. Stellen Sie gleich Ihre erste Frage. Wir haben nicht viel Zeit. Ich gebe Ihnen zwanzig Minuten.«

Und während ich darüber nachdenke, wie ich meine Fragen, sauber aufgeschrieben auf vier DIN-A4-Seiten, in zwanzig Minuten stellen und vor allem Antworten darauf bekommen soll, während ich mich frage, warum ein Mann, der seit Jahrzehnten quasi in Rente ist, nicht mehr als zwanzig Minuten für ein Gespräch aufbringen kann, öffnet sein Mitarbeiter die Tür und weist mir stumm den Weg.

Der Raum ist groß, in der rechten Ecke steht ein großer Tisch. Ich kann es nicht fassen: Lech Wałęsa hat tatsächlich einen Schraubenzieher in der Hand. Er bearbeitet damit ein Gerät, das wie ein altes Telefon aussieht. Es wirkt wie eine Pose, ein Klischee: der Elektriker hinter dem Schreibtisch des Staatsmannes. Er beachtet mich nicht, und so setze ich mich auf das Sofa neben dem Tisch und beobachte ihn.

Wałęsa trägt eine militärgrüne Weste, wie ein Freizeitangler sieht er aus. An seiner Brust steckt sein Markenzeichen, eine

Brosche der heiligen Mutter Gottes. Er trug sie auch zu Zeiten des Kommunismus, als die Kirche von den Machthabern unterdrückt wurde und die Parteibonzen an ebenjener Stelle ihr Parteiabzeichen hatten. Lech Wałęsa werkelt weiter, ab und an brummt er etwas, das vielleicht dem Gerät vor ihm gilt. Er hebt nicht den Kopf.

Politologen, die sich viel mit ihm beschäftigt haben, sagen, Wałęsa sei eigentlich nie Politiker geworden, sondern immer Elektriker geblieben. Er, der von 1990 an sogar fünf Jahre lang Präsident der neugegründeten Republik Polen war, sei das Praktische, Zupackende, auch Unreflektierte nie losgeworden.

Als er 1991 Queen Elizabeth II besuchte, blieb er ebenfalls Elektriker. Es heißt, Wałęsa soll den schlechten Zustand der königlichen Steckdosen bemängelt haben. Unklar ist, ob sein Englisch zu schlecht war oder die Queen seine Warnung für einen Scherz hielt. Klar ist: Ein paar Monate später brannte ein Flügel des Palastes wegen schadhafter elektrischer Leitungen aus.

Wałęsa ist, was viele Politiker nur vorgeben zu sein: einer aus dem Volk. Er entstammt nicht einer Elite, er war, zu Beginn jedenfalls, keiner der Oberen, denen die Polen aus Prinzip misstrauen.

Er wurde 1943 in Popowo geboren, einem Dorf, das damals zu Westpreußen gehörte. Nach der Grundschule ging er auf eine elektrotechnische Berufsschule und arbeitete später als Elektromechaniker. Er galt als durchschnittlich begabt.

1967 begann er als Elektriker auf der Danziger Leninwerft. Zwei Jahre später heiratete er, mit seiner Frau Danuta bekam er insgesamt acht Kinder. Heute hat er zu ihnen kaum noch Kontakt. Seine Frau, die ihr komplettes Leben damit verbracht hat, ihrem Mann den sprichwörtlichen Rücken freizuhalten, veröffentlichte vor ein paar Jahren ihre Memoiren. Sie verkauften sich besser als die ihres Mannes, alle wollten wissen, wie es war, mit Lech Wałęsa verheiratet zu sein. Wałęsa habe ihr die ehrlichen Worte in der Öffentlichkeit nicht verziehen, heißt es.

Und so sitzt Lech Wałęsa die meiste Zeit des Tages in diesem Büro im zweiten Stock des Solidarność-Zentrums. Mehrmals am Tag schreibt er etwas auf Facebook und Twitter, fast immer haben seine Posts mit der aktuellen Regierung zu tun, fast immer liest er Kommentare wie diesen hier: »Kommen Sie zurück, Herr Präsident. Nur Sie können uns noch helfen.«

Wenn Lech Wałęsa nicht in seinem Büro sitzt, reist er durch Polen und die Welt. Und erzählt seinem Publikum von früher. Davon, wie das war damals mit den Streiks und der Revolution.

1970 schon trat Wałęsa dem illegalen Streikkomitee der Werft bei. Der Streik wurde von der Polizei niedergeschlagen, achtzig Mitarbeiter kamen dabei ums Leben, Wałęsa wurde zu einem Jahr Haft verurteilt. 1976 verlor er seine Arbeit, weil er den Getöteten ein Denkmal errichten wollte. Als die Werftarbeiter im August 1980 noch einmal streikten, soll Wałęsa auf eine Mauer geklettert sein, er wurde daraufhin zum Streikführer berufen. Und der »Polnische August« wurde legendär.

Was dann folgte, hatte es im Ostblock nie zuvor gegeben: Arbeiter in ganz Polen folgten ihren Danziger Kollegen und legten die Arbeit nieder. Lech Wałęsa erkämpfte eine Einigung mit der Werft und gründete die Gewerkschaft Solidarność mit. Das Besondere an der Solidarność war ihre Kraft, das Land zu vereinen. Die intellektuelle Elite hatte erkannt, dass sie die Arbeiter niemals würde anführen können, die Arbeiter wussten, dass die Struktur, die die Elite mitbrachte, unerlässlich war. Aus dem Zusammengehen der beiden erwuchs eine einzigartige Kraft. Eine Kraft, die im heutigen Polen fehlt.

Als Lech Wałęsa 1983 der Friedensnobelpreis verliehen wurde, reiste seine Frau für ihn nach Oslo. Wałęsa hatte Angst, nicht wieder einreisen zu dürfen, seit zwei Jahren herrschte in Polen Kriegszustand, also blieb er im Land. Und organisierte fünf Jahre später, 1988, erneut einen Streik, der schließlich zu den Gesprächen am Runden Tisch führte.

Nun, dreißig Jahre später, sitzt er da, wo er früher seine Arbeit niederlegte, auf dem Gelände der ehemaligen Leninwerft. Mittlerweile sind fünf Minuten vergangen. Soll ich weiter warten? Etwas sagen? Ich habe Block und Aufnahmegerät herausgeholt, Wałęsa werkelt immer noch. Sieben Minuten wird es noch dauern, der Mitarbeiter und ein weiterer Kollege haben sich an einen Tisch am anderen Ende des Zimmers gesetzt. Vier Menschen in unterschiedlichen Ecken des Raumes, alle schweigen. Die Szene erinnert an eine Theaterbühne, auf der die Schauspieler leise ihre Positionen einnehmen, bevor sich der Vorhang hebt.

Dann, ganz plötzlich, steht Lech Wałęsa auf, geht die zwei Meter zum Sessel mir gegenüber, lässt sich hineinfallen, schaut mich zum ersten Mal an – oder schaut er durch mich hindurch? Er gibt mir nicht die Hand, er wünscht mir keinen »Guten Tag«, er sagt zwei andere Wörter: »Erste Frage.«

Die Zeit läuft.

»Herr Wałęsa, wie war das damals …«

»Was weiß ich, wie das damals war.«

»Was denken Sie über …«

»Hören Sie, gute Frau. Ich denke erst mal gar nichts. Ich bin hier nicht zum Denken, ich denke an gute Luft oder Vögel, an sonst nichts. Aber ich sage Ihnen Folgendes …«

Es ist nicht leicht, mit Lech Wałęsa zu sprechen. Über Historisches will er höchstens dozieren, jede private Frage wehrt er ab, und spricht man ihn auf die Gegenwart an, lässt er einen nicht ausreden.

»Ich glaube, dass es gar nicht so schlecht ist, dass Leute wie die von der PiS oder auch Trump in den USA an die Macht gekommen sind. Das zeigt ja auch: Die Menschen sind auf der Suche. In Amerika, in Frankreich, in Polen, überall. Nun sind wir wirklich gezwungen, Lösungen zu finden. Lösungen gegen den Rechtsruck und den Nationalismus. Und man muss ehrlich sagen: Wir haben bisher noch keine gefunden.«

Warum, denken Sie, sind die Polen so gespalten? Wie ist Ihr Verhältnis zu Deutschland? Welche Lösung gäbe es, um das Land zu vereinen? Wen sehen Sie an der Spitze der Opposition? Würden Sie es vielleicht sogar lieber selbst machen?

Auch auf diese Fragen reagiert Lech Wałęsa genervt. Er hält lieber Monologe. »Warum über Polen reden? Die ganze Welt ist doch in der Krise gerade. Keiner hat eine Lösung gefunden für das 21. Jahrhundert. Wir in Polen haben uns 1989 getraut, wir haben einen Sprung gemacht. Aber nun fragen wir uns: Wer sind wir heute? Was sind die europäischen Fundamente in unserem Land? Wir wollen den Kommunismus nicht zurück, sind aber auch nicht mit dem Kapitalismus zufrieden.«

Wie fast alle Polen sagt auch Wałęsa »Kommunismus«, wenn er von der Volksrepublik Polen spricht, vom realsozialistischen Staat bis 1989.

Dass viele Polen »nicht zufrieden« sind mit dem Kapitalismus, liegt natürlich auch an Lech Wałęsa. Er prägte maßgeblich die Politik der Nachwendezeit mit, in der in Polen die Marktwirtschaft eingeführt wurde, ohne wie in Deutschland das Attribut »sozial« zu führen. Aber über seine Zeit als aktiver Politiker möchte Wałęsa auch nicht reden.

Die Zeit der Präsidentschaft ist seine Achillesferse. Sosehr er während der Wendezeit von seinen Landsleuten und dem Rest der Welt auf ein Podest gestellt wurde, so schnell fiel er herunter, als er auch ganz offiziell Politik machte. Was auf der Werft noch charmant gewirkt hatte, seine direkte Art, seine Ungeduld, sein Draufgängertum, funktionierte bei Staatsbanketten nicht mehr. Wałęsa saß plötzlich in Warschau. Er hasste die Stadt und zerstritt sich mit vielen seiner Mitarbeiter. Seine Beliebtheit sank auch in der Bevölkerung, 1995 wurde er nicht wiedergewählt.

In diesen Jahren begann Jarosław Kaczyński langsam aus der Deckung zu kommen. Immer wieder hatte er kritisiert, dass die Verhandlungen am Runden Tisch, die sein Rivale innerhalb der Solidarność, Lech Wałęsa, geführt hatte, gescheitert seien. Er sprach von einem Kuhhandel zwischen der damaligen Elite der demokratischen Opposition und den Postkommunisten.

Dabei sagen viele Experten, dass Wałęsa mit dem Runden Tisch richtiggelegen hatte. Dass die Bevölkerung überfordert gewesen wäre, hätte sie nicht nur die harten marktwirtschaftlichen Reformen überstehen, sondern auch noch den Kampf ausfechten müssen, die Zeit des Kommunismus aufzuarbeiten. Doch die Geschichte des Elektrikers, der sich hatte unterbuttern lassen, der nicht genug rausgeholt hatte für das Land, war machtvoll. Sie rührte an den Minderwertigkeitskomplex der Polen: Wieder einmal waren sie zu kurz gekommen, wieder hatten sie sich von Fremden, in diesem Fall der von den Sowjets installierten kommunistischen Regierung, bestimmen lassen.

Kaczyński ließ sich Zeit, seine Erzählung vom geknechteten Polen und seinen Verrätern auszuarbeiten. Teil dieser Erzählung ist »Bolek« – der Deckname eines inoffiziellen Mitarbeiters des Geheimdienstes, verzeichnet auf Listen, die schon Anfang der Neunzigerjahre veröffentlicht wurden. Lech Wałęsa bestreitet bis heute, »Bolek« gewesen zu sein, doch 2017 bestätigten Graphologen den Verdacht. Auch wenn Historiker einschränken, dass er wahrscheinlich nicht aus ideologischen Gründen gehandelt habe, sondern unter Zwang stand.

Der alte Held stürzte, es öffnete sich Raum für einen neuen.
2001 gründeten die Brüder Kaczyński die PiS. Vier Jahre später kamen sie zum ersten Mal an die Macht, Lech Kaczyński, der etwas gemäßigtere Bruder, wurde Präsident, Jarosław übernahm ein Jahr später sogar das Amt des Premierministers. Doch die Zeit war noch nicht reif für seine Politik, 2007 schied er wieder aus der Regierung aus. Lech, sein Bruder, blieb zunächst Präsident. Dann, drei Jahre später, ereignete sich das Flugzeugunglück von Smolensk.

Im April 2010 waren insgesamt 96 Vertreter der polnischen Regierung und des Militärs auf dem Weg nach Katyn, um dort eines Massakers zu gedenken, bei dem siebzig Jahre zuvor polnische Offiziere von Sowjets erschossen worden waren. Die Maschine stürzte ab, alle 96 Insassen kamen ums Leben – darunter Lech Kaczyński. Ein Schock, ein Trauma, das Polen bis heute prägt.

Eine spätere Untersuchung ergab, dass schlechtes Wetter und menschliches Versagen die Unfallursachen gewesen waren. Jarosław Kaczyński beharrt aber darauf, das Unglück sei ein Anschlag gewesen, in Auftrag gegeben von den Russen und der Bürgerplattform um Donald Tusk, der 2010 polnischer Premierminister war. Trotz der Trauer, die er sicher in sich trug, versuchte Jarosław Kaczyński das größte Trauma der jüngeren Geschichte Polens politisch für sich zu nutzen. Die Agenda, die sein Bruder und er verfolgt hatten, wollte er nun allein zu Ende führen.

Eine alte Schulfreundin beschrieb die Kaczyński-Zwillinge einmal so: »Sie zogen beide schmollend und Arm in Arm den Korridor entlang und nahmen den Rest der Welt kaum wahr. So sind sie bis heute.«

Der Politologe Robert Krasowski sagt, Kaczyński habe eine »toxische Persönlichkeit. Seitdem er in der Politik aufgetaucht war, kannte er kein Maß und keine Grenzen. Prinzipien hatte sein Bruder Lech – nicht er. Deswegen ist er so erfolgreich.«

Und Günter Verheugen, der als EU-Kommissar für die Osterweiterung zuständig war, sagte einmal über Jarosław Kaczyński: »Seine Empfindlichkeiten gegenüber vermeintlichen oder wirklichen Herabsetzungen oder Benachteiligungen liegt weit über dem Durchschnitt der polnischen Politik, und dort ist allgemein das Maß der Empfindlichkeit Kränkungen jeder Art gegenüber schon sehr hoch.«

Dieses Gefühl, nicht ernst genommen zu werden, aus dem umso mehr trotzige Stärke erwächst: vielleicht verbindet es Kaczyński mit Donald Trump, dem ebenfalls nicht zugetraut wurde, einen Staat zu lenken.

Privat weiß man nicht viel über Kaczyński. Er soll belesen sein und ein phänomenales Gedächtnis haben. Sein Bruder war verheiratet, Jarosław lebte bis zu ihrem Tod mit seiner Mutter zusammen – heute bewohnt er ihr Haus im Warschauer Stadtteil Żoliborz mit seiner Katze. Er lebt bescheiden und asketisch. Politik ist für ihn alles. Anders als Viktor Orbán beispielsweise hat er kein Interesse an einer persönlichen Bereicherung. Aber er hat kein Problem damit, Staatsmittel gezielt für die Verbreitung seiner Parteiziele zu nutzen.

Er entscheidet eigenmächtig über die wichtigsten Angelegenheiten des Landes. Das ist ein Novum in der Geschichte der Dritten Polnischen Republik, die seit 1989 besteht: Kaczyński sieht sich, wie einst der autoritäre Marschall und Präsident Józef Piłsudski, als Führer des Staates. An der Macht hält er sich mithilfe von zwei altbewährten Techniken: Abhängigkeit und Loyalität. Wer in seiner Entourage von diesen Prinzipien abweicht, wird ausgegrenzt. Die Warschauer Soziologin Jadwiga Staniszkis hält ihn für den »intelligentesten Politiker« des Landes.

Bei Lech Wałęsa im Büro klingelt ein Handy, irgendeine Diskofox-Melodie. Er geht ran und nuschelt durch seinen Schnurrbart ins Telefon.

Am Ende schaffe ich es doch, eine einzige echte Frage zu stellen. »Polen ist heute geteilt. Sie haben es damals verstanden, das Land in einem der seltenen Augenblicke der polnischen Geschichte zu einen. Wie haben Sie das geschafft?«

»Das waren andere Zeiten«, sagt Wałęsa. »Mein Motto war: Wenn das Gewicht zu schwer ist, wenn du etwas nicht allein stemmen kannst, musst du um Hilfe bitten. Ich musste also ganz Polen, wenn nicht auch Europa und die ganze Welt um Hilfe bitten. Und gemeinsam haben wir den Kommunismus hochgehoben und dann weit weggeworfen. Aber heute sind das ganz andere Gewichte. Das Gewicht der Freiheit wiegt schwer. Wir haben keine gemeinsamen Werte mehr. Auch Verantwortung übernimmt niemand.«

In diesem Punkt hat er Recht. Die polnischen Politiker, er eingeschlossen, tun sich schwer mit Verantwortung und Selbstkritik. Die PiS unter Jarosław Kaczyński baut die Demokratie ab, während die Opposition noch immer die Wahlniederlage nicht verwunden hat. Als neuer Chef der Bürgerplattform wurde Grzegorz Schetyna eingesetzt. Frischen Wind brachte er allerdings nicht. Er gehört zum alten Kader.

Könnte Lech Wałęsa die Opposition anführen? Er ist schon in Rente. Fährt man aber zu einem seiner Auftritte, bei denen er Hunderten Leuten erklärt, was schiefläuft in Polen, hat man das Gefühl, der Mann lenke bereits wieder die Geschicke dieses Landes. Oder er hat, in seiner Vorstellung, nie damit aufgehört. Am Ende signiert er Bücher wie ein Popstar, bis auch der Allerletzte ein Selfie mit ihm geschossen hat.

»Würden Sie zurückkommen, Herr Wałęsa?«

»Ich weiß es nicht. Dafür müsste man mich direkt fragen. Ich bin ein Mann, der gefragt wird. Ich bin ein Mann, der siegen will. Ich tummele mich nicht mehr auf den Straßen herum wie früher. Und ich denke, jetzt ist es genug. Gehen Sie bitte.«

Er erhebt sich einfach und setzt sich zurück an seinen Schreibtisch. Ich räume mein Zeug zusammen und verlasse sein Büro.

Lech Wałęsa würde das öffentlich nie zugeben, aber es fiel ihm schwer, die Macht loszulassen. Immer wieder wagte er neue Anläufe. 2000 trat er erneut bei den Präsidentschaftswahlen an, erhielt aber kaum mehr als ein Prozent der Stimmen. Und als er Jahre später ankündigte, ein weiteres Mal kandidieren zu wollen, wiederholte er die Worte, die er fünfzehn Jahre zuvor bei seinem ersten Amtsantritt gewählt hatte: »Ich will nicht, aber ich muss.« Es war sein berühmtestes Zitat. Zu der erneuten Kandidatur kam es nicht mehr.

Sein ewiger Rivale ist nun dabei, das Land zu verändern. Seine politische Strategie scheint sich Jarosław Kaczyński von Niccolò Machiavelli abgeschaut zu haben. Auch dessen berühmter Fürst peitscht gleich nach Machtantritt die größten Grausamkeiten durch, um danach in Ruhe auf die Wirkung seiner Sozialpolitik zu vertrauen. »Ist alles auf einmal abgetan, so beruhigen sich die Menschen, und er [der Fürst] kann sie durch Wohltaten gewinnen«, schrieb Machiavelli.

Am Ende antwortet Kaczyńskis Büro doch auf meine Flut an E-Mails: »Sehr geehrte Damen und Herren, ein Interview mit dem Vorsitzenden der PiS wird nicht möglich sein.« Keine persönliche Anrede, keine Grußformel, nur diese sechzehn Wörter, für die das Polnische lediglich zehn braucht. Es ist sparsamer, effizienter – in diesem Fall auch brüsker.

SPRACHEN UND ZUNGEN

Die polnische Sprache macht weniger Worte als die deutsche, sie ist aber auch sehr viel melodiöser und schöner. Jedenfalls wenn sie nicht von mir gesprochen wird – dann nämlich klingt sie nicht allzu melodiös, eher stockend. Wie das Land ist mir auch seine Sprache fremd geworden. Und ich bin nicht sicher, ob dieses Jahr etwas daran ändern wird.

Nach ein paar Tagen in Danzig fängt meine Tochter morgens an zu weinen. »Ich will nicht in die Kita«, ruft sie. Nach einer Woche erzählt sie von einem Jungen, der ihr die Autos weggenommen habe mit der Bemerkung, mit Autos dürfe sie nicht spielen, sie sei ein Mädchen. »Was hast du daraufhin gesagt?«, frage ich. »Nichts«, sagt meine Tochter. »Ich kann doch gar kein Polnisch.«

Natürlich weiß ich das, und doch erschreckt es mich, dass sie das so klar benennt. Wir haben nie groß darüber gesprochen, dass sie zweisprachig aufwächst. Ihr Vater ist Deutscher, ich bin in Polen geboren, wir wollten, dass sie beide Sprachen lernt, Deutsch und Polnisch. Also sprach ich mit ihr in meiner Muttersprache, seit sie auf der Welt war. Und doch tendieren Kinder immer zu der Sprache des Landes, in dem sie gerade leben. Die ersten vier Jahre war das für sie: Deutschland. Sie verstand, was ich auf Polnisch sagte. Aber meist antwortete sie auf Deutsch. Das funktioniert in Polen immer noch – aber nur noch mit mir. Die anderen verstehen sie nicht mehr.

Nach zehn Tagen klagt sie morgens auf dem Weg über Bauchweh, nach zwei Wochen schlägt sie um sich und schreit, als ich sie der Erzieherin übergeben will. Der bleibt nichts anderes übrig, als sie zu packen und festzuhalten, und ich verlasse die Kita mit einem Gefühl, das tiefer geht als das altbekannte schlechte Gewissen.

Holprige Starts in den Tag gab es auch in Deutschland. Aber hier, in Polen, ist etwas anders: Meine Tochter kann sich nicht ausdrücken. Und sie weiß das auch. Als sie es noch nicht wusste, in unseren ersten Tagen in Danzig, ging sie einfach auf beliebige Menschen zu und quatschte sie auf Deutsch voll. So hatte sie die Welt, die für sie bisher Berlin gewesen war, erfahren: In ihrem nahen Umfeld sprachen alle Deutsch, nur ihre Mutter konnte noch Polnisch. In ihrem weiteren Umfeld gab es auch Menschen, die noch andere Sprachen konnten: Französisch, Türkisch, Englisch, Arabisch. Aber alle hatten eine Gemeinsamkeit: Sie sprachen und verstanden Deutsch.

Was macht ein Kind, wenn es nicht sagen kann, dass es Durst hat oder aufs Klo muss? Als ich die Kita verlasse, stelle ich mir diese Frage ganz ernsthaft. Ich erinnere mich nicht, wie das bei mir war. Als ich in ein fremdes Land kam, war ich nur ein Jahr älter als sie, fünf. Und war doch in einer ganz anderen Situation. Meine Eltern waren nicht entspannt mit dem Zug angereist, sondern mit dem Auto geflohen. Und sie hatten beschlossen, mir die alte Sprache abzugewöhnen. Sie (und mehr oder weniger der Rest der Bundesrepublik) waren der festen Überzeugung, wir kämen nur dann in diesem neuen Land an, wenn wir unsere alte Sprache aufgäben – und alles, was mit ihr zusammenhing.

Ich geriet in einen Strudel aus Sprechverboten. Fuhren wir als frischgebackene Deutsche nach Polen in den Sommerurlaub, flüsterte meine Oma meiner Schwester und mir zu: »Sprecht hier auf der Straße lieber kein Deutsch. Ihr wisst schon, bei älteren Menschen weckt das ungute Erinnerungen.« Zurück in Deutschland, war wieder Polnisch tabu, damit man uns nicht als Ausländer erkannte. Die Folge war, dass ich meine Muttersprache nach und nach verlernte – eine schmerzvolle Erfahrung, zumal ich sie als Erwachsene beinahe wieder neu lernen musste.

In unserem polnischen Jahr, beschließe ich, darf meine Tochter Deutsch sprechen, soviel sie will. Oder auch gar nicht. Wie sie es möchte.

Die Hürden und Sprechverbote kommen nun nicht mehr aus meiner Familie, sondern aus Politik und Gesellschaft. Seit die rechtskonservative Regierung an der Macht ist, höre ich immer öfter von Vorfällen, in denen Deutsche oder Deutschsprechende in Polen angefeindet werden. Eine deutsche Schulklasse, darunter einige Mädchen mit Kopftuch, wurde während einer Klassenfahrt in Lublin bespuckt und beschimpft. Zwei deutsche junge Männer, die in Polen arbeiten, wurden nachts beim Ausgehen in Łódź ins Krankenhaus geprügelt. Einen Professor schlug man in einer Warschauer Straßenbahn zusammen, weil er mit einem Kollegen Deutsch sprach. Einzelfälle, natürlich. Und doch bin ich beunruhigt. Würde jemand meiner Tochter einen bösen Blick zuwerfen, weil sie Deutsch spricht? Wie würde ich reagieren? Soll ich ihr vielleicht raten, auf Deutsch wenigstens zu flüstern? Ich verbanne den Gedanken wieder.

Wir fallen ohnehin auf, egal was wir tun. Schon die Namensliste in der Kita verrät uns. Meine Tochter ist das einzige Mädchen, dessen Nachname auf »i« endet und nicht, wie in Polen üblich, auf »a«. Meine Eltern hatten unseren Nachnamen zwar nicht komplett geändert, aber doch so weit eingedeutscht, dass sie den Deutschen die Verwirrung angesichts verschiedener Endungen und komischer Extrazeichen an den Konsonanten ersparten.

Nun ist es andersherum: Die Polen tun sich mit uns als Deutschen schwer. Als ich dabei war, den Kitaplatz in Danzig zu organisieren, begriff ich schnell, wie ungewohnt es für Polen sein muss, ein fremdsprachiges Kind in einer polnischen Kita aufzunehmen. Wie sich meine Tochter denn momentan ausdrücke, hatte die Leiterin per Mail gefragt. Ob sie überhaupt etwas auf Polnisch sagen könne. Sie mache sich Sorgen darüber, wie sie sich mit den Erzieherinnen verständigen würde.

Etwa zwei Wochen nachdem ich sie schreiend in der Kita gelassen habe, kann mein Kind wesentliche Informationen vermitteln: Hunger, Durst, Toilette und auch, welches Spiel sie spielen will. Nach weiteren zwei Wochen: spricht sie Polnisch. Ich kann förmlich dabei zusehen, wie sie diese vertraute und doch fremde Sprache einatmet. Sie verwendet von allein die richtigen Kasus, ohne dass sie ihr je einer erklärt hätte. Ich beneide sie ein wenig. Mein Polnisch war nach jahrelangem Schweigen mindestens eingerostet, wenn nicht verloren, in Berlin hatte ich Kurse besucht, um es wieder aufzufrischen. Und doch mache ich bis heute kleine Grammatikfehler, immer wieder fehlt mir hier und da ein Wort. Ich bin dabei, mich sprachlich von meinem Kind überholen zu lassen. Einmal fiel mir das Wort für »traurig« nicht ein, da sagte sie schon: »smutne, to jest smutne, Mama!« Vor Kurzem fing sie an, immer wieder von einem Brötchen mit Butter zu reden, bis ich sie endlich fragte, was das zu bedeuten habe. »Bułka z masłem? Du weißt nicht, was bułka z masłem heißt? Na, wenn etwas babyeinfach ist, dann sagt man das. Das ist ein Brötchen mit Butter, das kann jeder, das ist babyeinfach, Mama!«

Ich hatte noch nie von dieser Redewendung gehört. Und musste mir sogleich eingestehen: Ich kannte überhaupt keine polnischen Redewendungen.

Wie sehr meine Tochter es genießt, diese neue Sprache zu sprechen, spürt man in jedem ihrer Sätze. In den meisten Ländern ist das Wort für Zunge das gleiche wie für Sprache, nur in Deutschland nicht, dabei ist meine Tochter das beste Beispiel dafür, wie sehr die beiden Begriffe zusammenhängen. Sie übertreibt jedes Wort, sie dehnt die Vokale, schießt die Konsonanten raus, genießt jeden Zischlaut. Sie macht Gymnastik im Mund. Sie lässt sich das Polnische auf der Zunge zergehen.

In den ersten Tagen waren es lediglich die schlichten Wörter *tak* und *nie*, die sie trainierte, *tak, nie, tak, nie* wiederholte sie ständig und etwas lauter, als es nötig gewesen wäre. Dann fing sie an, bei jedem Wort die Verkleinerungsform zu verwenden. Im Kindergarten gibt es keinen Schinken, keine *szynka*, sondern eine *szyneczka*. Ihre neuen Freunde Kacper und Nikola heißen *Kacperek* und *Nikolka*, zum Mittag gibt es nicht Suppe und Fisch, sondern *supka i rybka*. Die Polen verkleinern gern, und wenn sie mit Kindern zu tun haben, erst recht.

Als ich dann höre, wie sie die Sprachmelodie imitiert, weiß ich, sie ist wirklich angekommen. Das Polnische klingt nicht so monoton wie das Deutsche, die Melodie geht hoch und runter – mehr hoch als runter. Das war der Grund, warum meine Schwester und ich diesen Singsang imitierten, als wir Kinder waren. Wir brachten ihn mit alten Dorffrauen in Verbindung, die am Gartenzaun tratschten. Meine Tochter findet diesen Singsang nicht lustig. Sie spricht beziehungsweise singt Polnisch mit vollem Ernst.

Und noch etwas hat sich verändert: Bisher war Polnisch unsere Geheimsprache. Wenn wir in Berlin auf der Straße unterwegs waren und ich nicht wollte, dass die Umstehenden mitbekamen, was wir redeten, war ich sehr froh, ihr etwas auf Polnisch sagen zu können. Wobei das natürlich naiv war, schließlich leben in Berlin schätzungsweise zweihunderttausend Polen. Und doch war es meist so, dass unser Umfeld mich nicht verstand. Das ist nun anders. Unsere Geheimsprache ist nun Deutsch.

Ein Buchstabe aber bereitet meiner Tochter Probleme: Weil das »r« im Polnischen viel weiter vorn im Mund gebildet wird als im Deutschen, schleicht sich ein süßer Sprachfehler ein. Sie sagt »l« statt »r«, also »ploblem« statt »problem«.

Ich wiederum habe mehr als nur Probleme mit der Aussprache. Und doch merkt jeder, dass ich keine Ausländerin bin. Mein Polnisch ist zu gut, als dass man mich mit meinem Anderssein durchkommen lassen würde. Ich spreche Polnisch, falle aber dennoch aus dem Raster. Wie funktioniert das mit der Mailingliste, frage ich eine andere Mutter in der Kita. Wo muss ich hin, wenn ich eine Kinder-Bettdecke brauche, schreibe ich einer Freundin. Können sich unsere Kinder mal verabreden, frage ich einen Vater. Wo finde ich dies, wie mache ich das? Es ist nicht die Sprache, die mich verrät, es sind die Fragen, die ich stelle, weil ich nicht weiß, wie man in Danzig lebt. Die Fragen sagen: Bitte helft mir, ich bin nicht von hier. Nicht wirklich.

Eine Frage traue ich mich nicht zu stellen. Es gibt ein Wort, das in Alltagssituationen ständig fällt, und ich weiß nicht, was es bedeutet: *spoko*. Jedes Mal, wenn ich mich mit Bekannten oder Freundinnen verabreden will, schicke ich einen konkreten Terminvorschlag, sie aber antworten »spoko« – und danach erst mal nichts. Ich denke: Ist das die Abkürzung von *spokojnie*, ruhig, heißt das so was wie: *Entspann dich mal*? Bin ich ihnen zu sehr auf die Pelle gerückt? In meiner Übersetzungs-App finde ich keine Antwort, die Gespräche, die auf das *spoko* folgen, lassen eigentlich nicht darauf schließen, dass mein Gegenüber genervt von mir ist. Ich brauche ewig, um zu kapieren: *Spoko* lässt sich nicht übersetzen, es heißt einfach so was wie *cool, super, so machen wir das*.

In unserem ersten Monat in Polen lernen wir, dass die meisten Männer in unserer Umgebung Michał heißen (mein Cousin, mein Vermieter) und die meisten Frauen Magda (eine Erzieherin in der Kita, die Tanzlehrerin, die Schwimmlehrerin). Nachmittags bekommen wir langsam Struktur rein. Meine Tochter wollte unbedingt mit dem Tanzen beginnen und schwimmen lernen, und ich war froh. Zwei Nachmittage weniger, an denen ich für Unterhaltung sorgen muss. Ansonsten machen wir, was alle nach der Kita machen: Mal gehen wir auf den Spielplatz, mal einkaufen. Und manchmal fahren wir ans Meer. Wenn wir von der Kita zur Station laufen und dort in die Tram Nummer 5 einsteigen, sind wir in zwanzig Minuten am Strand. Noch ist es kalt, so kalt, dass wir uns nur trauen, Schuhe und Socken auszuziehen und die Füße einmal von einer Welle streifen zu lassen. Dann brennt die Kälte wie tausend Nagelstiche, und wir rennen schreiend raus.

Ihre Tochter ist ein tapferes Kind, sagt die Erzieherin jedes Mal, wenn ich sie abhole. Ich erinnere mich, dass auch ich als Kind als *bardzo dzielna* galt, als sehr tapfer. Es ist ein Attribut, das Kindern in Polen oft verliehen wird.

Es ist Abend. Ich brate gerade Fertigpierogi in der Pfanne, als ich höre, wie meine Tochter mit jemandem spricht. Erst denke ich, sie spielt mit sich selbst, bis mir klar wird, dass sie dafür ja nicht schreien muss. Ich laufe die paar Meter ins Wohnzimmer und sehe sie auf der Veranda stehen. Sie schaut raus in den Garten und schreit hinunter: »Hallo!«

»Hallo!«, antwortet jemand mit heller Stimme.

»Jak się nazywasz?«, fragt sie. Wie heißt du?

Die Stimme antwortet nicht.

»Mädchen oder Junge?«, fragt sie weiter.

Keine Antwort.

»Wie heißt du?«

»Altul!«, brüllt er endlich. Wie süß, denke ich, er hat denselben r-l-Fehler.

»Altul?«, sagt sie. »Komischer Name«.

»Ja!«

»Artur, schrei nicht so laut«, ruft eine Frauenstimme. »Mama, da ist ein Mädchen!«, ruft er zurück.

Meine Tochter hat derweil einen Lippenpflegestift aus meiner Handtasche gemopst und hält ihn aus dem Fenster. »Abrakadabra!«, schreit sie oder vielmehr: »Ablakadabla! Schau mal, was ich hab!«

»Was ist das?«

»Das kann ich dir nicht sagen, weil das Deutsch ist, das heißt Labello! Das verstehst du leider nicht. Was ist denn dein Lieblingstier? Meins Dinosaurier.«

»Meins auch!«

»Bist du allein?«

»Gehst du in eine Kita?«

»Wie alt bist du?«

»Hast du auch zwei Brüder?«

Sie ruft noch einige Fragen in den Garten, aber Artur ist bereits hoch in seine Wohnung gelaufen. Das Haus, das gegenüber von unserem steht, sieht anders aus. Schon von außen erkennt man, dass Artur wohl nicht in einer Wohnung wohnt, die drei Meter fünfzig hohe Decken hat, eine komplett verglaste Veranda gibt es im Block gegenüber auch nicht und keine schönen alten Fensterrahmen aus Holz. Wahrscheinlich wünscht sich seine Familie so was auch gar nicht. Und vielleicht würde sie die drei großen Tannen, die zwischen unseren beiden Häusern stehen, am liebsten absägen, damit an deren Stelle etwas Neues treten kann.

In Polen sind die Menschen nicht so begeistert vom Alten. Was die Deutschen für Patina halten, ist für Polen eher uninteressant. Wer in Polen Geld hat, wohnt nicht in einem Altbau, er kauft sich lieber eine Neubauwohnung mit Fußbodenheizung und glattem Fertigparkett statt alten Eichendielen. Hohe Decken? Wozu? Wie soll man die Räume denn warm kriegen?

Der kleine Artur ist nun auf einem Balkon gegenüber aufgetaucht. Und so führen meine Tochter und er ihr Gespräch weiter. Die Szene hat etwas entspannt Mediterranes, wie die beiden Kinder sich von Haus zu Haus unterhalten – auch wenn der Schnee auf den Tannen, kurz vor Ostern, etwas anderes sagt.

Ich gehe zurück in die Küche. Die Pierogi sind verbrannt. Ich bin keinen Gasherd mehr gewöhnt, ständig stelle ich die Flamme zu hoch ein. Ich kippe die Teigtaschen in den Müll. Morgen wieder, denke ich, heute gibt es Brote. Ich durchlebe gerade die Jeden-Tag-Pierogi-Phase. Die habe ich immer, wenn ich in Polen bin. Nur diesmal sollte sie vielleicht nicht ein Jahr dauern.

Selbstverständlich mache ich die Pierogi nicht selbst. Das habe ich einmal probiert, seitdem nie wieder. Ich klebte die Teigtaschen zu, warf sie in siedendes Wasser und durfte zuschauen, wie eine nach der anderen aufging. Pierogi-Suppe schmeckt nicht gut.

Deshalb kaufe ich Pierogi im Supermarkt. Am liebsten die klassischen, *ruskie*, mit der Füllung aus Kartoffeln, Quark und Zwiebeln, rein in die Pfanne, in Butter anbraten, dazu einen Löffel Schmand. Oft esse ich mehr, als ich Hunger habe. Als würde ich mir das Polnische einverleiben wollen.

Muss ich das, will ich das? Was für eine Rolle habe ich hier? Identifiziere ich mich in Polen automatisch mehr mit den Polen, oder wahre ich gerade jetzt mehr Distanz? Es fühlt sich fast so an, als wäre die Sehnsucht aus der Ferne all die Jahre sehr bequem gewesen. Nun, in Polen, halte ich vorsichtig meinen großen Zeh ins Wasser. Aber ich stürze mich nicht hinein.

In einer Frage hingegen nehme ich klar die Position der meisten Polen ein: Ich schreibe hier, in einem deutschen Text, *Danzig*, nicht *Gdańsk*. Nur wenige Polen glauben, die Deutschen würden alte Besitzansprüche stellen, wenn sie Breslau und Warschau sagen und nicht Wrocław und Warszawa. Sie selbst nennen ja ausländische Städte auch anders. Sie sagen *Rzym* statt Rom, *Monachium* statt München. Und doch gibt es Orte, die im

Deutschen so anders klingen, dass ich lieber Olsztyn und Zielona Góra schreibe statt Allenstein und Grünberg. Und Oświęcim statt Auschwitz sowieso. Es ist kompliziert.

Seit ich in Polen bin, fühle ich mich zerrissener denn je. Früher sehnte ich mich nach Polen, aber in Deutschland war ich zu Hause. Nun fühle ich mich überall fremd. Ich kenne die polnischen Codes nicht, ich weiß nicht, wie man die Dinge hier regelt, ich schaue nach links und rechts und mache nach, was die anderen tun.

Vielleicht, denke ich, ist das ganz gut so. Vielleicht muss man sich nicht überall zu Hause fühlen. Vielleicht sollten viel mehr Menschen ab und an Fremde sein. In Deutschland und in Polen und anderswo. Vielleicht würde dann mehr Verständnis wachsen für diejenigen, die ihre Fremdheit nicht so frei wählen können, die Sprachen nicht sprechen und Codes nicht kennen, weil sie Migrantinnen und Migranten sind.

Es ist kurz vor Ostern in Danzig. Meine Tochter und ich träumen davon, endlich nur im Pulli rauszugehen. In Danzig ist es immer zwei bis drei Grad kälter als in Berlin, dafür scheint hier viel öfter die Sonne.

Der Schnee, der auf den Gehwegen liegt, bedeckt die Kraterlandschaften, die es noch immer gibt und die ich von früher kenne. Schon damals musste ich früher immer mit gesenktem Kopf gehen, das ist auch heute noch so.

Das Kind ist müde, ausnahmsweise nehmen wir den Buggy zur Kita. Wir haben es eilig, sind spät dran. Ich kämpfe mich im Slalom um die Schlaglöcher die Straße runter, als plötzlich die Vorderräder stecken bleiben. Der Wagen stoppt so abrupt, dass meine Tochter in hohem Bogen hinausfällt. Es sieht fast aus wie ein Filmstunt, wie sie kurz in der Luft ist, um dann auf dem verschneiten Zement zu landen. Oder vielmehr auf ihrer Schlafdecke für die Kita, die sie auf dem Schoß gehalten hat – sie landet also weich. Wir müssen beide lachen.

»Ich bin wypadłać!«, ruft sie, sie meint wohl *rausgefallen*, und wir lachen noch mehr, weil sie nun beide Sprachen mischt, und ein bisschen lache ich auch deshalb, weil dieses Partizip, das es gar nicht gibt, so süß klingt. Sprachwissenschaftler sagen, das Mischen von Sprachen sei normal. Kinder benutzen eben die Wörter, die sie kennen, egal in welcher Sprache.

Ich finde, auch darin zeigt sich ihre Lust an Sprache. Als gebe es keine Grenzen, als wäre sie frei, etwas ganz Neues, Eigenes zu kreieren. Sie sagt: »Gibst du mir masło«, die Butter, »gdzie jest die CD«, wo ist die CD, oder besonders charmant: »Ich habe kupa gerobić.« Ich habe gekackt.

In der Kita finde ich einen Aushang: Eine Logopädin kommt. Und als ein paar Tage später ein Zettel mit dem Ergebnis im Fach meiner Tochter liegt, schaue ich zunächst nur flüchtig drauf. Erst zu Hause lese ich, sie sei durch den Test gefallen. Genauso steht es dort. Dann folgt eine Liste ihrer Fehler: Sie spreche zum Teil die Zischlaute unsauber aus, mache Grammatikfehler, sage »l« statt »r«. Eine logopädische Behandlung werde empfohlen. Den Nachnamen meiner Tochter hat die Logopädin übrigens falsch geschrieben.

Niemand hatte ihr mitgeteilt, dass dieses Kind nicht etwa seit vier oder fünf Jahren Polnisch lernt, wie alle anderen Kinder in der Gruppe. Sondern erst seit Kurzem. Ich bin wütend.

Nach vier Monaten, ganz von allein, ist das »r« wieder da: polnisch gerollt.

FAST AN DER GRENZE EUROPAS

Ein Samstagmorgen, fünf Uhr. Während die Sonne noch gar nicht daran denkt, aufzugehen, steht Radosław Kłoskowski, 43 Jahre alt, schon seit einer Stunde im Stall. Er trägt Gummistiefel, ein grünes Käppi und eine gefütterte Weste. Er schlägt Nika kräftig aufs Hinterteil, damit sie zur Seite rückt. An ihrem rechten Ohr hängt ein Zettel, Nika hat die Nummer 794. Kłoskowski setzt die Melkmaschine an. Sipp, sipp, sipp, wie Staubsauger saugen sich die kleinen Schläuche an ihren Zitzen fest, über Rohre wird die Milch in einen großen Bottich gepumpt. In vier Minuten etwa zehn Liter. Nachmittags wird wieder gemolken, dazwischen müssen die Tiere gefüttert, die Geräte gesäubert, der Stall ausgemistet werden. Alles wird streng kontrolliert, denn die Milch von Nika und den 40 anderen Kühen geht an den zweitgrößten Milchkonzern Polens: Mlekovita. Zwei Mal die Woche holt ein Kühltanklaster die Milch ab, dann muss sie nur noch gereinigt und pasteurisiert und homogenisiert und in Flaschen und Tetrapaks abgefüllt werden, bis sie in einem der fast 15 Millionen polnischen Haushalte landet.

Kłoskowskis Milchhof liegt in Kobylin-Borzymy, einem 240-Einwohner-Dorf im Nordosten Polens. Im Jahr 2015 ist der Ort landesweit berühmt geworden: Bei den Parlamentswahlen gingen hier 85 Prozent der Wählerstimmen an die PiS. So viel wie in keiner anderen Gemeinde Polens.

Wer zu den Kłoskowskis fahren will, braucht ein Auto, das Dorf ist schlecht angebunden an das Bus- und Bahnnetz, wie der Osten insgesamt. In Danzig fahre ich los. Und ziemlich schnell hinter der Stadtgrenze sieht plötzlich alles ganz anders aus. Es ist, als würde ich in die Vergangenheit reisen: Die Straßen, holprig und eng, sind stellenweise unbefestigt oder verwandeln sich für ein paar Kilometer in Sandwege. Sie führen durch Wälder und Dörfer, vorbei an verwaist daliegenden Baustellen. Vier Stunden bin ich unterwegs, immer in südöstlicher Richtung. Für die letzten vierzig Kilometer biege ich auf eine Schnellstraße, die nach Białystok führt, sie wurde vor ein paar Jahren mit EU-Geldern gebaut. An der Ausfahrt nach Kobylin-Borzymy steht eins dieser Hotels mit Glasfassade, Zimmerservice und gestärkter Bettwäsche. Es ist das einzige weit und breit. Hier übernachte ich. Und frage mich gleichzeitig, welcher polnische LKW-Fahrer, der Richtung Osten unterwegs ist, umgerechnet 40 Euro pro Nacht zahlt.

Kobylin-Borzymy, einen Kilometer vom Hotel entfernt, ist ein typisches Dorf. Ein Lebensmittelladen, ein paar alte Opas auf dem Rad, ein paar streunende Hunde, die Kirche als Mittelpunkt. Die Menschen schauen, wie sie eben schauen, wenn sie eine fremde junge Frau mit einem Rucksack durch ihre Straßen laufen sehen.

Sie wohnen fast am östlichsten Rand Polens. Białystok, die nächste größere Stadt, ist 40 Kilometer entfernt. Weitere 50 Kilometer, und man ist an der Grenze zu Weißrussland. Und damit auch: an der Grenze der Europäischen Union.

Auch die Kłoskowskis haben die PiS gewählt. Sie sagen, sie seien dennoch froh, in der EU zu leben. Ist das ein Widerspruch? Es ist in jedem Fall kompliziert mit den Polen und der EU. Die Regierung schürt die Ressentiments. Ständig wiederholt Kaczyński, die Mitgliedsstaaten seien nicht gleichberechtigt, sondern fremdbestimmt, Entscheidungen würden in Berlin und Brüssel gefällt. Im Kern hat er Recht, er ist nicht der Einzige, der diese Schieflage bemängelt, die deutsche Übermacht in der EU. Aber er äußert seine Kritik nicht sachlich, er setzt sie auf Steroide. Er überhöht und übertreibt, weil seine Rhetorik nicht etwa eine Neuausrichtung der EU bewirken soll. Es geht ihm allein um Abgrenzung. Er will das nationale Bewusstsein des Landes stärken. Die Bürger und Bürgerinnen dazu bringen, »sich endlich von den Knien zu erheben«.

Fast niemand in Polen befürwortet ernsthaft einen Austritt aus der EU, einen »Polexit«. Aber die Gründe zum Verbleib sind praktische, finanzielle. Der ideelle Überbau, das Verbindende, Gemeinsame, scheint verflogen zu sein. Wie es der bulgarische Politologe Ivan Krastev in seinem Buch *Europadämmerung* formuliert: »Die politische, kulturelle und wirtschaftliche Zusammenarbeit wird man nicht vollständig einstellen, aber der Traum eines freien und geeinten Europa dürfte ausgeträumt sein.«

In den Augen der PiS wird die EU von wenigen Staaten dominiert, sie teilt sich ein in ein Zentrum und die Peripherie, zu der Polen gehört. So sieht es auch Wojciech Mojkowski, Gemeindevorsteher von Kobylin-Borzymy und PiS-Mitglied, den ich in seinem Büro treffe. »Ich finde, das Geld der EU reicht nicht. Ich für meinen Teil würde gern mehr Straßen bauen.« Ihm gefalle nicht, dass die EU so viel kontrolliere. Warum bestimme Deutschland, wie viele Flüchtlinge die Polen aufnehmen sollen? »Wir wollen die Werte des Westens nicht. Keine Ehe für Homosexuelle, kein Adoptionsrecht für Schwule, keine Abtreibung. Ich sage Ihnen, was das Problem unserer Gesellschaft ist. Früher bekamen die Frauen zehn Kinder. Heute wollen sie arbeiten und Spaß haben. Plötzlich interessieren sich alle für die Frauenrechte in Polen. Aber was ist mit den Migranten bei euch in Deutschland? Bei euch herrscht doch die Scharia!«

Solche Worte würde Radosław Kłoskowski nie wählen, er spricht ruhig, fast besonnen. Er sagt, er mag das Konzept der EU nicht besonders. Aber er weiß, was er ihr zu verdanken hat.

Er weiß auch: Nicht nur er, ganz Polen braucht die EU. Kein Land hat so sehr von deren Subventionen profitiert wie Polen. Bis zum Jahr 2020 wird es aus Brüssel mehr als 150 Milliarden

Euro erhalten haben. Das entspricht, umgerechnet in heutige Kaufkraft, mehr als dem Zehnfachen dessen, was Westdeutschland nach dem Krieg im Zuge des Marshallplans als Darlehen bekam. Polen ist asphaltiert mit neuen Straßen, die mit EU-Fördergeldern bezahlt wurden. An fast jedem öffentlichen Gebäude, an Sportplätzen und Schulen, aber auch an landwirtschaftlichen Betrieben hängen Schilder mit Informationen darüber, dass auch von der EU Geld kam. Auch auf dem Milchhof der Kłoskowskis hängt ein solches Schild. Achtzig Prozent aller polnischen Bauernhöfe sind voll technisiert, die Hälfte davon entspricht bereits den hohen EU-Standards.

Als Kłoskowski seine alten Maschinen durch neue ersetzen wollte, erstattete ihm die EU die Hälfte der Kosten. Doch Maschinen sind nicht alles, sein Hof wirft kaum etwas ab. Polnischen Milchbauern geht es noch schlechter als deutschen, die Milchpreise sinken, viele Bauern reduzieren ihren Kuhbestand – in Polen so stark wie in keinem anderen Land der EU. Zudem werden die Sommer immer heißer und trockener, auch hier im Osten, was dazu führt, dass im Winter oft Futter für die Kühe fehlt. Kłoskowski hat noch keine Kuh abgegeben, stattdessen hat er sich einen Zweitjob besorgt. Er arbeitet bei der Bank im Dorf, in Vollzeit. Er hat in Białystok Wirtschaft studiert, sein Gehalt bei der Bank beläuft sich auf umgerechnet 450 Euro im Monat. So sind die Löhne im Osten Polens – im sogenannten Polen B. Die Menschen, das haben Studien ergeben, vergleichen das Leben nicht mehr mit dem im Kommunismus oder im Rest Osteuropas. Sie vergleichen es mit dem Westen. Warum haben die, was wir nicht haben?

Radosław Kłoskowski, der von allen nur Radek genannt wird, ist fast durch mit Melken, es ist sechs Uhr, er hat nun knapp 600 Liter Milch. Immer wieder läuft er in den Nebenraum, in den über dicke Rohre, die an der Decke verlaufen, die Milch geleitet wird. Geht nichts daneben? Ist wirklich alles dicht? Im Stall der Kłoskowskis herrscht eher keine Bauernhofromantik. Die Kühe sind angekettet, manche von ihnen stehen noch nicht einmal auf Stroh, sondern auf Beton. »Für die Milch macht das keinen großen Unterschied«, sagt Kłoskowski. Zeit fürs Frühstück, er hat jetzt Hunger.

Er schließt die Stalltür, sein Wohnhaus liegt direkt gegenüber. Dazwischen: Schlamm. Vergangene Nacht hat es geregnet. »Irgendwann will ich mir für diese Fläche was einfallen lassen, Beton wäre besser«, sagt er. »Aber im Moment fehlt uns das Geld.« Er läuft vorbei an Futtersäcken und dem Rest Brennholz vom Winter, ein Traktor steht in der Einfahrt.

Seine Frau Barbara, 41, genannt Basia, stellt gerade das Frühstück auf den Tisch. Die vier Söhne kommen verschlafen nacheinander die Treppe runter, sie haben zerzauste Haare und noch ihre Pyjamas an. Maciej, Piotr, Przemysław und Bartek sind zwischen drei und 15 Jahren alt, auch die Oma, 68, lebt mit im Haus. Die Kłoskowskis leben so, wie viele Polen es nur noch aus alten Zeiten kennen: mehrere Generationen unter einem Dach.

Das Haus ist mit Stoff ausgekleidet: Teppich auf dem Boden, Decke auf dem Tisch, Polster auf den Stühlen, an den Fenstern Gardinen und orangefarbene Vorhänge, die oben zu kleinen Schnecken drapiert sind. Wenn man sich im Haus der Kłoskowskis unterhält, spricht man unweigerlich etwas lauter als sonst. Das Gewebe schluckt den Klang jeder Stimme.

Radosław Kłoskowski hat sich umgezogen, er trägt jetzt ein Hemd, »ist schließlich Wochenende«, sagt er. Dann geht er zur Vitrine, nimmt eine Wodkaflasche und stellt sie auf den Tisch. Ich schaue auf die Uhr, es ist halb sieben. »Mutter mag so früh am Morgen lieber den süßen Wein«, es klingt fast wie eine Entschuldigung. Dann gießt er drei Gläser voll mit einer rosafarbenen Flüssigkeit, für seine Mutter, seine Frau und mich.

Wir setzen uns, »na zdrowie«, sagen wir und heben die Gläser. Auf dem Tisch steht ein richtiges polnisches Frühstück: warme Weißwürste (die nichts mit den bayrischen gemein haben), Käse, Schinken, Grütze, Kaffee, Eiersalat, Meerrettich. Und H-Milch von Mlekovita. Ihre eigene Rohmilch trinken die Kłoskowskis nicht.

Wir essen schweigend, dann frage ich, warum Kłoskowski sich bei der Wahl für die PiS entschieden hat. »Die wählt man hier nun mal. Aber Politik ist mir nicht so wichtig. Der Glaube sagt mir, dass ich niemandem schaden soll. Wozu brauche ich die Verfassung?« Hinter ihm an der orangefarbenen Wand hängt »Das letzte Abendmahl« von Leonardo da Vinci.

Ein typischer Spruch hier in der Gegend geht so: Wenn ein Politiker sagt, dass eine Straße gebaut wird, dann heißt das was? Dass er es sagt. Umso mehr hat Kłoskowski die Sache mit dem Kindergeld imponiert. 500 Złoty bekommt jetzt jede Familie ab dem zweiten Kind. Bei den Kłoskowskis sind das umgerechnet 350 Euro zusätzlich im Monat, eine Menge Geld.

»Uns polnischen Milchbauern geht es nicht gut«, sagt Kłoskowski. »Je niedriger die Milchpreise, desto weniger verdienen wir, denn die Kosten der Produktion bleiben seit Jahren konstant. Am liebsten würde ich nur auf meinem Hof arbeiten, mit den eigenen Händen, an der frischen Luft. Aber es wird zunehmend schwerer, unseren Betrieb am Laufen zu halten. Von einem Liter Milch bleiben uns momentan etwa 30 Groszy«, sagt er. Das sind weniger als sieben Cent. Seine Frau sitzt neben ihm. Sie sagt nicht viel.

Die Kłoskowskis wollen den Kommunismus nicht zurück – kaum ein Pole will das –, aber sie reden gern von den guten alten Zeiten. »Die Gesundheitsversorgung zum Beispiel«, sagt die

Oma, »die war früher besser. Heute zahle ich nur dann nichts, wenn der Zahnarzt in meinen Mund schaut. Früher waren wir wenigstens alle gleich arm.« Ihr Sohn nickt.

Die PiS wirbt sehr um die Stimmen der alten Menschen. Die Vorgängerregierung wollte das Rentenalter stufenweise auf 67 Jahre erhöhen, die PiS hat das wieder rückgängig gemacht. Nun gehen die Frauen wieder ab 60 in Rente, die Männer ab 65.

Nach zwei Stunden am Frühstückstisch geschieht etwas, das ich nicht erwartet hätte. Die Familie beginnt, Fragen zu stellen. Wie das denn in Deutschland sei, ob es dort auch Armut gebe? Und das mit den Flüchtlingen? Ich erzähle von syrischen Kindern in der Kita, von den Debatten in Deutschland. Kłoskowski denkt nach. Am Ende sagt er: »Ja, das stimmt, wenn Krieg ist, muss man Menschen helfen. Und schwarze Schafe gibt es überall, auch in Polen.«

Nichtwissen, denke ich, ist nicht das Problem. Nichtwissen lässt Raum für Antworten. Falschwissen hingegen macht den Raum zu, und den Menschen auch.

»Manchmal fühlen wir uns hier im Osten wirklich abgehängt«, sagt Radosław Kłoskowski. »Ein bisschen wie Menschen zweiter Klasse. Und irgendwie überträgt sich das immer weiter, von Generation zu Generation. Die Hoffnung war ja, dass jemand wie ich es besser haben würde als meine Mutter. Vielleicht ist es auch so gekommen. Aber relativ gesehen, im Vergleich zu den Polen, die in Großstädten leben, bin ich noch immer arm. Immerhin fangen wir nun an, in der zweiten oder dritten Generation nach der Wende, uns auszudrücken. Wir protestieren, auch mit unserer Wählerstimme.«

Sonntag, kurz vor 10 Uhr, der Platz vor der Kirche ist zugeparkt. Drinnen Pumps, Hüte, Föhnfrisuren, alle Bänke sind besetzt, auch die Empore. Es ist warm, zehn Kronleuchter hängen von der Decke, der Marmorboden glänzt. Zwei Messdiener sammeln die Kollekte ein, immer wieder müssen sie zwischendrin den Beutel leeren. Interessant, denke ich, wie viel Geld hier doch zusammenkommt, in dieser sehr armen Gegend. Die katholische Kirche in Polen jedenfalls ist reich. Vorne spricht der Priester vom bösen Internet und davon, dass man sein Vaterland lieben und das Leben schützen solle, hinten im Kirchenraum steht eine große Stellwand mit einem Plakat: »Die Wahrheit über das Leben – verschwiegene Fakten über Abtreibung.« Dazu Bilder von Embryonen, eine Statistik über sinkende Geburtenraten, viel Blut.

»Das ist der Leib Christi«, sagt der Priester, die Gemeinde senkt den Kopf. »Das ist das Blut Christi«, sagt der Priester, die Gemeinde senkt den Kopf.

Draußen liegt das Dorf wie ausgestorben. Ein paar alte Männer sitzen auf einer Bank und schweigen. Eine alte Frau zieht ihren Einkaufstrolley hinter sich her. Am Ortseingang flattern ein paar bunte Bänder um eine eingezäunte Marienfigur, wie man sie in jedem polnischen Dorf findet.

Das ist die Ironie der polnischen EU-Mitgliedschaft: Ohne sie wären die meisten Menschen deutlich ärmer, und das Land wäre schutzloser, auch einem Staat wie Russland gegenüber. Doch weil die Polen jetzt zur EU gehören, fühlen sich viele von ihnen, vor allem im Osten des Landes, nun erst recht wie die armen Randbewohner des Kontinents.

Es ist ein Wettlauf, den sie nicht gewinnen können. Bedenkt man, dass die Weststaaten der EU seit etwa siebzig Jahren Demokratie praktizieren, während es im Osten erst dreißig sind, versteht man besser, warum die Menschen hier bisweilen resignieren. Sie haben das Gefühl, ihren Rückstand niemals aufholen, nie ins Zentrum rücken zu können.

LAND DES WETTBEWERBS

Wer gesellschaftlich aufsteigen will, braucht die richtigen Voraussetzungen. Das sind meist solche, auf die man keinen Einfluss hat. Etwa, wo man geboren wurde, in der Großstadt oder auf dem Land. Wie gebildet die Familie ist. Wie viel Geld die Familie hat. Wesentlich kleinere Faktoren sind Fleiß, Mut und Durchhaltevermögen des Einzelnen. Kurz gesagt: Das Individuum hat es nicht wirklich in der Hand.

Aber das sagt sich so leicht aus einer deutschen, privilegierten Perspektive. Die Polen – als Gemeinschaft, aber auch jeder Einzelne für sich – haben in den vergangenen dreißig Jahren ihr Land von Neuem wiederaufgebaut. Nicht unbedingt aus am Boden liegenden Trümmern wie nach dem Zweiten Weltkrieg, aber im Glauben an die Idee, dass Aufstieg sehr wohl möglich ist – für jeden. *Każdy jest kowalem własnego losu*, jeder ist seines Glückes Schmied – in Polen wurde das als ein Versprechen genommen. Und für einen Teil der Polen ist dieses Versprechen wahr geworden.

Es ist ein Mittwochmorgen, kurz nach halb neun, ich befinde mich im herabschauenden Hund. In dieser Haltung sollen wir entspannen, also gebe ich mein Bestes. Meine Oberarme schmerzen, mein Nacken auch, die Oberschenkel zittern. Zwölf Sonnengrüße haben wir bereits hinter uns, wir haben sie in einem Tempo absolviert, als hätte ein Guru mit einer Peitsche danebengestanden. Ich presse vorn die Handflächen in die Matte und hinten die Füße, strecke meinen Hintern Richtung Decke. Ich spüre, wie mir der Schweiß die Wirbelsäule hinunterfließt. Die Tropfen rinnen mir in den Nacken, sickern ins Haar. In Deutschland hatten die Yogastunden immer etwas von einer Kaschmir-Streicheleinheit. Hier rubbelt man uns robust mit Sisal ab. Nach fünfzehn Minuten bin ich völlig fertig.

Obwohl ich seit fast zwanzig Jahren Yoga mache, habe ich in Polen das Gefühl, nicht hinterherzukommen. Was am Tempo liegt, aber auch an der Sprache. Woher soll ich wissen, welche Körperteile all diese Begriffe benennen? Bein, Arm, Hand, Fuß, das bekomme ich hin. Aber »łopatki« – sind das Schulterblätter? Und »mostek«? Wörtlich übersetzt heißt das »kleine Brücke«, also vielleicht das Brustbein?

»Wenn ihr merkt, ihr verkrampft die Gesichtsmuskeln oder atmet nicht mehr gleichmäßig, dann hört auf«, ruft Sławek, unser Yogalehrer, uns zu. Er kann auf Kommando auf den Händen stehen und seine Füße hinter die Ohren legen. Nun, nachdem er uns im Sekundentakt durch die Positionen gescheucht hat, erklärt er uns, wir Polen sollten wirklich mehr entspannen.

»Wisst ihr, wann immer ich im Westen Yoga mache, bin ich erstaunt, wie entspannt es dort alle angehen. Wenn einer nicht mehr kann, setzt er sich einfach auf seine Matte und wartet. Fertig. Keiner geht über seine Grenzen. Wir aber beißen ständig die Zähne zusammen.« Die anderen in der Klasse nicken, nicht zustimmend, eher, als würden sie denken: *Ja, ja, können wir bitte weitermachen, meine Muskeln werden kalt*. Ich nicke auch und denke etwas anderes: ob wir uns nicht wirklich mehr entspannen können, so wie die faulen Deutschen.

Das Yoga-Studio liegt im nördlichen Teil von Wrzeszcz, dort, wo die Danziger eher nicht wohnen, aber essen und trinken gehen und sich den Bart trimmen lassen. Die Straße, die ein bisschen so aussieht, als hätte sie ein Zuckerbäcker erbaut, ist voll von gesunden Imbissen und veganen Tortenläden, hübschen Cafés und Secondhand-Läden, schönen und stylischen Menschen. Vor und nach den Yogastunden höre ich in der Umkleide

Gesprächen über Detox und Saftkuren zu, über die neue Montessori-Schule und den Versuch, endlich komplett plastikfrei zu leben.

Die Menschen hier halten die EU nicht für das kleinere Übel. Sie haben den europäischen Gedanken verinnerlicht, sie leben ihn. Er bedeutet für sie vor allem: reisen und konsumieren. Diese Menschen sind die Gewinner des neuen Systems. Erstaunlich viele Frauen sind Hausfrauen, ihre Ehemänner arbeiten oft gar nicht in Polen, sondern in Berlin, München oder London.

»Die EU hat uns doch alle Möglichkeiten eröffnet«, sagt Jola, die zwei Kinder hat und deren Mann gerade in Hamburg ist. Was er genau macht, will sie mir nicht sagen. »Wir können reisen und müssen nicht mehr stundenlang im Auto an irgendeiner Grenze stehen. Wir können uns kleiden wie Französinnen und essen, was wir wollen. Und ich kann meine Kinder auf die Schulen schicken, die wir für sie wollen. Das ist für mich Europa: dass man sich aussuchen kann, was zu einem passt. Wer weiß, vielleicht ziehen wir auch bald nach Deutschland.«

So unterschiedlich ausgeprägt die Begeisterung für die EU bei einem Bauern im Osten des Landes und einer Yogafrau in Danzig ist: beide wollen drinbleiben. Während die westlichen Nationalkonservativen von Marine Le Pens Front National oder der österreichischen FPÖ jubelten, als Großbritannien für den Brexit votierte, als Stimmen zu hören waren, nun würden auch andere Länder nachziehen, war die Haltung in Polen ziemlich klar. Im Juni 2003, ein Jahr vor der EU-Osterweiterung, hatten 78 Prozent der Polen in einer Volksabstimmung angegeben, für den EU-Beitritt zu sein. 13 Jahre später, nach dem Brexit-Beschluss, sprachen sich sogar 81 Prozent für einen Verbleib in der EU aus.

Das Verhältnis der EU zu Polen hingegen ist nicht das beste. Die EU-Kommission leitete 2018 ein Rechtsstaatsverfahren gegen Polen ein, das zu Sanktionen führen kann. Auch die Venedig-Kommission, die die verfassungsrechtliche Entwicklung der Mitgliedsstaaten beobachtet, äußerte sich kritisch. Allerdings kann sich Polen auf Viktor Orbán verlassen. Der ungarische Regierungschef hat angekündigt, das Land mit einem Veto unterstützen zu wollen. Obwohl Orbán und Kaczyński zum Teil sehr unterschiedliche Haltungen vertreten, beispielsweise Wladimir Putin gegenüber, koordinieren sie ihre Handlungen und sprechen sich ab.

Die Osterwoche beginnt. In weiten Teilen Deutschlands ist Ostern plötzlich einfach da, im katholischen Polen wird es eine Woche lang vorbereitet, beginnend am Palmsonntag. Im Kindergarten zum Beispiel findet das lang angekündigte Körbchenschmücken statt, zu dem die Eltern an einem Nachmittag in die Gruppen ihrer Kinder kommen.

Die Eltern in unserer Kita haben mit den Yogafrauen nicht viel gemein. Die Kita ist staatlich, nicht privat, die Kinder, die hier betreut werden, sind weder arm noch reich, ihre Familien weder elitär noch ungebildet. Die Mitte der Gesellschaft eben. Und weil mich diese Mitte als alleinerziehende Mutter in den vergangenen Wochen häufig misstrauisch beäugt hat, bin ich froh, dass wir an diesem Tag zu dritt sind. Mein Freund ist zu Besuch aus Berlin: Vater, Mutter, Kind, so wie es sein soll.

Zu Beginn singen die Kinder drei Lieder, in denen sie den Winter verjagen und den Frühling begrüßen. Ich bin erstaunt, wie gut unsere Tochter schon mitsingt. Die Erzieherin gibt währenddessen Anweisungen, meist ruft sie einfach »lauter«, und dann brüllen die Kinder den Winter weg. Sie ist ganz rot im Gesicht, in dem kleinen Raum, der noch immer beheizt wird, herrschen Saunatemperaturen.

Wir Eltern hocken auf Zwergenstühlen, unser Lächeln ist

echt, aber etwas eingefroren. Über die Straßenschuhe sollten wir uns kleine blaue Plastiktüten ziehen, die an einen Operationssaal erinnern, und als die Kinder fertig sind mit Singen, stürmen sie an den großen Tisch, auf dem schon Körbchen, Kleber und buntes Kreppband bereitliegen. Die Mütter stürmen mit. Die Väter halten sich abseits.

Ich verstehe noch nicht, welches Spiel hier genau gespielt wird, aber die Situation erinnert mich an einen Wettbewerb. Hastig ziehen die Mütter Unmengen an Dekokram aus den Plastiktüten, in denen ich den Wochenendeinkauf vermutet habe. Glitzereier und Styroporküken, Zweigchen und Schleifchen und Federchen. So langsam dämmert mir etwas, aber bevor ich es benennen kann, hat unsere Tochter schon nach dem Küken ihrer Sitznachbarin gegriffen. Die nimmt es ihr wieder weg. »Es tut mir leid«, sage ich zu meiner Tochter. »Ich wusste nicht, dass wir die Deko selbst mitbringen müssen.«

Mein Freund greift in die Körbchen mit dem Kreppband. »Vielleicht können wir einfach ein paar bunte Bänder draufkleben?«, fragt er. Unsere Tochter schaut sich um und sieht überall lustige Tieraufkleber. Dann fängt sie an zu weinen.

Die Situation ist bemerkenswert. Jedem am Tisch fällt auf, dass wir die Einzigen sind, die nichts mitgebracht haben (ich hatte gedacht, die 20 Złoty, die jeder für diesen Bastelnachmittag zahlen sollte, würden alles abdecken). Aber keiner reagiert. Alle schauen stur auf ihre Körbchen und verzieren sie ganz fleißig und ganz flink.

Spätestens jetzt wird mir klar, dass die Olympiaden in der Kita, die Radler in der Stadt, die angezogen sind wie Lance Armstrong, die Trimm-dich-Pfade neben Spielplätzen und die Sonnengrüße im Eiltempo für etwas Größeres stehen: Polen ist ein Land des Wettbewerbs. Jedenfalls hier, in der Großstadt. Im Kindergarten wird im Schnitt alle zwei Wochen ein Diplom für etwas vergeben: Das Kind ist so und so weit mit dem Fahrrad gefahren, es hat einen Bären besonders schön gezeichnet, es kann schon bis zwanzig zählen. Und die Kitas konkurrieren auch untereinander. Die Eltern sollen online abstimmen, welche die sauberste ist, in welcher am besten gekocht wird. Am Ende des Schuljahres gibt es ein Ranking. Also gibt es auch einen Preis für das schönste Osterkörbchen?

Symbolische Belohnungssysteme für Kinder – Stempel, Sterne, Aufkleber – kennt man sicher auch in anderen Ländern, aber mein Eindruck ist: In Polen ist der Antrieb, der oder die Erste zu sein, besonders stark ausgeprägt. Als meine Tochter sich an einem Wochenende beschwert, ihr sei langweilig, und ich erwidere, dass Langeweile doch auch mal ganz schön sei, sagt sie: »Nein, das stimmt nicht. Unsere Erzieherin hat gesagt, intelligente Kinder langweilen sich nicht.«

In diesem Moment in der Kita jedoch hört sie gar nicht mehr auf zu weinen. Ich nehme sie an die Hand und will mit ihr eine ruhige Ecke suchen. Sie wehrt sich. Ich hebe sie hoch, sie tritt um sich. Ich halte ihre Beine fest, sie brüllt noch lauter. Im Flur treffen wir auf die Leiterin. Ich sehe ihre hochgezogene Augenbraue, ich sehe ihren Blick und das leichte Kopfschütteln, von dem ich mir einbilde, dass es sagt: Mein Gott, diese Eltern aus dem Westen. Haben ihr Kind nicht im Griff.

Ich rede ruhig auf meine Tochter ein. Es tue mir leid. Es sei meine Schuld. Dass ich das alles einfach nicht gewusst habe. Ob wir ihr Körbchen nicht einfach mit nach Hause nehmen und dort verzieren könnten? Ob sie bitte aufhören könne zu schreien.

Sie hört nicht auf.

Für einen Moment werde ich wahnsinnig wütend. Auf die Eltern, die sich desinteressiert geben, aber vorwurfsvoll und arrogant wirken. Auf die Mutter neben uns, die uns doch einfach so ein blödes Deko-Küken hätte abgeben können. Auf die Erzieherinnen, die mich nicht eingeweiht haben.

Bis mir klar wird: Sie verstehen mich nicht. Sie wissen nicht, was mein Problem ist. Wenn die Kitaeltern ganz normale Polen sind, die Mitte der Gesellschaft, dann heißt das auch: Sie waren nie länger im Ausland. Vielleicht haben sie sich noch nie in ihrem Leben fremd in einem Land gefühlt. Die meisten Polen verbringen ihren Urlaub in Polen – sofern sie ihn sich überhaupt leisten können.

Wahrscheinlich kommen sie gar nicht auf den Gedanken, dass es Menschen gibt, die ihr Kind zwar in ihre Kita schicken, aber nicht ihr ganzes Leben in Danzig verbracht haben – und deshalb nicht wissen, dass die Deko für die Osterkörbchen selbst mitgebracht werden muss. Das Körbchenschmücken gehört so fest zur polnischen Osterkultur, dass sie vermutlich nicht auf die Idee kommen, die Tradition könnte jemandem, der hier lebt, fremd sein. Der besondere Twist an der Geschichte: Die Tradition ist mir nicht fremd, ich bin selbst mit ihr aufgewachsen. Aber ich habe sie vergessen.

Woran ich mich erinnere, sind die Ostersamstage mit meiner Oma, als wir mit meinem Körbchen in die Kirche spazierten. Ich trug Lackschuhe und weiße Ringelsöckchen, ich war herausgeputzt wie all die anderen Kinder, und das Körbchen hielt ich mit beiden Händen fest, damit nichts herausfiel. Gemeinsam hatten wir es mit einem Spitzendeckchen ausgekleidet und ein paar Palmenzweige hineingelegt. Ein Stück Wurst, ein hartgekochtes Ei, Oblaten. Wenn wir in der Kirche standen und der Pfarrer diesen silbernen Stab hochhielt, den er vorher ins Weihwasser getaucht hatte, versuchte ich, mein Körbchen möglichst niedrig zu halten – ich wollte nicht, dass das leckere Essen darin nass wurde.

Am Ende hat sich unsere Tochter ausgeschrien, wir kehren erschöpft an den Basteltisch zurück. Dann reicht uns eine Mutter etwas gelben Filz und ein paar Aufkleber herüber, ohne ein Wort zu sagen. Unser Kind greift dankbar zu.

Später stellt sich heraus, dass diese Mutter uns doch versteht. »Wir haben lange in Deutschland gelebt«, sagt sie, als das Powerbasteln vorbei ist. »In München. Meine Kinder wurden dort geboren. Aber ich wollte zurück nach Hause, mein Mann ist in Deutschland geblieben, wir sehen uns nur am Wochenende. Wir sind jetzt so etwas wie eine Fernfamilie.«

Ich nicke und sage: »Wir auch.«

AM TISCH

Es dauerte nicht lang, bis wir feststellten: Die Frau vor unserer Tür fegt jeden Tag. Das ganze Jahr über. Im Frühling und Sommer vor allem Staub und Dreck, im Herbst die Blätter, im Winter fegt sie sogar Schnee. Es kommt uns merkwürdig vor, sie nicht zu grüßen, also grüßen wir sie, wir sehen sie ja jeden Tag, wir sagen »Dzień dobry«. Sie erschrickt, guckt verstört hoch, manchmal murmelt sie etwas, das wir nicht verstehen.

Mit unseren Nachbarn im Haus verhält es sich ähnlich. Ein Zusammentreffen auf der Treppe läuft meist so ab: Ich grüße, meine Tochter grüßt, ein verhuschtes Hallo kommt zurück, der Blick bleibt auf den Boden gerichtet. Es mag Zufall sein, vielleicht ist unser Haus, in dem sich sechs Wohnungen befinden, nicht repräsentativ. Und doch beschleicht mich das Gefühl, dass es vielen Polen lieber ist, flüchtige Kontakte im öffentlichen Raum zu meiden. Als wollten sie um jeden Preis anonym bleiben.

Die Polen gelten gemeinhin als Einzelgänger. Aus historischen Gründen misstrauen sie ihren Machthabern, denn entweder waren diese Fremde (Deutsche oder Sowjets) oder von Fremden installierte Kräfte (wie in der Volksrepublik). Die Polen glauben eher nicht daran, dass eine Regierung, welche auch immer, ihre Probleme lösen kann. Sie lösen sie lieber selbst. Und wer es gewohnt ist, alles allein zu regeln, der nimmt auch selten Hilfe an. Viele Polen erschrecken sogar, wenn sie auf der Straße jemand anspricht, den sie nicht kennen. Das wird mir in diesem Jahr immer wieder auffallen. Eine Kontaktaufnahme, die sich nicht angekündigt hat, wirkt in Polen immer leicht grenzüberschreitend.

Mir ist das eigentlich sehr sympathisch. Ich bin in Berlin aufgewachsen, ich regele meine Angelegenheiten auch lieber allein. Ich mag es auch nicht, wenn mich jemand unvermittelt anquatscht.

Es gibt allerdings jemanden, der dem Stereotyp des Einzelgängers nicht entspricht, der sich mehr um andere als um sich selbst schert, der Dinge wissen will, die ihn nichts angehen: unser Nachbar. Fast jedes Mal, wenn ich die Wohnung verlasse, steht er vor meiner Tür. Seine Tür befindet sich direkt daneben, an ihr macht er sich auffällig unauffällig zu schaffen, während ich die Treppe runtergehe und seine Blicke im Rücken spüre.

Oder er ist im Garten und schneidet die Hecke oder werkelt an seinem Taxi herum. Er ist immer irgendwo. Er gafft. Er starrt. Er fragt, was wir machen. Woher wir kommen, wie lange wir bleiben. Wie unsere Wohnung aussieht, wie viel wir bezahlen, wie unsere Wasserrohre verlaufen, ob das denn alles mit rechten Dingen zugehe, wie es komme, dass unser Wintergarten so groß sei.

Zunächst denke ich, er ist einfach neugierig, meine Tochter und ich fallen nun mal auf: mit unseren deutschen Sätzen und auch damit, dass wir nur zu zweit sind – ein Mann kommt zu uns nur sporadisch.

Doch mit der Zeit fange ich an, mich etwas zu gruseln, und antworte immer seltener auf seine nicht nachlassenden Fragen. Ich beginne, ihn meinerseits zu beobachten. Stelle mich an den Türspion, wenn er im Hausflur mit der Nachbarin von oben diskutiert. Er stellt ihr ähnliche Fragen (nur nicht, wie lange sie bleibt, die meisten Wohnungen in Polen sind Eigentum). Er brüllt, weil sie nicht einwilligt, diese oder jene Reparatur mitzutragen. Oder ein Alarmsystem anzubringen.

Mein Nachbar jedenfalls hat vorgesorgt. An der Außenwand an seinem Balkon blinkt ein rotes Licht. Wenn er seine Tür auf-

und abschließt, piept die Alarmanlage. Und während man unsere Tür wahrscheinlich mit einer Kreditkarte aufbekommen würde, ist seine mit einem Hochsicherheitsschloss verriegelt.

Eines Abends, es ist etwa 23 Uhr, höre ich, wie es bei ihm klingelt. Fünf Minuten später stellt er den Fernseher laut – so laut, dass mein Boden anfängt zu vibrieren. Gut, denke ich, meine Tochter schläft tief, er wird ihn wohl bald ausmachen. Nach einer halben Stunde stehe ich auf, öffne unsere Wohnungstür, konzentriere mich darauf, auf keinen Fall den Schlüssel zu vergessen, und habe doch Angst, die Tür hinter mir ins Schloss zu ziehen. Ich klingele und klopfe bei meinem Nachbarn, zunächst vergeblich. Vielleicht zieht er sich was über, denke ich noch, da öffnet er die Tür und steht in Unterhose vor mir. Ich kann schemenhaft eine Frau erkennen, die hinter ihm durch den Flur huscht. »Ich möchte Sie bitten, den Fernseher leiser zu stellen«, sage ich, betont ruhig.

»Was?«, sagt er, als wüsste er gar nicht, wer da vor ihm steht, als hätten wir uns nie zuvor gesehen. »Was wollen Sie?«

»Ich will, dass Sie den Fernseher leise stellen. Es ist Nacht, mein Kind schläft.«

Ich verstehe nicht, was er daraufhin zu sagen versucht, er wirkt nicht betrunken, aber seine Augen, die er nun verdreht, sind rot umrandet, und plötzlich höre ich seinen letzten Satz überdeutlich: »Entspann dich, du blöde deutsche Schnepfe.«

Er schließt die Tür.

Ich weiß nicht, welche Partei mein Nachbar wählt. Ob er überhaupt wählt. Ob er findet, dass »die Medien« lügen und Frauen einen Fötus, den sie in der Gebärmutter tragen, in jedem Fall gebären sollten. Ich weiß nicht, ob er Ausländer hasst oder fürchtet und ob für ihn Menschen, die das gleiche Geschlecht lieben oder sich im falschen Geschlecht fühlen, irgendwie krank sind.

Ich würde es gern wissen. Aber ich traue mich nicht zu fragen. Wie würde er auf diese Fragen reagieren, und wie würden sich die Antworten auf unsere Nachbarschaft auswirken? Obwohl unser Verhältnis ohnehin kaum angespannter sein könnte, schrecke ich davor zurück, auch noch die Politik einzubeziehen.

Auf welcher Seite der Gesellschaft man steht – oder schlicht: welche Partei man wählt –, ist im polnischen Alltag zu einem wichtigen Faktor geworden. A sucht A, und B sucht B – das ist normal, der Mensch sucht Gleichgesinnte. Aber in den vergangenen Jahren ist daraus in Polen ein fast unlösbares Problem geworden, denn wenn A plötzlich feststellt, dass er oder sie mit B Kaffee trank oder zusammenarbeitete oder vielleicht sogar ein Bett teilte, führt das beinahe automatisch zum Bruch. Es ist, als gebe es kein Dazwischen mehr, keine Möglichkeit des Miteinanders von Menschen, die politisch auf verschiedenen Seiten stehen.

Wer behauptet, Deutschland sei gespalten, der sollte nach Polen schauen. Hier gibt es den gesellschaftlichen Riss wirklich. Er reicht sogar so tief, dass man im Grunde von zwei Ländern sprechen muss, von zwei Polen. Jedes Land hat seine eigene Sprache, seine Vorbilder, seine Geschichte. Lernen sich heute zwei Polen kennen, versuchen sie vorsichtig, herauszufinden, auf welcher Seite der jeweils andere steht, zu welchem Land er gehört. Sie tasten sich politisch ab.

Und stecken dabei in einem Dilemma. Denn Polen neigen nicht gerade dazu, direkt zu sein. Direktheit gilt als unhöflich, wer etwas erreichen will, muss in der Lage sein, um die Ecke zu reden. Wenn ein ausländischer Gast die Frage verneint, ob er etwas essen möchte, und von seinen polnischen Gastgebern dennoch Unmengen an Essen aufgetischt bekommt, weiß er vermutlich nicht, dass er drei Mal verneinen muss, bis sein Gegenüber das Nein akzeptiert. Höflichkeit ist den meisten Polen so wichtig, dass sie dafür auch Missverständnisse in Kauf nehmen.

Wie also findet man heraus, wie der andere politisch tickt, wenn man nicht einfach fragen kann: Entschuldigung, aber wählen Sie vielleicht die PiS? Trägt ein Mann lange Haare, die er oben zu einem Dutt gezwirbelt hat, könnte das ein Hinweis darauf sein, dass er ein Liberaler ist. Guckt eine Frau streng, wenn sie zwei andere Frauen Hand in Hand sieht, steht sie eher auf der anderen Seite. Das gegenseitige Abtasten findet nonverbal statt, vorsichtig, leise.

Die Polen waren einmal die lauteste Stimme hinter dem Eisernen Vorhang, doch das sind sie nicht mehr. Sie haben sich in ihre vier Wände zurückgezogen, sie wollen vor allem eins: ihre Ruhe. Die Vorstellung, auf Polens Straßen würde laut über die Zukunft des Landes gestritten, ist falsch. Es gibt einen Kulturkampf, es gibt Hass auf beiden Seiten, aber ausgetragen wird er vor allem über die Medien und im Internet. Zwischenmenschlich, in der direkten Kommunikation, herrscht Schweigen. Politik ist zu einem so heißen Thema geworden, dass sie bewusst ausgespart wird, oft auch im engsten Kreis der Familie.

Es ist der Samstag vor Ostern, ich fahre durch die Stadt, auf der Suche nach einem Mazurek. Eigentlich wollte ich diesen traditionellen Osterkuchen, der zufällig mein liebster ist, selbst backen, aber dann redete ich mir ein, ihn eh nicht so hinzubekommen wie meine Mutter, also ließ ich es bleiben. Nun stelle ich fest, dass die Mazureks in den Bäckereien ganz anders aussehen, als ich sie kenne.

Ich muss vorwegnehmen: Wer Mazurek erst im Erwachsenenalter probiert, ist verloren. Ich weiß von niemandem, der ihn so spät noch lieben gelernt hat. Mazurek, wie ich ihn kenne, ist im Grunde ein Kinderkuchen: ein Mürbeteigboden, bestrichen mit einer Masse aus purer Schokolade – im Grunde ein Butterkeks mit Nutella. Meine Mutter legte oben noch Mandeln drauf, zu schönen Mustern arrangiert. Wenn man in einen Mazurek beißt, zerfällt der buttrige Teigboden, vermischt sich im Mund mit der dicken, weichen Schokomasse, unterbrochen vom Knacken der Mandeln. Die Schokovariante nannten wir immer »mazurek kajmakowy«, es gibt auch welche mit Nuss- oder Orangenmasse obendrauf – oder so, wie meine Oma ihn machte, mit einem Aufstrich aus Rosenblättern.

Doch egal welche Bäckerei ich ansteuere, die Mazureks in den Auslagen sind entweder dekoriert mit Zeug, das da nicht hingehört, kandierte Früchte etwa. Oder sie sind so dicht eingeschweißt, dass man den Kuchen kaum erkennen kann. Zwei Schichten Mürbeteig, dazwischen Orangenmarmelade? Unverzeihlich.

Ich versuche es in der berühmten Markthalle in der Altstadt. Im Untergeschoss finde ich einen Bäcker. Der Mazurek sieht gar nicht schlecht aus, eigentlich sogar ziemlich gut. Dunkle Schokolade, nur mit Mandeln dekoriert, schon stehe ich in der langen Schlange. Ich schaue mich um, sehe die ostergestressten Gesichter der Menschen vor und hinter mir und die noch gestresseren Verkäuferinnen. Dann fällt mein Blick auf das Schild der Bäckerei: *Pellowski*. Verdammt. Ich verlasse die Markthalle.

Grzegorz Pellowski besitzt Bäckereien überall in Danzig, bekannt wurde er jedoch, als er einen öffentlichen Brief an Lech Wałęsa schrieb: »Es gibt Dinge, für die ich Ihnen danken möchte«, heißt es darin. »Vor allem für Ihre Einstellung gegenüber Homosexuellen.« Wałęsa ist in der Vergangenheit immer wieder mit homophoben Aussagen aufgefallen. Vor ein paar Jahren erst schockierte er mit der Aussage, er würde homosexuelle Politiker im Parlament am liebsten nach ganz hinten verbannen oder »sogar hinter eine Mauer«.

Pellowski schrieb, er vertrete damit nicht nur seine persönliche Ansicht, sondern auch die seiner 200 Mitarbeiter. Als Reaktion auf den Brief bildete sich eine Protestgruppe auf Facebook, die zum Boykott der Kette aufrief und innerhalb eines Wochenendes mehrere tausend Unterstützer hatte. Der eine Teil der Danziger kauft nun also nicht mehr bei Pellowski ein. Der Kette geht es trotzdem gut, es gibt ja noch den anderen Teil.

Am Ende finde ich doch noch einen Mazurek, er steht am Ostersonntag auf dem Frühstückstisch bei meiner Cousine. Meine Tante hat ihn gebacken. Er kommt sehr nah an den meiner Mutter heran.

Meine Cousine und ihr Freund haben die ganze Familie eingeladen. Meine Tante, die verwitwet ist, die Familie des Freundes, meinen Freund, meine Tochter und mich. Meine Cousine und ihr Freund wohnen in der ehemaligen Wohnung meiner Großeltern. Nachdem erst meine Oma und kurze Zeit später mein Opa gestorben war, zog meine Cousine zunächst mit Freunden ein. Jahr für Jahr und Zimmer für Zimmer veränderte sie die Wohnung, sie entsorgte die alten Teppiche und die antiken Holzvitrinen im Wohnzimmer, riss die Blümchentapete ab, strich alle Wände weiß und stellte Ikea-Regale auf. Die Wohnung sieht nun so aus wie Millionen WGs auf der ganzen Welt.

Nur die Küche ist noch die alte. Sie ist so klein, der Platz so perfekt genutzt, dass man Angst hätte, auch nur ein Schränkchen herauszureißen. In dieser Küche kann man sich gerade so um die eigene Achse drehen. Unvorstellbar, dass meine Oma hier ganze Weihnachtsfeste vorbereitet hat.

Im Jahr 2018 geht meine Familie die Feiertagsvorbereitungen deutlich entspannter an. Meine Cousine und ihr Freund sind Vegetarier. Sie haben zwei Brotaufstriche zubereitet, einen mit Linsen, einen mit Aubergine, dazu Hummus und selbstgemachte

Mayo für die hartgekochten Eier. Meine Tante hat Żurek im Tetrapak mitgebracht, nun schüttet sie die Suppe aus vergorenem Weißmehl in einen Topf, verfeinert sie mit Sahne, Meerrettich, weißer Wurst und hartgekochtem Ei. »Für Żurek gibt es so viele Rezepte wie Haushalte«, sagt sie. »Meins ist eben das aus dem Tetrapak.« Sie lacht.

Apropos Eier: Die ausufernden Gespräche, die die Polen tagaus, tagein über Eier führen, sind für mich zum größten Mysterium dieses Landes geworden. Egal, wer mit wem spricht, sobald das Gespräch auf Eier kommt, fragt einer, woher der andere seine Eier beziehe. Worauf dieser ausführlich erklärt, er kenne da einen Bauern, etwas außerhalb, der habe die frischesten Eier, da könnten die auf dem Wochenmarkt in der Stadt einfach nicht mithalten, nur um von jenem entgegengehalten zu bekommen, dass dieser seinerseits jemanden kenne, der seine Eier auch immer direkt vom Bauern bezogen habe, bis er einmal zu einem anderen als dem verabredeten Zeitpunkt auf den Hof kam, und siehe da: Die Hühner liefen gar nicht frei herum! Womöglich mischt sich an dieser Stelle noch eine dritte Anwesende ein und merkt an, die Eier auf dem Wochenmarkt seien auch nicht mehr das, was sie mal waren, sie habe beobachtet, wie ein Verkäufer sie aus seinem Auto geladen habe – in der gleichen Verpackung wie die im Supermarkt!

Die Eier-Manie hat sogar die Polen befallen, die im Ausland leben. Wann immer meine Mutter in Polen ist, transportiert sie mindestens hundert Eier im Kofferraum nach Deutschland. Sie lässt da nicht mit sich reden. Polnische Eier, sagt sie, seien die besten der Welt.

Was soll ich sagen: Ich liebe Eier auch. Also greife ich zu, nehme mir eine Eierhälfte mit einem Klecks selbstgemachter Mayonnaise und Schnittlauch obendrauf (von glücklichen Hühnern, wie meine Tante versichert). Vorher schon haben wir ein hartgekochtes Ei miteinander geteilt und uns dabei Frohe Ostern gewünscht – eine alte polnische Tradition.

Was auf unserem Ostertisch nicht steht: Alkohol. Kein Sekt, kein Wein. Es wird mir immer wieder auffallen im Laufe des Jahres: Die meisten Polen in meinem Umfeld trinken keinen Alkohol mehr. Fast meine gesamte in Polen lebende Familie lebt abstinent. Ich gehe mit meinem Cousin zu Konzerten, ohne einen einzigen Drink zu mir zu nehmen. Auf der Hochzeit meiner Cousine wird zwar Alkohol ausgeschenkt, doch das Brautpaar trinkt Cola und Schorle. Wann immer ich Freundinnen oder Verwandte zum Essen treffe, steht auf dem Tisch: Wasser.

Dabei steigt interessanterweise der Alkoholkonsum in Polen insgesamt – während er in Ländern wie Frankreich, Italien, Deutschland, sogar in Russland sinkt. Neulich stellte eine Studie fest: Die Polen trinken mehr als in Zeiten der Volksrepublik – elf Liter reinen Alkohol pro Kopf pro Jahr. 2000 waren es noch acht Liter. Sie trinken ihn vor allem in Restaurants, Bars und zu Hause. Auf öffentlichen Plätzen ist der Konsum von Alkohol untersagt. Deshalb sieht man draußen manchmal Menschen mit braunen Papiertüten, die sie hin und wieder an ihren Mund führen.

Zum Teil haben die Polen, die komplett auf Alkohol verzichten, natürlich gute Gründe (familiäre Veranlagung, schlechte Erfahrungen in der Vergangenheit), und doch ist es bemerkenswert, wie gespalten sich auch in dieser Frage die Gesellschaft zeigt. Ähnlich übrigens beim Fußball: Anders als in Deutschland spielt die Sportart in Polen ausschließlich für Arbeiter und kleine Angestellte eine große Rolle. Die Elite geht eher selten ins Stadion oder in eine Sportbar zum Fußballgucken.

Wie viele polnische Familien reden auch wir normalerweise nicht viel über Politik. Wir stehen alle auf derselben Seite, wir sind uns einig. Außerdem machen diese Themen schlechte

Laune, lieber umschiffen wir sie. Nun aber hat sich die Familie erweitert, der Vater des Freundes meiner Cousine ist dazugekommen, samt Freundin und Kindern. Wir kennen uns noch nicht, also stellen wir Fragen. Der Vater fängt an. »Sagt mal, wie ist das eigentlich bei euch in Berlin mit den Flüchtlingen?«

Das ist die Frage, die mir nicht nur der Milchbauer Radek gestellt hat. Es ist die Frage, die ich, seit ich in Polen wohne, am häufigsten höre. Ich muss mich zusammenreißen, nicht aufzustöhnen. Dabei ist die Frage meistens nicht tendenziös, sondern wirklich ernst gemeint. Ich antworte, was ich immer antworte: Dass es nicht groß anders sei als vorher, dass ich mich durch Berlin und Deutschland bewege wie sonst auch und dass ich überhaupt finde, es sei unsere Pflicht als Europäer, Geflüchteten zu helfen.

»Aber ist es nicht so«, erwidert er, »dass zum Beispiel nicht berichtet wird, wenn ein Flüchtling eine Straftat begeht? Das habe ich jedenfalls in einer unserer Zeitungen gelesen. Das ist doch nicht okay.«

»Das wäre nicht okay, das stimmt. Aber ich nehme das nicht so wahr. Andererseits ist ja nicht jede Straftat berichtenswert, egal von wem sie verübt wurde. Nicht jeder Diebstahl eines Geflüchteten muss in die Zeitung, genauso wenig wie jeder Diebstahl eines Bio-Deutschen.«

»Was ist ein Bio-Deutscher?«

»Ach, das ist so ein blödes Hilfswort, das sich einer ausgedacht hat für die Menschen, deren Wurzeln wirklich in Deutschland liegen – was auch immer das im Einzelfall heißen soll.«

»Aber die Flüchtlinge kommen doch aus anderen Kulturkreisen. Und was macht ihr, wenn die zum Beispiel nicht damit klarkommen, dass sie in Deutschland leichtbekleidete Frauen sehen? Das kann man ihnen ja nicht vorwerfen, aber das ist doch schon ein Problem.«

»Meinst du wirklich, die können sich nicht zusammenreißen? Ist das nicht ein klassisches rassistisches Motiv? Wir müssen natürlich darüber reden, vor welchen Herausforderungen diese Menschen stehen, die ja auch zum Teil traumatisiert sind. Aber mich stört an der Debatte etwas ganz anderes: Woher kommen plötzlich all diese emanzipierten polnischen und deutschen Männer? Und von wem bitte wurden ›unsere‹ Frauen vergewaltigt, bevor ein paar Männer übers Mittelmeer kamen? Die Kirche hier kämpft gerade wieder dafür, Frauen die Abtreibung komplett zu verbieten, aber wenn es um Geflüchtete geht, entdeckt sie plötzlich die Frauenrechte für sich. Das macht mich krank!«

Ich habe mich in Rage geredet, die anderen sind verstummt. Auch der Vater sagt nun nichts mehr. Die Stimmung ist nicht gut. Meine Tante steuert das Gespräch in eine andere Richtung. Sie ist selbstständige Architektin. Sie erzählt, wie viel sie gerade wieder arbeiten muss. Über Arbeit stöhnen, darauf können wir uns alle einigen. Auch meine Cousine arbeitet viel, sie ist selbstständige Grafikerin. Ein Tag am Wochenende geht bei ihr mindestens für den Job drauf, wochentags sitzt sie bis spätabends in ihrem Büro. Und doch verdient sie jeden Monat weniger, als sie zum Leben braucht. Die Polen sind die Europäer mit den meisten Arbeitsstunden im Monat, aber ihr Durchschnittslohn beträgt dennoch umgerechnet nur knapp 1000 Euro. Der Modalwert, also der am häufigsten gezahlte Lohn, lag Anfang 2018 sogar bei nur 600 Euro. Der meiner Cousine liegt noch darunter: Sie verdient umgerechnet etwa 500 Euro im Monat.

Der Warschauer Soziologe Janusz Czapiński führt alle zwei Jahre eine »Diagnoza Społeczna« durch, eine Analyse gesellschaftlicher Denk- und Verhaltensstrukturen. Zuletzt stellte er fest, dass in Polen viel »individuelles Kapital« vorhanden sei (Bildung, Unternehmergeist, Karrierewillen etc.), aber wenig »gesellschaftliches Kapital«, etwa kollektives, solidarisches Handeln.

Ich verstehe, was er meint, frage mich aber, wie die Polen auch noch solidarisch handeln sollen, wenn die Lücke zwischen dem, was sie leisten, und dem, was sie dafür bekommen, so weit klafft.

Dass die Menschen sich immer mehr als Individuen und immer weniger als Gemeinschaft begreifen, ist natürlich auch ein Phänomen vieler westlicher Länder. Dennoch ist Czapińskis Diagnose zutreffend: Die Polen reagieren allergisch auf jeglichen Kollektivismus. Er erinnert sie an die Zeiten hinter dem Eisernen Vorhang. Schon damals waren sie Einzelgänger. Außer, als sie sich zusammentaten, um das Regime zu stürzen.

Die Zivilgesellschaft, die heute protestiert, ist kleiner als damals, aber es gibt sie noch. Nach der Wahl 2015 trat meine Tante beispielsweise dem Komitee zur Verteidigung der Demokratie bei, kurz KOD. Die Organisation hat es geschafft, Demos mit bis zu 200 000 Teilnehmern zu organisieren. In ihrer Ortsgruppe organisiert meine Tante Veranstaltungen und Demos, sie ist ständig auf Facebook, sie postet regierungskritische Artikel, sie fährt nach Warschau, um zu demonstrieren – selbst dann, wenn eine Demo mit demselben Anliegen in Danzig stattfindet. Je größer die Zahl der Demonstrantinnen in Warschau, desto größer die Chance, dass auch im Ausland darüber berichtet wird. Meine Tante weiß das.

»Für Menschen wie mich war der Wahlsieg der PiS nicht nur ein persönlicher Albtraum«, sagt sie. »Er hat mich auch politisiert. Er war identitätsstiftend. Ich weiß jetzt, wo ich stehe, wie ich leben will, wer ich sein will. Und woran ich glaube: an die Freiheit des Menschen, nicht an Gott. Ich denke, wir Polen haben die Demokratie für selbstverständlich gehalten in den letzten Jahrzehnten. Das war ein Fehler.«

Bei vielen hingegen, die nach dem Wahlsieg der PiS noch wütend auf die Straße gingen, ist die Wut der Resignation gewichen. Der KOD hat an Bedeutung verloren – auch weil herauskam, dass ihr Chef Spendengelder auf sein eigenes Konto fließen ließ. Die zunehmende Irrelevanz der Organisation hat aber auch damit zu tun, dass ihre Mitglieder zum großen Teil aus der oberen Mittelschicht kommen. Sie wollen den Rechtsstaat verteidigen, soziale Fragen thematisieren sie dagegen kaum. Die aber betreffen die Mehrheit der Polen – auf der einen wie auf der anderen Seite.

FRAUENLEBEN

Ich mache mich auf den Weg nach Radomsko. Ich will mit Lidia Wrońska-Bęben reden. Auch sie demonstriert und engagiert sich. Vor allem für Frauenrechte.

Radomsko ist eine 50 000-Einwohner-Stadt zwischen Łódź und Tschenstochau. Mehr als sechs Stunden brauche ich mit dem Zug, vorbei an Feldern und frisch bewohnten Storchennestern. Es ist endlich Frühling. Der Zug hält im Tiefbahnhof von Warschau, fährt dann weiter Richtung Süden. Als ich in Radomsko aussteige und durch die Stadt laufe, fällt mir auf, wie typisch sie ist für das Land: nicht groß, nicht klein, ein auffälliges historisches Gebäude (in diesem Fall das Rathaus), das aufwendig restauriert wurde und nun als Foto auf der Wikipedia-Seite prangt, während der Rest der Stadt weitgehend in tiefem Grau versinkt. Einfamilienhäuser, von denen der Putz abblättert, Spielplätze mit quietschenden Schaukeln, ein paar Kioskbuden und Supermärkte.

In Lidia Wrońska-Bębens Viertel stehen Plattenbauten, alle sechsstöckig, aber verschiedenfarbig gestrichen. Ihr Haus war mal babyblau, ein grauer Film hat sich über die Farbe gelegt.

Wir sitzen in ihrer Dreizimmerwohnung, auf einem Ledersofa. Lidia Wrońska-Bęben hat die Vorhänge zugezogen, sie mag es nicht so hell.

Kaum etwas spaltet die Polen mehr als die Themen Abtreibung und Frauenrechte. Es gibt Pfarrer, wie in der Kirche des Bauern Radek im Osten des Landes, die halten sonntags Predigten über den Schutz des ungeborenen Lebens. Es gibt aber auch die Hunderttausenden, die beispielsweise im Oktober 2016 auf die Straße gingen, um für die Entscheidungsfreiheit der Frauen zu demonstrieren.

Polen hat eines der strengsten Abtreibungsgesetze in Europa. Nur wenn die Mutter in Lebensgefahr schwebt, wenn sie durch eine Vergewaltigung schwanger wurde oder wenn der Fötus schwere Missbildungen aufweist, darf eine polnische Frau abtreiben. Offiziell gibt es in Polen etwa tausend Abtreibungen pro Jahr, Frauenorganisationen schätzen die Dunkelziffer aber eher auf hunderttausend. Viele Frauen reisen ins Ausland, etwa nach Deutschland, um den Eingriff vornehmen zu lassen. Denn auch bei den legalen Fällen finden Polinnen in ihrem Land selten einen Arzt, der dazu bereit ist. Die PiS wollte das Abtreibungsrecht eigentlich noch weiter verschärfen. Doch nach den Demonstrationen sah sie sich gezwungen, den Gesetzentwurf zurückzuziehen.

Lidia Wrońska-Bęben war eine der Hunderttausenden auf der Straße, sie schrie mit ihnen: »Meine Gebärmutter! Meine Entscheidung!«

Nun sitzt sie in ihrem Wohnzimmer und sagt: »Es kann nicht sein, dass die Regierung über unsere Gebärmütter bestimmt. Wir müssen den Mund aufmachen. Erzähl ihnen ruhig meine grauenhafte Geschichte.«

Lidia Wrońska-Bęben ist 52 Jahre alt, die Geschichte, die sie meint, liegt 18 Jahre zurück. Ihre zerrissenen Ohrläppchen erinnern bis heute daran.

Sie zieht an einer E-Zigarette, die sie ihre »Friedenspfeife« nennt. Geschmack: Heidelbeere. Sie zieht mehrmals, bläst den Dampf aus, schaut auf die Wand gegenüber. Die Rinderbrühe, die sie gekocht hat, mit großen Fettaugen, steht vor ihr. Sie rührt sie nicht an. Sie wollte unbedingt reden, nun bleibt sie erst mal still. Eine Viertelstunde braucht sie, um die Kraft zu sammeln. Sie hat ihre Geschichte lange nicht mehr erzählt.

Es war ein Abend im Mai, Ende der Achtziger, welches Jahr, will Lidia Wrońska-Bęben nicht sagen. Sie war Anfang zwanzig. »Damals sah ich noch richtig toll aus. Ich war jung und sehr gut angezogen. Sehr gut angezogen meint auch: Minirock. Der war damals bei uns stark in Mode.« Lidia ging oft aus, aber sie trank wenig, denn sie wusste, sie vertrug nicht viel. An jenem Abend, ihr Mann und ihre kleine Tochter waren zu Hause, ging sie in ein Tanzlokal im Zentrum. Sie stellte ihr Glas zum Tanzen auf ein Fensterbrett. Immer wieder nahm sie einen Schluck, insgesamt, sagt sie, können es nicht mehr als zwei Gläser gewesen sein, die sie dort getrunken hat.

Plötzlich wurde ihr schwindlig, sie fiel aufs Parkett, ging hinaus, frische Luft schnappen, als plötzlich ein Wagen vorfuhr. Sie wurde hineingezogen, spürte ein Messer im Rücken. Am Ende wachte sie auf – hatte sie K.-o.-Tropfen bekommen? Sie befand sich in einer Wohnung, in der an jeder Wand ein Sofa stand. »Das weiß ich heute noch«, sagt sie. »Ich war umzingelt von diesen Sofas.«

Was dann folgte, erzählt Wrońska-Bęben unter Tränen. Einmal, vor Jahren, hat sie ihre Geschichte auf Facebook geteilt, so kam, was ihr passiert war, an die Öffentlichkeit. Lidia Wrońska-Bęben erzählte ihre Geschichte, um sich von ihr zu befreien. Aber sie blieb haften.

Sie wurde damals Opfer einer organisierten Massenvergewaltigung. Mindestens vier Männer hätten sie in jener Nacht penetriert, sagt sie, zwei Frauen waren auch anwesend, um sie festzuhalten. »Währenddessen hatte ich nur einen Gedanken im Kopf: Du musst überleben. Du musst zu deiner Tochter zurück.« Sie fächelt sich mit der Hand Luft zu. Ihren langen Pony hat sie über die Augen gezogen.

Sie hätten alles mit ihr gemacht, was man sich vorstellen könne. Und mehr als das. Sie erzählt von massiver körperlicher Gewalt und zerbrochenen Glasflaschen. Mitten in der Nacht hätten die Männer die Wohnung wieder verlassen, die zwei Frauen ließen Lidia Wrońska-Bęben laufen. Frierend und ohne Slip brach sie unten im Flur des Hauses zusammen.

Sie hat sich oft gefragt, ob sie die Vergewaltigung mit ihrem guten Aussehen, ihrem kurzen Minirock, ihrer Lebensfreude vielleicht provoziert habe. Sie weiß, sie darf so nicht denken, sie weiß, Schuld tragen allein die Täter. »Aber im Grunde denke ich das bis heute: Hätte ich nur besser aufgepasst. So wurde ich erzogen. Mädchen, junge Frauen müssen eben auf sich aufpassen. Meine Mutter sagte immer: Überleg dir genau, was du anziehst!«

Nach der Gewalttat konnte sie monatelang nur in einem Sessel sitzend schlafen, im Liegen kamen sofort die Bilder hoch. Sie erzählte ihrem Mann davon, schemenhaft. Und ihrer Tochter erst sehr viel später. »Im Grunde hatte ich niemanden zum Reden. Mein Mann war liebevoll, aber überfordert. In den Wochen danach war ich schwach, mir war ständig übel. Ich wollte schlafen und konnte nicht.«

Dann erfuhr Lidia Wrońska-Bęben: Sie war schwanger.

»Irgendwie hat mich die Schwangerschaft sogar aus meiner Ohnmacht befreit. Mir war sofort klar, ich kann dieses Kind nicht bekommen. Und weil ich gegen die Männer Anzeige erstattet hatte und gegen sie ermittelt wurde, war die Abtreibung auch legal. Der Arzt stocherte in meiner Gebärmutter herum, ohne Betäubung, die Schmerzen waren höllisch. Auch jetzt, wenn ich das erzähle, spüre ich sie noch. Fast noch schlimmer aber waren die Blicke der anderen. Ich wachte in einem Zimmer auf mit Frauen, die gerade entbunden hatten. Das war damals so üblich, es gibt ja bis heute kaum Einzelzimmer nach einer Entbindung. Die Blicke der anderen sagten: Wie kannst du nur, wir kämpfen hier um unser Kind, und du lässt deins wegmachen?

Das hat mich sehr verletzt. Ich war doch auch Mutter. Und sie wussten nicht, was ich erlebt hatte.«

Die Anzeige blieb folgenlos. Schon auf dem Revier, als sie ihre Aussage machte, hatte der zuständige Polizist sie ausgelacht. »Ich glaube, die Täter haben die Polizisten geschmiert. Anders kann ich es mir nicht erklären, dass so wenig ermittelt wurde. Zum Prozess kam es nicht.«

In ihrer Brutalität mag Lidia Wrońska-Bębens Geschichte ein Einzelfall sein. Aber sie zeigt exemplarisch, welche Verachtung Frauen in Polen jahrzehntelang entgegenschlug. Und wie diese Frauen sich langsam aus den patriarchalen Strukturen befreien.

Lidia Wrońska-Bęben fährt nun mit dem Zug zu den Demonstrationen nach Warschau, zwei Stunden hin, zwei Stunden zurück. »Ich treffe dort Frauen, die ähnliche Erfahrungen gemacht haben wie ich. Auch in den wenigen Fällen, in denen eine Frau heute legal abtreiben darf, wird sie von manchen Ärzten wie eine Kindsmörderin behandelt. Wenn sie überhaupt einen Arzt oder eine Ärztin findet. Die meisten wimmeln sie ab und geben dafür Gewissensgründe an. Das muss endlich aufhören.«

Lidia Wrońska-Bębens Gesicht ist fast reglos beim Erzählen. Nur manchmal wackeln ihre Ohrringe in Weintrauben-Form. Die Sonnenbrille auf ihrem Kopf hat exakt den gleichen Farbton wie ihre Haare: Dunkelrot. »Ich kleide mich noch immer gern besonders. Aber Miniröcke und tiefe Ausschnitte trage ich nicht mehr.«

Lidia Wrońska-Bęben ist gläubig, das seien alle Menschen in Radomsko, sagt sie. Die Stadt liegt etwa 40 Kilometer von Tschenstochau entfernt, wohin jährlich Millionen pilgern, um das berühmte Bild der Schwarzen Madonna zu sehen. Wenn Wrońska-Bęben von ihrem damaligen Mann spricht, der verstorben ist, ergänzt sie den Namen jedes Mal mit einem »Gott hab ihn selig«. Dennoch kritisiert sie die Haltung der katholischen Kirche zu Abtreibung und Frauenrechten.

Ihre Tochter dagegen geht für das Gegenteil auf die Straße. »Sie ist mir entglitten«, sagt Lidia Wrońska-Bęben. Sie erinnere sich noch, wie glücklich sie nach der Geburt gewesen sei. Aber auch traurig. Sie habe lieber einen Jungen gewollt. »Jungen haben es leichter im Leben.«

Und als wollte das Schicksal ihre Theorie bestätigen, geriet ihre Tochter in einen Strudel aus Perspektivlosigkeit und Drogen. Zunächst nahm sie sie nur, später verkaufte sie sie. Sie kam ins Gefängnis. Zwischendrin gebar sie Kinder, zwei Mädchen.

Emilia und Paulina wohnen heute bei ihrer Oma, die nun offiziell auch ihre Pflegemutter ist. Wenn Lidia Wrońska-Bęben über die beiden Enkelinnen spricht, sagt sie schlicht »meine Töchter«.

Zu ihrer leiblichen Tochter hat sie kaum noch Kontakt. Sie weiß nur, dass sie in einem zerfallenden Haus mit undichtem Dach lebt, bei ihrem letzten Besuch dort liefen Mäuse über den Boden, sagt sie. Momentan sei sie clean. Jedes Jahr am 11. November, dem Tag der Unabhängigkeit, Polens Nationalfeiertag, fahre die Tochter zum Marsch der Rechtsradikalen nach Warschau. Sie sei Mitglied im ONR, dem Nationalradikalen Lager, einer neofaschistischen Organisation. »Eine Schande«, sagt die Mutter, »aber das ONR sammelt viele auf, die ganz unten angekommen sind. Was soll ich machen? Ich habe es gerade so geschafft, mein eigenes Leben wiederaufzubauen und mich um die Mädchen zu kümmern.«

Allein auf die Straße geht sie selten, abends erst recht nicht. Am liebsten sitzt sie zu Hause, die Vorhänge ein bisschen zugezogen, und schaut sich mit ihrem neuen Mann und den Töchtern einen Spielfilm an. Das sei für sie das größte Glück, sagt sie.

Lidia Wrońska-Bęben gehört zu den Polen, die arm sind und dennoch nicht PiS wählen. Mit ihrem neuen Mann betreibt sie ein Geschäft für Arbeitsbekleidung. Beide arbeiten hart, meist sechzig Stunden die Woche. Für ihre 59 Quadratmeter große Wohnung zahlen sie noch einen Kredit ab. »Zum Leben bleiben uns etwa 150 Złoty pro Woche«, umgerechnet etwa 35 Euro. »Für die zwei Kinder bekomme ich noch Kindergeld. Aber dankbar vor der PiS auf die Knie sinken kann ich dennoch nicht.« Zu frauenverachtend sei deren Politik. Das wiege für sie schwerer als jede vernünftige Sozialpolitik.

»Ist doch klar«, sagt Lidia Wrońska-Bęben. »Bei meinem Leben.«

EIN BÜRGERMEISTER KÄMPFT

Seit Beginn meines polnischen Jahres frage ich mich, ob es jemanden gibt, der die polnische Opposition anführen könnte. Ein Freund sagt: Schau dir die Bürgermeister an! Den in Posen zum Beispiel.

Bis 2015 machten Bürgermeister in Polen, die hier Stadtpräsidenten heißen, was Bürgermeister eben so machen: Sie kümmerten sich um die Straßenbahn, die Müllabfuhr, das Stadttheater. Mit der Machtübernahme der PiS aber gewannen sie an nationaler Bedeutung. Warschau, Danzig, Krakau, Breslau, Łódź – die meisten polnischen Städte werden von linksliberalen Bürgermeistern regiert. Und plötzlich waren sie mehr als Regierende einer Stadt oder Gemeinde. Sie nahmen es mit dem mächtigsten Mann Polens auf, sie stellten sich gegen Jarosław Kaczyński und sein PiS-Gefolge.

Jacek Jaśkowiak ist der Bürgermeister von Posen, einer industriestarken Stadt mit einer halben Million Einwohnern. Ein Mann von 54 Jahren, meist im Maßanzug, durchgedrückter Rücken, ein Meter 90 groß. Als ich ihn im Mai 2018 treffe, ist er seit fünf Jahren im Amt. Einige Monate später, im Oktober, wird er sich zur Wiederwahl stellen – und gewinnen.

Doch es war eine Rippe, die Jacek Jaśkowiak in ganz Polen berühmt und zu einem Hoffnungsträger der Opposition machte. Genauer gesagt, eine gebrochene Rippe.

Im November 2015, einen Monat nach dem Sieg der PiS bei den Parlamentswahlen, ließ Jacek Jaśkowiak bei einer Benefiz-Gala in Posen einen Boxring aufbauen. Unter dem Jubel der Gäste und zu den Klängen von »Eye of the Tiger« betrat Dariusz Michalczewski im schwarz-weißen Mantel den Saal, Boxlegende, 23-facher Weltmeister im Halbschwergewicht, genannt der »Tiger«. Danach, geführt von einer Halbnackten: der Bürgermeister selbst im blau schimmernden Umhang. Musik: Ennio Morricone, das Thema von *Zwei glorreiche Halunken*.

Er hielt bis zur dritten Runde durch, dann brach seine achte Rippe. Kameras, Applaus, hochgereckte Arme. Hinterher wurde der »Tiger« von einem Reporter gefragt, was er von diesem Bürgermeister halte. Seine Antwort: »Der Typ hat Eier.«

Jaśkowiaks Partei aber, die Bürgerplattform, ist in einem schlechten Zustand. Bis 2015 stellte sie die Regierung, doch man darf sie sich nicht als politisches Gegengewicht zur PiS vorstellen. Im Grunde unterscheiden sich Bürgerplattform und PiS nicht allzu sehr, wenn es um Wertevorstellungen und Lebensstile geht. Beide lehnen gleichgeschlechtliche Partnerschaften ab und unterstützen die katholische Kirche. Die Bürgerplattform hat ihre Stammwähler, aber kaum Ideen. Dass sie so desaströs bei den Wahlen abgeschnitten hat, lag aber auch an einer Abhöraffäre. Kellner in edlen Warschauer Restaurants hatten Gespräche unter ranghohen Politikern aufgezeichnet. Unter anderem bezeichnete der damalige Außenminister Radosław Sikorski seine Landsleute als »Einfaltspinsel«. Die Bürgerplattform – wie die ganze politische Klasse – galt schon immer als arrogant und elitär. Diese Abhörbänder, die 2014 veröffentlicht wurden, brachen ihr das Genick.

Wer soll also den Siegeszug der Autoritären aufhalten? Und wie müsste ein Politiker sein, der es mit Kaczyński aufnehmen will? Müsste er auf die Rechten zugehen oder gerade nicht? Müsste er sich volksnah geben oder konsequent programmatisch? Klar scheint nur das Geschlecht zu sein: Die polnische Politik nämlich ist fast durchweg männlich.

An diesem Samstag im Mai boxt Jaśkowiak wieder. Er betritt eine Sporthalle, Shorts, T-Shirt, Brille ab, Mundschutz rein, Bandagen um die Hände. Techno dröhnt. Im Ring wartet schon sein Sparringspartner, ein Ex-Profi. Pamm! Pamm! Pammpammpammpamm! Kurze, schnelle Schläge, hin und her. Bald ist Jaśkowiaks T-Shirt dunkel vom Schweiß, sein Trainer ruft ihm Kommandos zu. Jaśkowiak boxt nicht nur für Fernsehkameras. Er meint es ernst. Zweimal bis dreimal die Woche kommt er hierher.

In der siebten Runde fließt ihm Blut aus der Nase, zwischen den Trainingsgongs, die von einer kleinen Maschine außerhalb des Rings kommen, nuschelt er durch seinen Mundschutz: »Das Steak kann ich heute wohl vergessen.« Der Kiefer hat auch was abbekommen.

Jacek Jaśkowiak redet gern und viel über das Boxen, über Härte und Männlichkeit. Der Sport verleihe ihm Macht und archaische Stärke, sagt er. Er brauche im Gegensatz zu anderen Politikern keine Bodyguards. Es ist nicht leicht, einen Mann mit seinem Bizeps einen abgehobenen Weltbürger oder verweichlicht-verwestlichten Liberalen zu nennen. Jaśkowiak weiß das, deswegen lässt er sich auch gern beim Boxen von einer Reporterin beobachten.

Wenn man sich gegen eine rechte Politik der Stärke stellt, hilft es dann, selber ein starker Mann zu sein?

So schnell, wie die neue Regierung nach ihrem Wahlsieg 2015 auf Eskalation setzte, so schnell reagierten in Posen die Bürger und ihr Bürgermeister. Die Proteste begannen im Dezember desselben Jahres und fanden im Wochenrhythmus statt. Mal waren es 4000, mal 5000, einmal sogar 17 000 Menschen – am späten Abend und in aller Stille formten sie mit dem Licht ihrer Taschenlampen und Handys das Wort »WETO«: ein in die Nacht leuchtendes Nein zum Angriff auf die Unabhängigkeit der Gerichte. Meist lief Jacek Jaśkowiak bei den Demonstrationen mit, er stellte sich auch gern ans Mikro und rief: »Weg mit dem Kaczysmus!«

In Warschau verkündete Jarosław Kaczyński, Geflüchtete könnten »alle Arten von Parasiten und Bakterien« ins Land schleppen. In Posen kämpfte Jacek Jaśkowiak dafür, ebendiese Geflüchteten aufzunehmen. In Warschau definierte Kaczyński, was »polnisch« sei: Familie, Kirche, Militär. In Posen sah Jaśkowiak nicht ein, warum die Kirche Geld dafür verlangen sollte, dass die Schienen der Straßenbahn über ihren Grund und Boden führen. Er verurteilte die Randale rechter Hooligans, und als die Stadt den 60. Jahrestag eines Aufstands feierte, bei dem Hunderte friedlich streikende Arbeiter von Soldaten niedergeschossen worden waren, da lud er kurzerhand die Armee aus.

In Warschau hatte eine Parlamentsabgeordnete der PiS die Idee, man könne »Homosexualität medizinisch behandeln«. In Posen lief Jacek Jaśkowiak – als erster prominenter polnischer Politiker überhaupt – bei einer Gay-Pride-Veranstaltung mit, einer Kundgebung für die Rechte sexueller Minderheiten.

Es sagt viel über den Zustand der Opposition aus, dass sie in Jaśkowiak schnell mehr sah als einen unkonventionellen Lokalpolitiker. Die Sehnsucht nach einem Helden, nach einem Anti-Kaczyński, ist groß; das Angebot an verfügbaren Kandidaten eher nicht so.

Überall auf der Welt treten Bürgermeister derzeit als politische Führungsfiguren hervor und bilden Gegengewichte zu den nationalen Regierungen, an deren Spitze immer öfter autokratische Populisten sitzen. In England ist es der Bürgermeister von London, der zur wichtigsten Stimme gegen den Brexit wurde. In den USA sind es die Bürgermeister von Städten und Gemeinden, die sich besonders stark gegen die Abschiebepolitik von Donald Trump wehren. Bürgermeister von 90 über die Welt verteilten Metropolen haben sich in einer Climate Leadership

Group zusammengeschlossen, um gegen den Treibhauseffekt vorzugehen.

Jaśkowiak sagt Dinge, die im konservativen Polen revolutionär wirken. Doch er tut das mit dem Habitus eines spröden Sparkassenchefs. Wenn er nicht gerade boxt, zeigt sein Gesicht selten Gefühle, nicht einmal vor Tausenden Demonstranten. Das hilft ihm, denn die polnischen Wähler misstrauen ja allzu schillernden Führungsfiguren. Auch Ehrgeizlingen misstrauen sie. Fragt man Jaśkowiak, ob er sich Höheres zutraue, kommt er nicht aus der Deckung. »Sie wissen doch, ein Politiker sollte nie über seine politische Zukunft reden.« Er setzt ein politprofihaftes Lächeln auf. »Ich bin ein gewöhnlicher Bürgermeister.«

Es war das Jahr 1970 und Jacek sechs Jahre alt. Sein Vater, ein Elektriker, wurde eines Tages zu einer Bahnstrecke gerufen. Ein Notfall, irgendein Problem mit den Leitungen. Der Vater starb an einem Stromschlag, und Jacek fiel in ein tiefes Loch. Er hörte auf zu sprechen, wochenlang. Die Ärzte griffen zu einer radikalen Methode. Was dem Vater den Tod gebracht hatte, sollte nun den Sohn heilen: Strom. Elektroschocks.

An den Schmerz erinnere er sich bis heute, sagt Jaśkowiak. »Es war, als würde mein Gehirn zucken.«

Er wuchs weit entfernt vom Zentrum mit dem prächtigen Rathaus auf, in dem er heute der Hausherr ist. Arbeiterviertel, Plattenbau, dritter Stock. Damals wohnte man oft nach Berufsgruppen getrennt, und weil die Ziegelarbeiterkinder aus der Platte gegenüber stärker waren als die Elektrikerkinder und Jacek nun niemanden mehr hatte, der ihn beschützen konnte, fing er mit dem Boxen an. Er trainierte so lange, bis er nicht mehr verprügelt wurde. So erzählt er es: Es ist die klassische Boxergeschichte. Eine Geschichte vom Aufstieg eines Jungen, der kein Verlierer mehr sein wollte.

Als der Eiserne Vorhang fiel, war er 25 Jahre alt, fertig studiert, verheiratet, ein Sohn; die neue Zeit kam für ihn genau im richtigen Moment. Lust auf Freiheit, Lust auf rohen Kapitalismus. Möglichst wenig Staat, möglichst viel Markt – diese Ideologie war damals in Washington populär, in London, bald auch in Berlin. Die Polen übernahmen sie mit dem Eifer von Konvertiten.

Jacek Jaśkowiak kam sehr gut klar mit dem neuen System. Er lernte schnell. Er vertrieb zunächst Importkleidung aus Pakistan, dann Kacheln, dann Duschkabinen, kaufte verschuldete Firmen auf, verkaufte sie weiter. Eigenkapital, Bonität, Umsatz, Rendite – die Sprache der neuen Zeit lernte er auf Englisch in antiquarischen Büchern. Für Politik interessierte er sich nicht, darin war er typisch polnisch: einer, der sich sein Leben zurechtkombinierte, am liebsten ungestört. Hauptsache, die im Parlament in Warschau kamen nicht auf die Idee, die Wirtschaft zu regulieren. Kamen sie nicht.

Es war die Zeit der Männer in Trenchcoats und mit dicken Schnurrbärten. Der Gordon Gekkos, die um vier Uhr nachts anfingen zu arbeiten, berauscht von hohen Renditen, hungrig auf die erste Million.

Und Posen boomte. Wegen der guten Verkehrsanbindung und den Investitionsanreizen siedelten sich nach und nach eine Reihe deutscher Konzerne in der Stadt an, allein VW hat in der Region mehr als 11 000 Jobs geschaffen. Die Arbeitslosigkeit liegt bei 1,4 Prozent. 2010, als sich die Menschen immer größere und immer mehr Autos leisten konnten, druckte die Tageszeitung *Gazeta Wyborcza* den Leserbrief eines Mannes, der sich zu der Frage äußerte, ob Posen aufgrund seiner vielen Staus eine neue Verkehrspolitik brauche.

Er fahre jeden Tag mit dem Rad ins Büro, erklärte der Verfasser, ein erfolgreicher Geschäftsmann. Es war Jacek Jaśkowiak.

Kurze Zeit später meldete sich eine Bürgerinitiative bei Jaśkowiak. Sie wollte bei der Kommunalwahl einen Kandidaten jenseits der etablierten Parteien ins Rennen schicken – so etwas hatte es in Polen noch nie gegeben. Ob man nicht mal reden könne? Jaśkowiak ließ sich aufstellen. Das Geldverdienen war ihm langweilig geworden, sagt er heute, er habe »etwas zurückgeben« wollen. Er verlor die Wahl. Beim nächsten Mal fragte die regierende Bürgerplattform an. Diesmal klappte es.

Jaśkowiak fährt immer noch mit dem Fahrrad zur Arbeit. Er investiert hier und da in neue Radwege und Straßenbahnen, aber Posen ist trotzdem ständig von Autos verstopft – deutsche, französische und skandinavische Marken, auch mal ein Jaguar, ein paar Ferraris. In den Augen der PiS-Wähler regiert er eine exotische Insel der Wohlhabenden und Gebildeten. Jaśkowiak mag der Sohn einer Kioskverkäuferin aus dem Plattenbau sein und im Boxring drei Runden gegen den »Tiger« durchhalten. Als politische Vorbilder aber nennt er Merkel und Macron, seine Maßanzüge kauft er am Berliner Kurfürstendamm. Nach den Standards dieses Landes gehört er zur verhassten Elite.

Und doch hat Jaśkowiak etwas Entscheidendes begriffen: Er hat die Erfolge seiner Gegner studiert und kopiert, was ihm sinnvoll erschien. Zum Beispiel schnelle und wirkungsvolle Sozialmaßnahmen.

Im Posen des Jacek Jaśkowiak haben Rentner jetzt die Möglichkeit, einmal im Monat eine kostenlose Dienstleistung in Anspruch zu nehmen. Wenn sie eine Glühbirne an der Decke gewechselt haben wollen, kommt jemand im Auftrag der Stadt und erledigt das für sie. Einmal im Monat dürfen sie kostenlos Taxi fahren, zum Arzt etwa oder zum Friedhof. Jacek Jaśkowiak hat es durchrechnen lassen: Das kostet die Stadt nicht viel und kommt gut an, gerade bei den ärmeren Rentnern am Stadtrand, bei Menschen in seiner alten Nachbarschaft, wo man einen Liberalen wie ihn nicht automatisch gut findet. Die PiS hat hier auf lokaler Ebene keine Chance.

In einem 50-Quadratmeter-Apartment im dritten Stock eines schicken Neubaus liegen überall Sportklamotten verteilt, ein Boxhandschuhtrockner brummt vor sich hin. Kein Tisch, an dem man sitzen könnte, aber eine große Stereoanlage. Keine Blumen auf dem Balkon, aber ein mannshohes Trainingsgerät – als wohne hier ein 18-Jähriger. »Ich komme doch nur zum Schlafen hierher«, sagt Jaśkowiak, »und zum Trainieren.«

Blick auf den Fluss, sieben Fahrradminuten zum Rathaus – es ist eine von vier Immobilien, die Jaśkowiak besitzt, vor knapp zwei Jahren ist er hierhergezogen, allein. Damals scheiterte seine Ehe an seiner Affäre mit einer anderen Frau, wie er freimütig bekennt – oder besser gesagt daran, dass Jaśkowiak der polnischen Presse davon berichtete. Und auch nicht ausließ, dass ein unehelicher Sohn daraus hervorgegangen war.

Jacek Jaśkowiak, der Mann, der sich gegen das rückwärtsgewandte und verlogene Frauenbild der Konservativen wendet, wirkt manchmal selbst wie ein Macho. Mitglieder der Bürgerinitiative, die Jaśkowiak damals in die Politik holte, sind deswegen heute enttäuscht von ihm. Warum hat der Bürgermeister vier Stellvertreter, fragen sie, und alle vier sind Männer?

»Ich vergebe Jobs nach Leistung«, sagt er dazu. »Die Politik ist nun mal ein Raubtierkäfig. Manchmal sitzen wir zwölf Stunden im Büro, müssen am Wochenende zu Veranstaltungen. Wollen Frauen sich das wirklich zumuten?«

Muss man solche Widersprüche in sich tragen, wenn man Menschen in allen Teilen der polnischen Gesellschaft ansprechen will, progressive Frauen, aber eben auch konservative Männer?

Das ist die große Frage in diesem Land – eine Frage, die sich im Moment viele Liberale überall auf der Welt stellen: Wie holen wir die Menschen auf der anderen Seite des Grabens wieder zurück? Sollen wir diesen Kampf überhaupt kämpfen, oder kommen wir zu spät? Und wie homogen ist überhaupt die Gruppe der Menschen, die rechts wählt?

Von Deutschland wissen wir, dass viele AfD-Wähler der wohlhabenden Mittelschicht angehören. Und dass Tausende bürgerliche Dresdner bei Pegida mitliefen. Auch in Polen sind Teile der ehemals liberalen Elite nach rechts gedriftet, und natürlich gibt es auch hier Großstädter, die konservativ denken und leben. Und doch ist in Polen das Muster ziemlich klar: Wer eher auf dem Land und eher im Osten wohnt, eher arm ist und ungebildet, der wählt PiS.

An einem Freitagnachmittag, es nieselt, steht Jaśkowiak auf dem Posener Adam-Mickiewicz-Platz und erklärt einem irischen Journalisten, warum die 4000 Frauen um ihn herum für ihr Recht auf Abtreibung auf die Straße gehen.

Beim Thema Frauenrechte denke er auch an seine Enkelin, sagt er. »Schauen Sie, wie voll dieser Platz ist! Das zeigt, wie wütend die Frauen auf die Regierung sind. Und ich bin es auch.« Er werde eine Ganztagspraxis einrichten, in der Frauen zumindest ohne Schwierigkeiten die »Pille danach« bekommen und sich beraten lassen können.

Jaśkowiak hat eine interessante Art, zu stehen. Die meisten Menschen wüssten in so einem Moment nicht, wohin mit ihren Händen. Sie würden sie in die Hüften stemmen, die Finger verschränken, die Hosentaschen suchen. Jaśkowiak tut all das nicht. Er steht kerzengerade, die Finger nach unten gespreizt. Um ihn herum stehen Junge, Alte, Familien mit kleinen Kindern. Manche der Frauen halten Kleiderbügel aus Draht in die Höhe, Bügel, wie sie bei illegalen Abtreibungen zu medizinischen Instrumenten umfunktioniert werden. Eine Mahnung, dass keine Regierung der Welt eine Frau stoppen könne, die ein Kind nicht austragen will. Die Menge ruft: »Mein Körper! Meine Wahl!« Der Bürgermeister klatscht, etwas steif, im Rhythmus der Worte mit.

Plötzlich entdeckt er eine Frau in der Menge, sie trägt einen bordeauxroten Pelzmantel. Er läuft auf sie zu, gibt ihr die Hand. Es ist seine Ex-Frau.

Joanna Jaśkowiak, 52 Jahre alt, Notarin, eine Frau mit randloser Brille und frischem Kurzhaarschnitt, war jahrelang seine engste Vertraute, und wenn mal wieder Nationalisten »Schwuchtel« oder »Verräter« auf die Gartenmauer ihres Einfamilienhauses geschrieben hatten, dann fühlte sie sich genauso angegriffen. Mittlerweile ist sie zu einer wütenden Aktivistin geworden, einmal wurde sie zu einer Geldstrafe verurteilt, wegen Aufwiegelung der Öffentlichkeit. Sie hatte auf einer Demo »Ich bin wirklich angepisst!« ins Mikro gerufen. In der nächsten Instanz sprach man sie frei. Protestierende, die von Polizisten und Richtern eingeschüchtert werden: Das ist jetzt Alltag in Polen, auch hier in Posen.

Plötzlich hat Joanna Jaśkowiak einen Anstecker in der Hand, darauf eine Gebärmutter, die dem Betrachter den Mittelfinger zeigt. Ihr Ex-Mann weiß nicht, wie ihm geschieht, da hat sie ihm den Anstecker schon ans Revers geheftet.

Man merkt ihm an, dass es ihm unangenehm ist. Als Joanna in die andere Richtung schaut, fingert er nervös daran herum. Der Bürgermeister versucht, die Gebärmutter von seinem Anzug zu entfernen.

Wie liberal darf man sein, wenn man politisch erfolgreich sein will in einem Land, das Liberale zum Teil wirklich verachtet? Jacek Jaśkowiak, der Boxer, ist liberal – aber radikal ist er nicht. Ist er einer, der auch außerhalb Posens gegen die PiS gewinnen könnte?

Robert Biedroń versucht einen anderen Weg zu gehen. Als ich Jacek Jaśkowiak in die Boxhalle und zum Demonstrieren begleite, ist Biedroń noch Bürgermeister der Kleinstadt Słupsk und dennoch schon national bekannt. 2011 war er ins Parlament eingezogen – als damals einziger offen schwuler Abgeordneter. Er bekam Morddrohungen, wurde bespuckt. Im Sommer 2018 wird er bekanntgeben, dass er in Słupsk nicht mehr kandidieren werde. Er kündigt an, eine neue Partei gründen zu wollen, die für linke und – für polnische Verhältnisse – radikale Inhalte steht. Er wird sie Wiosna nennen, Frühling, und 2019 mit ihr bei den Europa- und den Parlamentswahlen antreten. Sein Ziel ist es nicht, die stärkste Kraft der Opposition zu werden. Robert Biedroń will regieren.

Um das zu schaffen, wird er durch das ganze Land fahren, in große und kleine Städte. In Danzig wird er sagen, dass hier alles angefangen habe. Er wird Lech Wałęsa erwähnen und betonen: »Wir tragen die Solidarność mit großem S in unseren Herzen. Aber auch die alltägliche *solidarność*, die mit kleinem s, ist wichtig.«

Wer sich als Kopf der Opposition vorwagt, darf die Solidarność, den Zweiten Weltkrieg, die erste polnische Verfassung 1791, überhaupt die Verbindung zur Vergangenheit nicht verlieren. Robert Biedroń weiß das.

Die Meinungen über ihn gehen auseinander. Die einen werden zu seinen Veranstaltungen pilgern und ihn als Heilsbringer der Opposition feiern. Manche werden kritisieren, dass Biedroń keine echten Allianzen sucht. Mit der Bürgerplattform will er nichts zu tun haben, die sei Teil des Problems. Jacek Jaśkowiak dagegen wird er sogar vorschlagen, zu ihm und seiner neuen

Partei zu stoßen. Aber der wird ablehnen. Biedroń ist ihm zu links und radikal.

Sooft sich Politiker der Opposition auf die Solidarność von damals beziehen – eines gelingt ihnen nicht: die Opposition zu vereinen. In den Achtzigerjahren verstanden Intellektuelle und Arbeiter, dass sie sich nur gemeinsam dem Regime entgegenstellen konnten. Heute scheint das unmöglich geworden zu sein.

KLEINE GESCHICHTE DES KAPITALISMUS

Volle Plastiktüten können in unserem Wirtschaftssystem zweierlei bedeuten: Armut oder Reichtum. Es kommt darauf an, was drin ist. Und darauf, ob man mit einer vollen Plastiktüte ein Einkaufszentrum verlässt oder an ihm vorbeigeht.

Mall, Einkaufszentrum, Shoppingparadies – wie auch immer man diese Klötze nennen mag, die Polen schon seit Jahren nach amerikanischem Vorbild strukturieren: Sie erzählen einem sehr viel über das Land. Die Polen lieben es, einzukaufen. Oder besser: Sie lieben es, einkaufen zu können. Im ganzen Land steht an jeder Ecke eine »Żabka«, ein kleiner Laden mit einem Frosch-Symbol, der meist von 6 bis 23 Uhr geöffnet hat und in dem es alles gibt, frisches Obst, Wodka, Kondome. Die Aufregung war groß, als im März 2018 der verkaufsfreie Sonntag eingeführt wurde. Fast alle Polen sind katholisch, aber den Tag der Ruhe verbrachten sie liebend gern bei Zara und Media Markt. Am Samstag davor waren die Geschäfte so voll, dass man hätte glauben können, ein Krieg stünde bevor.

Es gibt in Polen kaum noch Läden, die man tatsächlich direkt von der Straße betreten kann. Das Land hat über 420 Einkaufszentren, fast so viele wie Deutschland, obwohl dort mehr als doppelt so viele Menschen leben. Ob ich Zahnpasta brauche oder ein paar Zitronen oder vergessen habe, Batterien zu kaufen: In meinem Danziger Viertel habe ich keine andere Wahl, als ein Einkaufszentrum aufzusuchen. Aber ich kann mich entscheiden zwischen »Manhattan«, »Metropolia« und der »Galeria Bałtycka« – der größten Mall, direkt am Bahnhof von Wrzeszcz.

Das negative Schlagwort von der »polnischen Wirtschaft« hat ausgedient, Polen, dem Land, dem Wirtschaftsstandort, geht es bestens. Aber wie geht es den Menschen in Polen? Kommt der Reichtum bei ihnen an? Können sie sich endlich den westlichen Standard leisten, der ihnen jahrelang versprochen wurde?

Einkaufszentren erzählen etwas darüber, wie es den Menschen wirklich geht in der polnischen Wirtschaft. Eigentlich hasse ich sie, weil man in ihnen entweder schwitzt oder friert, weil die immer gleichen Läden immer gleich arrangiert sind und weil man doch nie findet, was man gerade sucht. Dennoch bin ich etwa dreimal die Woche dort, auch deshalb, weil sie für Mütter, erst recht zeitweise alleinerziehende, Gold wert sind. Die Schriftstellerin Natalia Fiedorczuk hat darüber ein Buch geschrieben, das es leider nur auf Polnisch gibt: *Wie man lernt, Einkaufszentren zu lieben*. Darin beschreibt sie eine junge Mutter, deren einziger Ausweg aus Einsamkeit und Depression darin besteht, eine Mall aufzusuchen. Hier ist sie unter Menschen und doch anonym. Es gibt Parkplätze, Fahrstühle, Wickeltische, billiges Mittagessen und sogar Raum für Spaziergänge.

»Wenn wir ehrlich sind, ist die Mall der einzige wirklich barrierefreie Ort in Polen«, sagt Fiedorczuk, die ich ab und an in ihrem Haus in Sopot besuche. »Die Straßen sind mit Kinderwagen oder Rollstuhl eigentlich nicht passierbar. Überall Treppen, Unterführungen, Schlaglöcher. Kein Wunder, dass ganz Polen sich in Malls aufhält.«

Mein Kind muss ich nicht mehr wickeln, aber ich profitiere noch immer. Jedenfalls, wenn ich mich durch den Parcours aus Eisladen, McDonald's und Spielzeuggeschäft gekämpft habe. Dann nämlich kann ich meine Tochter in einem Käfig abgeben, aus dem ein paar bunte Ballons hervorragen. Dort kann sie malen, basteln, klettern und rutschen. Fast alle Zentren haben diese Form der Kinderbetreuung, das Ganze funktioniert wie im

Parkhaus: Man nimmt einen Zettel mit, bezahlt wird bei Abholung, und der Preis errechnet sich aus der Dauer des Aufenthalts.

Gerade aber ist meine Tochter in der Kita, ich will nur schnell ein paar Lebensmittel kaufen. Es ist Sommer geworden in Danzig. Fast schlagartig hat die Stadt ihr Gesicht gewechselt. Während südliche Länder wie Italien das ganze Jahr über irgendwie gut aussehen, sind osteuropäische Städte mit Eintritt der warmen Jahreszeit nicht wiederzuerkennen. Im Winter sind sie trostlos, kalt und grässlich, doch kaum steigen die Temperaturen, sprießen plötzlich Blumen aus dem Beton, und jedes winzige Café stellt Liegestühle raus. Ausnahmsweise würde ich hier auch Berlin zu Osteuropa zählen.

Im ärmellosen Kleid betrete ich die Galeria Bałtycka und beginne sogleich zu frieren. Ich fahre mit der Rolltreppe ins Untergeschoss. Carrefour, die französische Hypermarché-Kette, ist – ähnlich wie Auchan – in Polen sehr beliebt. Und auch wenn ich das komplette Jahr brauchen werde, um mich darin halbwegs zu orientieren, mag ich die langen Gänge, an deren Ende man plötzlich auf Staubsauger im Angebot oder japanischen Reiswein oder sehr viele Rollen Klopapier stößt. Ich lege Brot, Milch, Ingwer und Bananen in meinen Korb und gehe zur Selbstbedienungskasse. Ich scanne meine Waren, der Automat fragt mich, ob ich eine Kundenkarte habe, ich klicke auf »Nein«, zahle mit Karte und nehme den Bon entgegen, der aus dem Schlitz kommt.

Vor dem Carrefour setze ich mich kurz auf eine Bank, um meinen Schlüssel zu suchen. Eine ältere Frau sitzt neben mir, sie schaut auf den Brunnen vor uns, der kleine Fontänen in die Luft spuckt. Sie trägt einen wadenlangen, zerschlissenen Rock und einen Hut mit einer Feder. »Wer sich wohl diese Wasserspiele ausdenkt?«, fragt sie, ohne ihren Blick abzuwenden. Irgendwie strahlt sie, wie sie da sitzt, eine Sehnsucht nach besseren Zeiten aus. Dann blickt sie zu mir, skeptisch, als müsste sie sich entscheiden, ob sie jetzt besser schweigen soll.

»Ich sitze hier jeden Donnerstag, wissen Sie. Mein Mann hat seine Krebsbehandlung in der Nähe, nichts Schlimmes, nur die Prostata. Danach gehen wir meist oben was essen, da gibt es so einen mexikanischen Stand, die machen so eingerollte Pfannkuchen mit Fleisch, wie heißen die denn? Na, jedenfalls kosten die donnerstags nur die Hälfte.«

»Meinen Sie Burritos?«

»Ja, genau, Burritos. Mir persönlich sind sie ein bisschen zu scharf. Aber mein Mann mag sie sehr.«

Die Frau heißt Bogumiła, »die von Gott Geliebte«. Sie ist 67 Jahre alt, ihren Nachnamen will sie nicht verraten, weil ich ihr gesagt habe, dass ich Reporterin bin. Ich bin dankbar, dass sie überhaupt mit mir spricht. In den vergangenen Monaten ist mein PiS-Radar immer besser geworden, ihr misstrauischer Blick war ein Hinweis. Auch Bogumiła wird erkannt haben, wie ich politisch ticke. Vielleicht ist es meine korallenfarbene Mütze. Vielleicht mein Rucksack, gemacht aus alten LKW-Planen.

In Polen ist das Misstrauen gegenüber den Medien stark gestiegen, seit der Kulturkampf ausgebrochen ist und man entweder das eine oder das andere Fernsehen schaut, die eine oder die andere Zeitung liest. Erwähne ich, dass ich eine Reporterin aus Deutschland bin, habe ich meist schon verloren. Die meisten drehen sich dann auf dem Absatz um.

Vielleicht hat sie einfach Zeit oder ihr ist langweilig, Bogumiła jedenfalls spricht weiter. Sie sei schon seit ein paar Jahren in Rente, sagt sie. Schneiderin habe sie gelernt, ihre letzten Arbeitsjahre aber habe sie in einer Biedronka-Filiale gearbeitet, der größten Billigsupermarkt-Kette in Polen. Sie und ihr Mann bekommen insgesamt umgerechnet 450 Euro Rente im Monat.

Ihre Röcke und Blusen trägt sie schon seit Jahrzehnten. Braucht sie doch einmal neue, kauft sie sie nicht hier, nicht bei Esprit oder Zara, sondern in einem kleinen Secondhand-Laden in ihrer Straße, den eine Freundin betreibt. Manchmal schaut sie auch bei Kik rein. »Aber da gefällt mir die Qualität der Kleidung nicht so gut. Und die Sachen stinken nach Chemie.«

Bogumiła war 38, ihre zwei Söhne in der Grundschule, als die Wende kam. In der Näherei, in der sie arbeitete, wurde die Hälfte der Mitarbeiter entlassen, dem Rest wurde der Lohn um 25 Prozent gekürzt. »Ich hätte dennoch gern zu diesem Rest gehört«, sagt sie.

Als die Wende kam, begann die für Polen glücklichste Phase des 20. Jahrhunderts. Das Land war weder besetzt noch eingekeilt zwischen Ost und West. Und als erstes Land im Ostblock ging es freudig dem Kapitalismus entgegen.

Doch Polen musste sich im Gegensatz zur ehemaligen DDR selbst aus der wirtschaftlichen Misere ziehen. 1989 gab es weder Geld von der EU noch andere Subventionen. Der liberale Ökonom Leszek Balcerowicz führte Wirtschaftsreformen ein. Für die meisten Polen wurden sie zur Schocktherapie.

Die Wirtschaftslage war desaströs. Die Inflation lag bei 640 Prozent. Überall wurden Staatsunternehmen geschlossen. 1993 waren bereits fast drei Millionen Menschen arbeitslos, etwa 16 Prozent der Erwerbsbevölkerung. Eine Katastrophe für eine derart junge Demokratie.

Nun gab es keine Schlangen mehr vor den Geschäften. Die Regale waren voll mit Waren. Aber es gab kaum Menschen, die diese Waren kauften.

Um ausländische Investoren ins Land zu holen, wurden sogenannte Sonderwirtschaftszonen errichtet. Die Ungarn waren die Ersten, die sie einführten, dann zogen die Polen, die Slowaken und die Tschechen nach. Es waren Industrieparks mit

Sonderkonditionen. Die Unternehmen, die kamen, schufen Arbeitsplätze und brachten moderne Technologien und Produktionsweisen ins Land. Dafür erließ der polnische Staat ihnen Steuern. Die Körperschaftssteuer mussten sie, je nach Region, zum Teil nur zu 50 Prozent zahlen, die Immobiliensteuer fiel ganz weg. Außerdem profitierten sie von der Infrastruktur, die das Land ihnen bereitstellte: von Grundstücken, Gebäuden, der Kanalisation. Sie bekamen vergünstigte Kredite, manchmal sogar finanzielle Zuschüsse.

So kommt es, dass Polen bis heute in Rankings von Unternehmensberatern vorne platziert ist, wenn es um die Frage geht, in welchen Ländern Unternehmen investieren und Standorte errichten sollten. Polen hat mittlerweile über 300 dieser Sonderwirtschaftszonen. Toyota profitiert von ihnen, Henkel, General Motors, BASF, Volkswagen und Bosch-Siemens auch. Insgesamt beschäftigen diese Firmen hier über 300 000 Menschen.

Allerdings selten zu wirklich fairen Bedingungen. Viele sind Leiharbeiter. Zum Teil werden sie auf Basis von sogenannten »Müllverträgen« beschäftigt, die etwa wochenweise kündbar sind und keinerlei Arbeitnehmerschutz gewähren. Es gibt Polen, die arbeiten tagsüber am Fließband und liefern abends Pakete aus. Nirgendwo in der EU ist der Anteil der befristeten Verträge so hoch wie hier.

»Manchmal«, sagt Bogumiła, »wenn meine Knie es erlauben, laufe ich ein bisschen in der Galeria herum. Ich schaue mir die Schaufenster an, ich überlege mir, welches Kostüm zu meinen Schuhen passen würde, das beigefarbene oder eher das in Aubergine. Ich würde gern selbst nähen, aber meine Augen sind nicht gut genug. Die Brille, die ich trage, ist schon zehn Jahre alt.«

Man kann in den Einkaufszentren immer wieder Menschen beobachten, die vor den Läden stehen, ohne sie zu betreten. Ihr Blick geht oft ins Leere. Sie schaffen es gerade so, den Eindruck zu vermitteln, nicht arm zu sein. Vielleicht sind die Kinder aus dem Haus, die Ehepartner tot. Nun wollen sie sich etwas aufwärmen oder abkühlen, je nach Jahreszeit.

Ein paar Tage später sitze ich im Starbucks im Erdgeschoss, vor mir mein Laptop und ein übertuerter Cappuccino der kleinsten Größe, also *tall*. An dem langen Tisch daneben macht eine Gruppe Mädchen Hausaufgaben. Ab und an greifen sie zu ihren Handys und checken Instagram. Oder sie nippen an den übergroßen Bechern vor ihnen, aus denen Berge geschlagener Sahne schauen, garniert mit Karamellsoße.
 Plötzlich betritt ein Mann den Laden, in jeder Hand eine volle Plastiktüte. Die Aufschriften sind verblasst, die Henkel nicht straff, der Inhalt der Tüten scheint leicht zu sein. Er tritt an die Kasse. »Was darf es sein?«, fragt der Mitarbeiter mit gelernter Freundlichkeit, zieht aber seine Nase kraus.
 Der Mann trägt eine Regenjacke, zu dünn für das nun wieder kalte Wetter. Er setzt seine Tüten ab. »Was kostet denn ein normaler Kaffee?« Der Mitarbeiter nennt ihm den Preis.
 »Und ein kleiner Kaffee?«
 »Und ein Cappuccino?«
 »Ein Espresso?«
 »Americano?«
 Er liest oben von der Karte ab.
 »Der kleinste Latte kostet 13 Złoty«, unterbricht ihn der Mitarbeiter und erlaubt sich endlich, unfreundlich zu sein.
 »Ich glaube, ich möchte doch keinen Kaffee«, sagt der Mann, dann geht er mit seinen Plastiktüten zu einem der freien Tische, stellt sie dort ab, holt sich ein Glas Leitungswasser aus der Karaffe und setzt sich wieder. Er stöhnt. Ein Mädchen vom Hausaufgaben-Tisch nebenan schaut zu ihm rüber. Dann fragt sie leise in die Runde: »Was hat der Typ?« Der Mann zieht seinen Ärmel

hoch. Aus seinem rechten Handgelenk ragt eine Kanüle. Als er seine Hand nach dem Glas ausstreckt, zittert sie so heftig, dass er das Wasser verschüttet.

»Würden Sie bitte einen Krankenwagen rufen«, sage ich zu dem Mitarbeiter, der die Szene aus sicherer Entfernung beobachtet hat. Er reagiert nicht, vielleicht hat er mich nicht gehört. »Oder soll ich das machen?«, frage ich, da greift der Mitarbeiter zum Telefon.

Zehn Minuten später kommt ein bulliger Typ rein, er läuft breitbeinig, hinten auf seiner Daunenjacke steht *Straż miejska*, Stadtwache, in Polen so etwas wie das Ordnungsamt.

»Was ist hier los?«, fragt der Typ den Mitarbeiter.

»Der Mann hier sagt, er braucht einen Krankenwagen.«

Der Typ schaut sich den Mann an, der noch immer ein wenig zittert.

»Und wieso rufen Sie dann keinen Krankenwagen? Sie sind doch verantwortlich hier, wenn jemand in den Laden kommt und Sie um Hilfe bittet.«

Ich bin beeindruckt und überrascht, dass der Mann vom Ordnungsamt so klar Stellung bezieht. Wenige Minuten später sind zwei Sanitäter mit einer Trage da und nehmen den zitternden Mann mit. Der Mitarbeiter steht wieder hinter der Kasse. Die Mädchen senken ihre Köpfe über die Bücher.

Einkaufszentren sind Sinnbilder des Kapitalismus. Für alle offen, im Rahmen der individuell erarbeiteten Kaufkraft. Vor allem aber zeigen sie, wer auf ihrer Konsumbühne nur Statist ist.

Ja, es stimmt, der polnischen Wirtschaft geht es vergleichsweise gut. Von der weltweiten Finanzkrise blieb Polen weitgehend unberührt. Es war das einzige Land in Europa, in dem das Bruttoinlandsprodukt in den Jahren 2008 und 2009 wuchs, um bis zu fünf Prozent. Gegenwärtig hat unter anderem der Exporthandel mit Deutschland mit 110 Milliarden Euro im Jahr

2017 eine neue Rekordhöhe erreicht, Polen exportiert mehr, als es importiert. 2018 zählte es auf dem FTSE Russell Index zu den 25 am weitesten entwickelten globalen Ökonomien.

Doch im Portemonnaie machen sich die guten Statistiken nicht bei allen Polen bemerkbar. Ähnlich wie zwischen Ost- und Westdeutschland gibt es auch zwischen Ost- und Westeuropa gravierende Vermögensunterschiede. Europa ist ein Europa der zwei Geschwindigkeiten geblieben. Die Löhne wuchsen in den vergangenen Jahrzehnten bei weitem nicht so dynamisch wie die Wirtschaft. Seit 2000 ist das polnische Bruttoinlandsprodukt um 83,8 Prozent gestiegen, das durchschnittliche Einkommen allerdings inflationsbereinigt nur um 59,6 Prozent. Die mittleren Gehälter sind in der EU insgesamt dreimal so hoch wie in Polen. Die Preise für Waren und Güter hingegen haben in Polen längst westliches Niveau erreicht. Eine Hose bei H&M oder ein Lego-Set kosten hier genauso viel wie in Deutschland. Auch deutsche Autos, italienische Weine oder amerikanische Mobiltelefone sind ähnlich teuer.

Dass ein Friseur in einer polnischen Kleinstadt weniger verdient als einer in München, ist vielleicht verständlich. Solche Dienstleistungen sind lokal, nicht über die Grenzen hinweg handelbar, also orientiert sich auch der Lohn an der lokalen Wirtschaft, deren Produktivität niedriger ist als die in Süddeutschland. Dass aber ein Fließbandarbeiter von Toyota in Polen weniger verdient als in Deutschland, ist schlicht ungerecht, zumal die produzierten Autos das Gleiche kosten wie anderswo.

Die Dominanz der internationalen Konzerne – die, das muss hinzugefügt werden, ihre Mitarbeiter immerhin noch besser bezahlen als einheimische Unternehmen – hat zu einem Feindbild geführt, mit dem die PiS-Regierung Politik macht: Sie sagt ausländischen Investoren den Kampf an. Jedenfalls nach außen hin. 2016 führte sie beispielsweise eine Sondersteuer für große Handelsketten ein, die allerdings von der Europäischen Kommission wieder kassiert wurde, mit der Begründung, es könnte sich dabei um verbotene staatliche Beihilfen handeln. Und gleichzeitig unterschrieb die Regierung im Oktober 2016 einen Vertrag mit Daimler Benz über eine neue Sonderwirtschaftszone. Das Unternehmen will 500 Millionen Euro investieren.

Es ist kompliziert. Denn natürlich haben ausländische Firmen erheblich dazu beigetragen, die polnische Volkswirtschaft zu modernisieren. Und auch polnische Firmen profitieren von ihnen: als Zulieferer oder als Logistikunternehmer, die die Waren nach Westeuropa bringen. Ökonomen sagen, dass eine Lösung darin bestehen könnte, im EU-Binnenmarkt Mindeststeuersätze einzuführen, um Ungerechtigkeiten auszugleichen. Von so einer Lösung ist die EU aber weit entfernt.

Dass die Menschen in Polen anders haushalten müssen, spüre ich beispielsweise, wenn ich in der Apotheke immer wieder gefragt werde, ob ich wirklich die ganze Tablettenpackung kaufen möchte oder lieber nur einen Blister. Überall in der Stadt hängen Lidl-Plakate, die Mitarbeiter anwerben, das Einstiegsgehalt steht gleich mit drauf: 1900 Złoty, umgerechnet 443 Euro. Das ist weniger als der Mindestlohn.

Auch Lehrerinnen und Erzieher in Kindergärten sind extrem unterbezahlt. Unter anderem deswegen werden sie im April 2019 in einen Streik treten, drei Wochen lang, aber ohne Erfolg. Eine diplomierte Lehrerin verdient in Polen im Schnitt weiterhin etwa 880 Euro im Monat.

Wie geht das zusammen mit den SUVs auf der Straße und den hippen Restaurants in der Innenstadt, die vegane Burger anbieten und die abgefahrensten Sushi-Kreationen?

Polen ist ein Land im Dazwischen. Es gibt das Neue und das Alte – das in diesem Fall wirklich alt ist und noch nicht das Label »Retro« trägt. Man kann in einem schicken Café mit riesigen Papierlampen an der Decke den besten New York Cheesecake der Welt essen – meine Meinung. Oder man geht in eine Milchbar, die alte Kantine aus dem Sozialismus, und bestellt Fleischbrühe für umgerechnet 1,25 Euro.

Für jemanden wie mich, die ich beides haben kann und irgendwann wieder abreisen werde, ist dieses Leben im Dazwischen sehr reizvoll. Würde ich aber zu denen gehören, die sich nur die Milchbar leisten können, ich würde auf Dauer sehr wütend werden.

Vor allem, da die Reichen längst nicht mehr irgendwo weit weg wohnen, hinter der Grenze eben. Sie leben mitten in Polen.

Armut, so heißt es immer wieder, sei relativ. Es gehe nicht nur darum, wie viel jemand hat. Entscheidend ist: Wie viel hat er im Vergleich zu seinem Nachbarn? Laut der europäischen Statistikbehörde Eurostat sind in keinem anderen EU-Staat die Einkommensunterschiede so groß wie in Polen. Bis heute leben neun Millionen Polen an der Armutsgrenze. Das ist etwa ein Viertel der Bevölkerung.

GOTT IST GROSS

Die Leute haben zu flüstern begonnen. Immer wieder heben sie die Köpfe, schauen zu dem kleinen Fenster im Turm, nichts. Schauen auf die Uhr, sollte es nicht schon längst …? Dann, um 12.34 Uhr, öffnet sich endlich das Fenster der grasgrünen Moschee, ein Mann ist zu sehen, er trägt eine weiße Mütze und hat sich die Hände vor das Gesicht gelegt. Er singt: »Allahu Akbar«. Gott ist groß. Das Gebet dauert neun Minuten.

Es ist ein Samstag im August. Ich bin noch einmal ganz in den Osten des Landes gefahren. Ein Dorf, eine Straße, ein Fest: Sabantuj. Hier treffen sich wie jeden Sommer die Tataren aus ganz Osteuropa.

Im Winter begegnet man im Dorf Kruszyniany nur drei Familien, die hier das ganze Jahr über wohnen. An diesem heißen Sommertag aber sind über 3000 Menschen gekommen. Die meisten sind Tataren, von der Krim, aus Kaliningrad, Litauen und Weißrussland, aus St. Petersburg und Tschechien und Polen natürlich. Jedes Land trägt seine eigenen bunten Gewänder, die Frauen Tücher und Hüte auf dem Kopf, die Männer mit Brokat verzierte Westen und schwere Stiefel. Sie stehen vor der Moschee aus Holz, die 1795 erbaut wurde, und warten auf den Beginn der Prozession. Sie sind umringt von Touristen.

Frühmorgens noch war das Dorf still gewesen und fast leer. Ab sechs Uhr hatten sie begonnen, die ersten Stände aufzubauen, ich sah hausgemachte Limonade, bemalte Vasen, einen Grill und dachte: Wird das hier ein normales Straßenfest? Erst im Laufe des Tages werde ich verstehen: Sabantuj ist mehr als das, es ist der Moment im Jahr, in dem die Tataren sich ihrer Identität versichern, ihrer Identität als muslimische Minderheit in Osteuropa. Wie aber blickt diese Minderheit auf das, was im Land passiert? Auf den Ruck nach rechts, auf den Rassismus?

In Polen leben etwa 20 000 Muslime. Das entspricht nicht einmal 0,1 Prozent der Bevölkerung. Manche kommen aus Tschetschenien, andere aus Indien, wenige aus Syrien. Die größte Gruppe mit etwa 5000 Menschen bilden die Tataren. Sie leben hier seit mehr als einem halben Jahrtausend. Ihre Vorfahren wanderten bereits Anfang des 14. Jahrhunderts ins damalige Großfürstentum Litauen ein. König Johann III. Sobieski schenkte ihnen Land, weil sie in der Schlacht bei Párkány gekämpft hatten, die im Jahr 1683 die türkische Belagerung Wiens beendete. Die Heere des Heiligen Römischen Reiches und des alliierten Polen-Litauen besiegten das Osmanische Reich. Die Tataren kämpften auf polnisch-litauischer Seite und hielten dem König auch danach die Treue. Die Grabsteine, die man auf dem tatarischen Friedhof gleich hinter der Moschee besichtigen kann, sind zum Teil 300 Jahre alt.

Die Tataren verstehen sich als Polen. Sie beten auf Arabisch, aber sie sprechen es nicht. Sie leben, wo kaum ein Tourist hinkommt, Radeks Milchhof ist nicht weit entfernt. Fünf Stunden mit dem Mietwagen von Danzig, die sich viel länger anfühlten, so holprig und löchrig waren mal wieder die Straßen und Wege. Die Schilder sind hier schon auf Russisch, manchmal werden Reisende von Grenzbeamten auf der Landstraße angehalten und freundlich nach den Papieren gefragt, weil sich wenige Kilometer weiter die EU-Außengrenze befindet.

Langsam setzt sich die Blaskapelle in Bewegung, sie spielt ein Lied in Moll. Die Sonne brennt, kein Windhauch weht. Es ist dieser Sommer, in dem ganz Europa wochenlang ohne Pullover auskommt, auch in Ostpolen sind es an diesem Tag 33 Grad im Schatten.

Und dennoch haben die Tataren Wollsocken, Daunenjacken

und Lammfellmützen angezogen, dicke Mäntel und dicke Stiefel. Sie sind in Kampfmontur gekommen, sie werden am Nachmittag ebenjene berühmte Schlacht bei Párkány nachspielen.

Die einen tragen Fellmützen und rot verzierte Mäntel. Die anderen Federmützen und blaue verzierte Mäntel. Nicht nur die Tataren, viele Polen lieben es, alte Schlachten nachzuspielen. Das Phänomen des historischen Reenactment ist nirgendwo in Europa so beliebt wie hier. Für das geschichtsversessene Land ist das eine Art kollektive Traumabewältigung.

»Wer ist denn wer?«, frage ich einen sehr jungen Mann mit rotem Mantel. Er schaut mich an, dann beugt er sich vor und flüstert: »Ich weiß es noch nicht. Ich glaube, ich bin ein Türke.«

Das Gebet am frühen Vormittag war nur der Beginn des Festes. Nun bewegt sich die Prozession hin zum tatarischen Kulturzentrum, zur großen Jurte, der Festbühne und den weiten Feldern dahinter.

Die Bürgermeisterin der nächsten Gemeinde ist gekommen, der Polizeichef, der Chef der Feuerwehr. Sie sind keine Tataren, sondern Katholiken wie die meisten Polen. Aber auch sie haben sich festlich angezogen, auf ihre Art: mit Kostüm, Anzug und Krawatte.

Ein tatarischer Junge, hellblaues Hemd und dunkelblaue Weste, läuft hinter der Blaskapelle her, dahinter folgt der Rest des Feldzuges. Der Junge trägt den Tschak-Tschak, den traditionellen Kuchen, der sich auf einer Platte zu einem kleinen Berg erhebt und von dem sich später bei der offiziellen Eröffnung jeder Besucher ein Stück wird abbrechen können. Er schmeckt nach Butter, Honig und Zimt. Hat man ihn probiert, muss man sich hinterher die Finger ablecken, weil sie so kleben.

Die Grenzbeamten werden von ihm kosten, der Marschall, die Polizei, die Jäger. Und die etwa 500 Touristen, die den Weg durch Felder und Wälder hierhergefunden haben.

Wer bei Tataren vor allem an Dschingis Khan denkt, der erlebt mit Dżenneta Bogdanowicz einen kompletten Kulturschock. Sie trägt keine Tracht, sondern eine kurze Jeanshose und ein weißes T-Shirt. Dżenneta Bogdanowicz ist die Chefin hier. Ihre gebräunte Haut wirkt schon fast ledern, ihre grauen, kurzen Haare glänzen, wenn die Sonne auf sie fällt.

Dżenneta Bogdanowicz hat keine Zeit, bei der Prozession mitzulaufen. Um fünf Uhr am Morgen ist sie aufgestanden, hat Ausstellern ihre Stände zugewiesen, Zelte aufgebaut und das Spanferkel aufgespießt. In ein paar Tagen wird sie 60.

»Natürlich bin ich Patriotin«, sagt Dżenneta, die beim Vornamen genannt werden will. »Ich bin Tatarin, habe aber lange im Westen Polens gewohnt, bei Posen. Vor 36 Jahren bin ich hier in die Region gezogen, seit zehn Jahren lebe ich mit meinem Mann in Kruszyniany. Meine drei Töchter sind schon erwachsen, zum Studium sind sie alle weggegangen. Und nun kommen sie wieder hierher. Von dem Boden hier kann man sich schwer lösen.«

An Dżenneta kann man lernen, was den Unterschied ausmacht zwischen einer Patriotin und einer Nationalistin.

Und so ist man auch hier, im tiefsten Osten Polens, gleich zu Beginn eines Gesprächs bei einem Thema: der Politik.

»Ich mache mir Sorgen um mein Land«, sagt Dżenneta. »Die Hetze der PiS gegen Menschen, die anders sind, ist mir völlig unbegreiflich. Uns Polen ist gar nicht klar, was für ein reiches Land wir sind, auch durch Minderheiten wie uns. Und wie reich wir noch werden könnten, würden wir uns mehr öffnen. Nur weil wir Muslime sind, sind wir doch keine schlechteren Menschen.«

Dżenneta sagt, sie sei froh, dass sie nicht in einer Großstadt lebe. Hier auf dem Land werde sie in Ruhe gelassen. Hier kennen sie die Leute. Aber sie hört und liest Nachrichten, sie bekommt alles mit. Die Entwicklung im Land, der Hass auf Geflüchtete, die es in Polen ja kaum gibt, der Hass auf den Islam, der angeblich das katholische Polen bedrohe, das alles bedrücke sie.

Dabei spricht sie selbst oft vom Boden, von ihrer Erde, von den Vorfahren und Traditionen. Diese Schlagworte und eine offene Gesellschaft: Ihrer Meinung nach schließt sich das nicht aus. Spricht man mit Menschen, die außerhalb der Saison nach Kruszyniany kommen, erzählen sie von der Gastfreundschaft der tatarischen Familien dort und erwähnen alle denselben Namen: Dżenneta. Sie sei so freundlich. So offen. So hilfsbereit. Und: Sie koche fantastisch.

Kaum eine Gesellschaft auf der Welt ist so homogen wie die Polens. Wenn man von den paar Arbeitsmigrantinnen und Erasmusstudenten absieht, ist dieses Land vor allem: weiß, polnisch, katholisch. Man muss schon eine Weile unterwegs sein, selbst in den Großstädten, um einen Menschen mit einer anderen Hautfarbe oder gar mit Kopftuch oder Kippa zu sehen.

Im Jahr 2015 hatte die vorherige polnische Regierung noch zugesagt, Geflüchtete aufzunehmen. Dann, im Herbst, kam die PiS an die Macht, nahm das Versprechen zurück und verstärkte ihre rassistische Rhetorik – eine Rhetorik, die bestimmt nicht in Polen erfunden worden ist, die hier aber besonders verwundert.

Weil die Polen es eigentlich besser wissen müssten. Waren sie es doch, die in den vergangenen Jahrzehnten – in Zeiten der Volksrepublik vor allem, aber auch danach – massiv auswanderten, nach Großbritannien, nach Deutschland. Kaum eine Familie in Polen ist nicht von Migration betroffen. Ein Teil ging weg, der andere blieb, fast alle wissen, was es heißt, irgendwo fremd zu sein, irgendwo neu anzukommen. Nur leider scheint es den Polen schwerzufallen, diese persönliche Erfahrung umzuwandeln in Empathie – Menschen gegenüber, die ihrerseits fremd sind und neu ankommen. Die Haltung geflüchteten Menschen, aber auch Muslimen gegenüber ist sogar in liberalen Kreisen eher distanziert. Viele haben Vorurteile und Berührungsängste. Sie sagen, dass der Islam als Kultur »nicht zu uns« passe, dass es zu viele Unterschiede gebe und ein Zusammenleben deshalb nicht möglich sei.

Wenn es überhaupt Ausländer in Polen gibt, dann die Ukrainerinnen und Ukrainer. Tatsächlich kamen die meisten nach der Annexion der Krim durch Russland und dem Kriegsbeginn in der Ostukraine nach Polen, mittlerweile leben etwa zwei Millionen von ihnen dauerhaft hier. Nur: Sie kamen zu großen Teilen aus wirtschaftlichen Gründen, aus dem Westen, wo kein Krieg herrscht. Sie sind nur in wenigen Fällen Geflüchtete. Die Zahl der jährlich bewilligten Asylanträge liegt in Polen im zweistelligen Bereich. Die Ukrainer kommen, so wie die Polen – darunter meine Familie – nach Deutschland kamen: als Arbeitsmigranten.

Und sie machen die Arbeit, die die Polen nicht mehr machen wollen: Sie putzen, sie waschen Teller, sie pflegen alte Menschen, sie verkaufen ihren Körper für Geld. Was in den USA »die Mexikanerin« und in Deutschland »die Polin« ist, ist mittlerweile in Polen »die Ukrainerin«. Es ist ein Zeichen eines gewissen Wohlstands, dass Polen nun auch Zuwanderung aus dem Osten erfährt. Wie schrieb der Schriftsteller Stanisław Jerzy Lec schon vor Jahrzehnten? »Auch uns nennt man im Westen den Osten und im Osten den Westen.« Ost und West sind mehr als Himmelsrichtungen. Sie sind Vergangenheit und Versprechen, Scham und Traum. Und sie sind umkehrbar.

Mein Opa jedenfalls profitierte von »seinem« Osten. Als er nach zwei Schlaganfällen nur noch liegen und nicht mal die Hand bewegen konnte, stellte meine Oma eine Ukrainerin ein, die ihn pflegte. Mittlerweile ist sie in die Ukraine zurückgekehrt.

Der Rassismus in Polen nimmt derweil zu. Vor dem Wahlsieg der PiS, sagen Mitarbeiter der Nichtregierungsorganisation Nigdy Więcej (nie wieder), sei die Zahl der rassistischen Übergriffe in einem Monat so hoch gewesen wie heute an einem Tag. 35 Prozent der Polen sehen den Islam als Gefahr für ihr Land, das hat 2017 eine Studie des Meinungsforschungsinstituts IBRIS herausgefunden. Im Herbst desselben Jahres gaben 63 Prozent der Polen an, die Haltung ihrer Regierung zu unterstützen: Sie wollen keine Geflüchteten in ihrem Land.

Dass Fußballfans Affengeräusche machen oder Bananen werfen, wenn ein schwarzer Spieler aufs Feld läuft, wird kaum skandalisiert, jedenfalls nicht in der breiten Öffentlichkeit. Hakenkreuze an Hauswänden? Überdauern manchmal Jahre, bis sie übermalt werden. Der Bau einer Moschee in Warschau wurde von Protesten begleitet, eine Frau bewarf das Gebäude mit Schweinefleisch. Dabei hatten die Verantwortlichen immer wieder betont, die Moschee solle für einen gemäßigten Islam stehen. Derzeit gibt es nur fünf freistehende Moscheen im ganzen Land.

Die Polen nehmen fast niemanden auf, während nicht weniger als 2,4 Millionen Polen dauerhaft im Ausland leben. Verglichen mit der Einwohnerzahl Deutschlands ist es, als hätten fünf Millionen Deutsche ihr Land verlassen.

»Wer hierherkommt, muss sich anpassen, ist doch klar«, sagt Dżenneta Bogdanowicz. »Jeder Vertreter einer Minderheit ist ein Vorbild und trägt Verantwortung. Wie ich mich verhalte, beeinflusst, was für ein Bild die Menschen von den Tataren haben. Und doch fühle ich mich in erster Linie als Polin, erst an zweiter Stelle als Tatarin. Ich identifiziere mich mit meinem Land. Ich fühle mich nicht zerrissen.« In die Moschee gehe sie nur zweimal im Jahr, sagt sie.

Die meisten Tataren fordern eine Reform des Islam, die Frauen tragen keine Kopftücher. Sie befürworten die Aufnahme von Geflüchteten. Aber sie haben auch Angst. Was ist, wenn ein islamistischer Terroranschlag passiert? »Werden wir dann mit Terroristen in eine Schublade gesteckt?«, fragt Dżenneta.

Sie muss jetzt erst mal weitermachen. »Geh doch was essen, danach sprechen wir weiter. Essen verbindet.« Schon ist sie weg.

Sie läuft zwischen den Ständen hin und her, küsst, umarmt: »Cześć Mireczko, bist du mit der Familie gekommen? Wie hältst du dich? Lass es dir gutgehen.« Daneben wartet schon der Nächste, der sie begrüßen will.

Das Essen der Tataren ist wirklich hervorragend. Jeder wird schnell und günstig satt – es sei denn, er ist Vegetarier. Mit Fleisch gefüllte und frittierte Teigtaschen, Fleisch vom Grill und das Spanferkel, das sich ganz langsam am Rost dreht und »zssssch« macht, immer dann, wenn ein Tropfen seines Fetts im Feuer landet. Es gibt Kaffee mit Kardamom und einen Baklava-Wettbewerb. Kinder können sich als Schmetterlinge schminken lassen. Eine Frau auf der Bühne führt tatarische Tänze auf. Sie dreht sich so schnell um die eigene Achse, dass ihr Rock wie ein Unterteller hochfliegt. »Hej! Hej! Hej!«, ruft spontan eine ältere Dame aus dem Publikum, erhebt sich von der Bank, wirft ein paar Mal ihre Beine hoch, setzt sich wieder.

Volksfeste sollen eine Gemeinschaft stärken, aber oft bedeutet das, dass jeder, der außerhalb dieser Gemeinschaft steht, auch spürt und zu spüren bekommt, dass er nicht dazugehört. Bei den Tataren in Kruszyniany ist das anders. Keiner hier wird schief angeguckt. Vielleicht aus diesem Grund: Kaum einer trinkt Alkohol. Das Fest veranstalten Muslime.

Dabei hätte der Sabantuj dieses Mal fast nicht stattfinden können. Im Mai 2018 hatte nach einem Kurzschluss ein Haus im Dorf Feuer gefangen und brannte sofort aus. Es war das Haus, in dem die Bogdanowicz ihre Gäste beherbergten, in dem Dżenneta kochte und Kochkurse veranstaltete. Die Existenz einer ganzen Familie war gefährdet.

Über den Brand berichteten sogar die nationalen Zeitungen. Heute steht an derselben Stelle ein großes, weißes Zelt. Das Fest zu veranstalten, trotz allem, war Dżenneta wichtig. Seit zwölf Jahren macht sie den Sabantuj. Vorher hatten die polnischen Tataren nichts Eigenes, sie kamen lediglich zu den muslimischen Festen Ramadan und Bayram zusammen.

Dżenneta ist auf dieses Wochenende im August angewiesen. Nicht auf das Geld, die Erlöse bleiben bei den Verkäufern aus ganz Osteuropa. Sondern darauf, dass die Menschen Kruszyniany nicht vergessen. Dass sie sich nicht nur erinnern, sondern wiederkommen.

Es wird langsam Abend, als sie erzählt, dass einmal sogar königlicher Besuch hier war. Prinz Charles kam, er wollte sehen, wie die Tataren im Osten Polens leben. Acht Jahre ist das her. Und als er von dem Brand hörte, schickte er sogar einen Brief. »Stell dir das vor! Prinz Charles! Schreibt mir einen Brief!« Dżenneta darf den Brief nicht zeigen, aber sie ist noch immer völlig fassungslos, wenn sie davon erzählt. »Da kommt der Postbote in dein kleines polnisches Dorf und bringt einen Brief mit lauter Siegeln und Stempeln mit.« Prinz Charles soll auch gespendet haben, wie viel, verrät sie nicht. Die Bauarbeiten für die neue Jurte haben schon begonnen. »Ich glaube, er mochte uns Tataren einfach.«

Wie sind denn die Tataren?

»Sehr gastfreundlich sind sie, nicht nur denen gegenüber, die sie eh schon kennen. Offen. Mutig. Nostalgisch und pflichtbewusst. Unsere Eltern haben uns diese Werte vorgelebt. Sie mussten nicht streng sein.«

Dżenneta hat eine Stimme, die so weich klingt, als hätte sie mit Öl gegurgelt. Sie sagt oft Sätze, die mit »Die Erde hier …« beginnen. Sie sagt, dass sie die Menschen liebe. Es klingt kitschig. Aber ich glaube ihr.

Und am späten Abend, wenn die Touristen abgefahren und die traditionellen Gewänder abgelegt sind, wenn es kein Spanferkel mehr gibt, nur noch ein paar Tüten Chips, dann trifft sich die Jugend. Die Kinder und Enkelinnen, die tagsüber mitgeholfen haben und nun endlich Party machen wollen, dort, wo sich die Sonne senkt und die Felder beginnen, die große Weite, kurz vor Weißrussland. Und als der DJ den Song »Daddy Cool« aufdreht und noch mal lauter dreht und dann ins Mikro ruft: »Und jetzt alle Hände hoch!«, da hört man das Zirpen der Grillen schon lange nicht mehr.

AM STRAND

»Mann, wartet doch mal auf mich!«, ruft ein junges Mädchen, dann wirft sie sich zu den anderen in die Wellen.

Eine junge Mutter auf dem Handtuch nebenan macht Schmatzgeräusche. Sie trägt einen weißen Badeanzug, ihre blonden Haare hat sie zu einem Dutt hochgebunden. Auf Knien beugt sie sich über ihr Baby.

Weiter hinten steht ein Mann mit dickem Bizeps. »Kurwa, geh weg!«, schreit er, dann vollführt er ein kleines Tänzchen im Kreis. Verscheucht er eine Wespe? Seine Oberarme sind so muskelbepackt, dass er sie nicht an den Körper anlegen kann. Wie bei einem Roboter stehen sie etwas ab.

Zwei junge Frauen, Typ Instagram, Sonnenbrille, Seidentuch im Haar, haben sich knöcheltief ins Meer gestellt. »Warte, du bist noch nicht drauf, komm mal näher zu mir ran.« Sie stecken die Köpfe zusammen, während die andere etwas Wasser hochspritzt. Nur so viel, dass die Linse nicht nass wird, natürlich.

Ein Paar mittleren Alters liegt schon seit Stunden nebeneinander und schweigt. Sie liest, er beobachtet die Wellen. Schweigen sie vor Glück? Oder haben sie sich nichts mehr zu sagen?

»Karol! Karol! Mein Lieber, komm und iss die Stulle auf!« Karol kommt und nimmt einen Bissen. »Na, jetzt kannst du gleich alles aufessen, dann ist es weg.« Karol ist mit seiner Oma da. Sie ist jung, fünfzig vielleicht, in Deutschland könnte sie auch eine ältere Mutter sein, in Polen ist das unwahrscheinlich.

Und dann ist da noch ein älterer Mann, ganz allein. Er hat ein freundliches, etwas verlebtes Gesicht. Immer wieder hält er eine braune Papiertüte an seinen Mund und trinkt einen Schluck. Seine alte Jeans hat er an den Knöcheln hochgekrempelt. »Ach, lass mich doch in Ruhe. Was meinst du damit? Das Geld liegt doch auf der Bank! Schau nach, wenn du mir nicht glaubst. Nie hast du mir geglaubt, von Anfang an nicht.« Der Mann schaut aufs Meer, während er mit sich selbst spricht. »Nie, nie.«

Die Sonne brennt, noch sind Ferien. Es ist einer dieser Tage, an denen wir tagsüber zwei Eis essen, aber abends einen Pulli brauchen. Aus dem Augenwinkel sehe ich eine Möwe, die sich vom Wind treiben lässt. Die Wellen spülen Schaum, Muscheln und etwas Algen an den Strand, am Horizont sind zwei Tanker zu sehen. »Guck mal, Mama, ich habe eine Burg gebaut«, sagt meine Tochter. Ich spüre noch, wie sie Sand auf meine Füße rieseln lässt. Dann schließe ich die Augen und versinke in die Geräuschkulisse.

Wir sind in Brzeźno, an unserem Hausstrand quasi. Sieben Strände gibt es in der Dreistadt, also in Danzig, Sopot und Gdingen. Da wäre in Sopot der Promistrand mit dem berühmten Steg, der einen halben Kilometer ins Meer ragt und auf dem je nach Jahreszeit Damen in Pelzmänteln oder Models in Hotpants flanieren. Es gibt den Strand an der Danziger Werft, bei dem man sich fragt, ob man hier wirklich ins Wasser springen kann, um dann den Gedanken sofort zu verwerfen, denn wenn, dann ist hier der Dreck überall, und außerdem: dieser Blick auf die Kräne! Es gibt den Strand in Gdingen, wo die Fähren zur Halbinsel Hel abfahren, und den Strand Jelitkowo in Danzig, der Hausstrand meiner Großeltern, wo ich am Kiosk immer eine Waffel mit Sahne und Schokosoße bekam.

Und eben Brzeźno, den für uns nächsten Strand. Hier trifft man fast nur Einwohner, kaum Touristen. Im Sommer bauen sie eine große Hüpfburg auf, das ist auch schon die einzige Attraktion. Und der Imbiss, in den wir uns nach jedem Strandtag draußen hinsetzen und ausgehungert über gebratenen Fisch mit Pommes und Salat hermachen.

Die Tram Nummer 5 bringt uns hin, wie immer. Wir stellen uns an die Haltestelle, immer mit der Frage, ob diesmal eine neue oder eine alte Tram kommen wird, was uns egal ist, aber Menschen mit Kinderwagen, Alten und Rollstuhlfahrern nicht. Denn die alten Waggons sind so hoch, die muss man regelrecht erklettern. Meine Tochter sagt, die alte Tram fahre auch langsamer, »weil sie schon so müde ist«.

Es ist voll wie immer, aber als Mutter-Kind-Duo haben wir sofort einen Platz bekommen. Zwanzig Minuten tuckert die Tram über die Gleise, bis wir uns an der Strandpromenade mit einer Traube Menschen ausspülen lassen. Mit Schwimmringen, Sonnenschirmen und Wasserflaschen unterm Arm laufen sie Richtung Sand.

Wir aber brauchen ein Eis. Es gibt ein kleines Café in Brzeźno, das »gedrehtes Eis« verkauft. Ich kenne es nur aus Polen, und nein, es handelt sich nicht um Softeis, das gibt es auch, heißt hier aber »italienisches Eis«. Das gedrehte ist nicht weich, sondern fest, aber eben gedreht, man kann sogar Geschmacksrichtungen mischen, dann sieht es besonders schön aus. In Brzeźno gibt es Sahne und Heidelbeere, sie machen das Eis selbst, wir nehmen, wie immer, ein kleines Gemischtes und sind glücklich.

Es ist Ende August. Nicht mehr lange, dann werden all die Fischbuden und Eisverkäufer dichtmachen. Nicht mehr lange, dann ist der Sommer vorbei. Wir werden dennoch an den Strand fahren, spazieren gehen oder Drachen steigen lassen, und unseren Fisch werden wir in der Nähe einer Heizung essen.

Wie immer, wenn der Sommer endet, steigt in mir leichte Panik auf, ihn nicht richtig ausgekostet zu haben. Der Geruch von Sonne auf der Haut, die Ränder der Sonnenbrille im Gesicht, der Sand, den wir bis in die Wohnung tragen, all das wird bald wieder vorbei sein. Ich liebe das Meer, ich kann nicht genug von ihm bekommen. Nirgends ist man so frei und doch mit anderen verbunden wie im Sommer am Strand. Das Meer ist unendlich und birgt alle Möglichkeiten, von Nähe bis Distanz.

Und an keinem anderen Ort sind die Menschen so gleich wie hier. Es gibt Eltern mit Reiswaffeln im Gepäck und solche mit Marshmallows. Es gibt Trinkerinnen und Buchleser, Athletinnen und Adipöse, Neugeborene und Menschen, von denen man glaubt, sie seien schon hundert Jahre alt. Sie alle müssen es miteinander aushalten, alle Schichten, alle Geschlechter, jedes Alter. In Polen gibt es keine teuren Liegen wie an italienischen Stränden, kaum Privat- oder Hotelstrände. Es gibt auch keine Strände für Polen A und Polen B, für Reiche und Abgehängte. Die einen bringen belegte Brote mit, die anderen holen sich gebratene Scholle vom Fischrestaurant weiter oben. Die einen haben ihre Sonnenbrille aus dem Designerladen, die anderen vom Bauchladenhändler nebenan. Wo das Einkaufszentrum die Polen trennt, vereint das Meer sie wieder. Der Strand ist für alle da.

Dabei ist es natürlich nicht so, dass alle Einwohner Danzigs, Sopots und Gdingens ständig dort abhingen. So wie nicht alle Römer jeden Tag Pizza essen. Unsere Freundinnen und Verwandten sind seltener am Wasser, manche waren seit einem Jahr nicht mehr da. Einigen ist die Ostsee auch einfach zu schmutzig. Die Danziger Bucht ist, wie der Name schon sagt, nicht das offene Meer. Oft riecht sie nach Fisch, was nie ein gutes Zeichen ist. Ein paar Tage im Sommer herrschte wegen Blaualgen sogar striktes Badeverbot. Und doch werden die Badegewässer in Europa eher sauberer als dreckiger, das stellt die EU Jahr für Jahr in ihrem Badegewässerbericht fest. Die Badegebiete mit der schlechtesten Wasserqualität befinden sich in Italien, Frankreich und Spanien, nicht in Polen. Die Wasserqualität an unserem Strand in Brzeźno wurde 2018 mit »gut« bewertet. Mit gut kann ich gut leben. Wem das Wasser nicht sauber genug ist, der muss auf die Halbinsel Hel fahren – dort ist es auch deutlich kühler.

Neben mir rülpst etwas. Ich habe die Augen noch immer geschlossen. »Karol, das ist nicht schön, das macht man nicht«, sagt die Oma. Der Junge lacht und rülpst gleich noch einmal. »Komm, iss lieber noch ein Stückchen Kuchen. Wir haben so viel zu essen. Ich glaube, ich habe ein bisschen zu viel Proviant eingepackt.«

»Kurwa, diese Scheißwespen, was ist mit denen los, Alter?« – »Das liegt am Sommerende, da werden die immer nervös.« – »Ist sie jetzt weg?« – »Ich glaube schon. Oder … Warte …« – »Was? Wo? Hör doch mal auf, mich zu erschrecken, Mann!«

»Habt ihr Krzysiu gesehen? Eine Welle hat ihm die Badehose runtergezogen!« – »Das stimmt gar nicht!« – »Stimmt wohl! Egal, ich liebe es, wenn das Meer so wild ist. War so krass langweilig die letzten Tage …«

»Na, mein süßer Spatz? Machen wir mal kurz die Kacka weg? Na klar machen wir das. Und dann kommt auch gleich der Papa, und dann gehen wir was essen, ja? Gehen wir was essen? Ja? Oh Mann, was redet die Mama denn da …«

Plötzlich kreischen die Möwen. Ich öffne die Augen. Jemand hat einen ganzen Eimer Brotkrumen auf den Sand geworfen, das große Gezänk beginnt. Vor uns haben zwei Frauen ihre Handtücher ausgebreitet. Im Sitzen ziehen sie sich um. Sie machen es wie alle hier. Bis auf den BH ausziehen, dann das Bikini-Oberteil drüber, dann den BH darunter hervorfummeln. Männer legen sich ein Handtuch um oder gehen gleich in eine der Umzugsbuden. Sogar kleine Kinder sieht man an polnischen Stränden selten nackt.

Die Prüderie der Polen ist einer dieser vielen polnischen Widersprüche, ein Ausdruck des »Dazwischen«. Einerseits wollen sie Individualisten sein, ihr Leben frei gestalten, an sich selbst und nicht an den Nächsten denken. Andererseits fürchten sie das beobachtende Kollektiv um sich herum, fürchten sich davor, dass ihre Entscheidungen kommentiert und bewertet werden. Es scheint, als pralle auch hier die Sehnsucht nach westlichem Individualismus auf das Erbe der Volksrepublik, das die Polen noch immer in sich tragen.

Tragen Menschen allerdings mehr Stoff an ihrem Körper als sie, regen sie sich auf. In meinem Jahr in Danzig habe ich ein einziges Mal Frauen in Burkinis am Strand gesehen. Sie waren eine Attraktion. Niemand hat sie angesprochen, natürlich nicht, aber auf den Handtüchern ringsum gingen sofort die Diskussionen los. Von eher harmlosen Sätzen wie »Ist denen nicht heiß?« bis hin zu »Solche Vermummten wollen wir hier nicht haben« war alles dabei. Die Frauen schien das nicht zu stören, sie aßen in aller Ruhe eine Wassermelone.

Zwei Meter vor mir spielt meine Tochter im Sand. Immer wieder läuft sie ins Meer, schöpft mit ihrem Eimer Wasser, läuft zurück und baut weiter an der Kleckerburg. Ihr Haar strahlt so sattblond, als hätte jemand Goldfäden hineingeflochten. Und ich frage mich, wie unser Jahr verlaufen würde, hätten wir uns für eine Stadt entschieden, die nicht am Meer liegt. Ob ich schon längst verzweifelt wäre als temporär alleinerziehende Mutter, wenn es nicht, neben der Kita, diese regelmäßigen Stunden gäbe, in denen meine Tochter die Zeit vergisst.

Nun aber hat sie zwei Kinder erspäht, einen Jungen und ein Mädchen, die ein paar Meter weiter spielen. Wenige Minuten später spielen sie zu dritt. Doch dann wollen die Eltern der Kinder nach Hause, meine Tochter kehrt zu ihrer Kleckerburg zurück, sie fröstelt, und plötzlich merke auch ich: Es ist kalt geworden.

Der Strand leert sich. Wir ziehen uns Pullis über. Im Wasser spiegelt sich schon die Sonne, eine Möwe trippelt vorbei. Ich will noch nicht gehen. Meine Augenlider werden immer schwerer. Nur nicht wegdämmern jetzt. Wegdämmern wäre fatal.

ORDNUNG

Nein, dieses Kapitel spielt nicht in Deutschland.

Wie jeden Morgen, wenn Kita ist, wachen wir in unserer Danziger Wohnung auf und sind etwas spät dran. Pulli an, Schuhe an, Sonnencreme, hast du Zähne schon geputzt? Schlüssel, Sonnenhut und los!

Es ist der 3. September, der erste Tag nach den Sommerferien, und die Sommerferien waren lang. Für zwei Monate war die Kita geschlossen, zwei Wochen mehr als normalerweise, weil renoviert wurde, aber selbst bei sechs Wochen frage ich mich, wie polnische Eltern es schaffen, währenddessen auf die Kita zu verzichten. Schließlich haben sie nicht mehr Urlaubsanspruch als Deutsche. »Die Großeltern«, antworten die meisten, die ich frage. Anders als in Berlin, wo viele Zugezogene wohnen und der Rest der Familie irgendwo in Süddeutschland, haben Danziger das Glück, die Großeltern meist in der Nähe zu haben. Es gebe im Sommer auch eine »Not-Kita«, sagen die Eltern. Da würden dann alle Kinder aus einem Viertel gemeinsam betreut. Nur hatte meine Tochter in diesem Jahr schon genug Anpassungsleistung erbracht, fand ich – noch eine Kita, noch mehr Erzieher und fremde Kinder wollte ich ihr nicht zumuten.

Also sind wir gereist, in den Osten des Landes und zu den Großeltern nach München, wir waren zigmal an unserem Strand und ein paar Tage in Berlin, haben etliche Runden Uno gespielt und uns den Sand zwischen den Zehen rausgepult. Wir hatten einen richtigen Sommer. Nun müssen wir wieder hineinfinden in einen Montag-bis-Freitag-Rhythmus.

Wir laufen unsere Straße hinunter und passieren den Verschlag, in dem die Mülltonnen stehen. Da liegt der Schlafsack in der Ecke, ordentlich zusammengerollt. Am Gitter hängt ein Wollmantel wie an einem Haken. Vor dem Verschlag, auf dem Bürgersteig, steht diesmal ein Schrank. An einer Seite ist das dünne Holz eingerissen, aber es liegen Socken darin. Bilde ich es mir ein, oder sieht dieser Ort immer mehr aus wie ein Häuschen, das sich jemand einrichtet? Nur wo ist dieser jemand? Ich treffe dort niemanden, nur die Nachbarn, die in hohem Bogen ihre Plastiktüten in die Container schmeißen.

Wir überqueren die große Allee an der Ampel, rechts von uns recken sich die Kräne der Werft in die Sonne. Die Straße ist so breit, in der Mitte die Tramschienen, wir müssen rennen, ansonsten kommen wir nicht in einem Mal rüber, und oft rollen die Rechtsabbieger so nah an uns heran, dass wir Angst haben, sie könnten uns die Hacken abfahren vor Ungeduld.

Nach der Unterführung, vor der Kita, kommen noch zwei kleine Straßen, und die sind fast noch schlimmer. Denn in Polen wie in Deutschland werden Kita- und Schulkinder von den Eltern meist mit dem Auto gebracht. Beziehungsweise mit einem Panzer. Auch in Polen ist ein tonnenschwerer SUV mittlerweile zum Statussymbol geworden – was dazu führt, dass die kleinen Straßen regelmäßig verstopft sind, weil zwei SUVs nicht nebeneinanderpassen. Also wird gehupt und abrupt angefahren und auch mal wirklich aufs Gas getreten, denn der Chef im Büro wartet ja auch nicht, und überhaupt!

Vielleicht sind aus genau diesem Grund die Zebrastreifen an den beiden Straßen neu gemalt worden im Sommer, schön dick und weiß. Die Farbe wird nur drei Monate halten. Und sie hilft eh nicht viel. Steht ein Fußgänger in Polen an einem Zebrastreifen, ist das für den Autofahrer nicht zwangsläufig eine Aufforderung, anzuhalten. Viele überqueren deshalb die Straßen mit erhobener Hand, fast wie Schülerlotsen.

Und selbst auf dem Gehweg ist man nicht wirklich sicher. Die Panzer müssen ja irgendwo parken.

Polnische Straßen, stellte erst kürzlich die Europäische Kommission fest, gehören zu den gefährlichsten in Europa. 75 Menschen pro eine Million Einwohner sterben im Verkehr jedes Jahr. Nur in Kroatien, Bulgarien und Rumänien sind es mehr.

Die gefühlte Straßenverkehrsordnung lautet: Autos haben Vorrang. Vor Fußgängern, vor Radfahrern. Wenn wir dann endlich mit erhöhtem Puls, aber wohlbehalten in der Kita angekommen sind, befinden wir uns nun an einem Ort, an dem penibel auf die Einhaltung der Regeln geachtet wird. Und es gibt viele Regeln. Sehr viele Regeln.

Erstens: Die Erzieherinnen werden gesiezt. Wobei das Siezen in Polen anders läuft, man siezt mit dem Vornamen, man sagt zur Erzieherin »Pani Magda«, Frau Magda. Meine Tante, die liberal ist und sehr feministisch denkt, findet das Siezen in der Kita richtig. Sie sagt: Wenn Kinder ihre Erzieherinnen duzen, lernen sie keinen Respekt.

Zweitens: In der Kita wird nicht gerannt. Nur draußen auf dem Spielplatz, aber auch da ... *uważaj!*

Denn: Wilde Kinder sind schwierige Kinder. Sie sind laut und unberechenbar. Ein Satz, den Kinder in Polen so oder so ähnlich sehr oft hören: »Grzecznie siedź, ładnie jedz i uważaj«. Sitz brav, iss schön und pass auf. Es ist ein Satz voller Imperative.

Drittens: Beim Essen wird nicht gesprochen.

Die Regel hat mich besonders überrascht. In unserer Patchworkfamilie, die gerade zerrissen ist, aber in Deutschland manchmal aus drei, manchmal aus fünf Personen besteht, bemühen wir uns immer, abends gemeinsam zu essen. Und natürlich schweigen wir nicht. Nun aber kam meine Tochter eines Tages mit folgendem Spruch aus der Kita: »Czekolada, czekolada, przy jedzeniu się nie gada.« Die deutsche Übersetzung klingt noch alberner und reimt sich nicht: Schokolade, Schokolade, beim Essen wird nicht gequatscht. Das meint nicht: Mit vollem Mund wird nicht geredet. Sondern überhaupt nicht. Ich habe meine Tochter dann vom Gegenteil überzeugt, wir unterhalten uns nun wieder über unserem Teller Spaghetti.

Meine Tochter hat einen Cousin in Danzig, der kleinste Sohn meines Cousins. Die zwei gehen in dieselbe Kita. Sie verstehen sich toll, und obwohl sie in verschiedenen Gruppen sind, besuchen sie sich öfter, spielen auf dem Hof miteinander, umarmen sich, geben sich Küsschen. Jedenfalls bis zu dem Tag, als eine Erzieherin aufgeschrien haben soll und sie zurechtwies: »Kinder, das macht man aber nicht. Ihr seid noch klein, ihr dürft euch nicht küssen!«

So erzählte es mir meine Tochter auf dem Nachhauseweg. Sie wirkte verstört. »Mama, dürfen Kinder sich nicht küssen?« Doch, natürlich, sagte ich. Aber nur, wenn beide das wollen. Wer nicht geküsst werden will, der wird in Ruhe gelassen. Das leuchtete ihr ein, sie nickte.

Neulich kam sie mit einem weiteren Spruch an. »Weißt du, Mama, unsere Erzieherin sagt immer: Amerika sieht alles.«

»Wie bitte?«, sagte ich.

»Ja, sie hat gesagt: Amerika sieht alles. Was ist Amerika?«

Ich fing schon an zu überlegen, ob das wirklich sein könne, dass die Erzieherinnen an Verschwörungstheorien, den großen Lauschangriff, vielleicht sogar an Chemtrails glaubten? Dann musste ich lachen. »Sag mal, meinst du vielleicht Kamera? Die Kamera sieht alles?« Meine Tochter hatte nur die Buchstaben verdreht.

Ich hörte wieder auf zu lachen. Eine Kamera? Meine Tochter erzählte, dass eine Kamera im Flur der Kita installiert worden war, und immer wenn ein Kind verbotenerweise vom Klo zurück ins Spielzimmer rennt, sage die Erzieherin: Die Kamera sieht alles.

Das ist vielleicht der größte Widerspruch unter all den polnischen Widersprüchen: Einerseits pfeifen die Polen auf Autoritäten, sie glauben nicht an den Staat, jeder und jede macht ihr eigenes Ding. Ihren Kindern aber bringen sie etwas anderes bei: eine Mischung aus Angst und Gehorsam, nicht nur Eltern und erziehenden Personen, sondern auch dem Staat und seinen Institutionen gegenüber.

Als ich mit meiner Tochter im Kindertheater war, stand nach dem Applaus plötzlich die Polizei auf der Bühne. Keine Schauspieler, zwei echte Polizisten. Es folgte eine kleine Lektion für die Drei- bis Vierjährigen. Was müsst ihr tun, liebe Kinder, wenn ein großer, böser Hund euch anspringt? Wie müsst ihr euch verhalten, wenn ihr einmal verlorengeht? Wie reagiert ihr, wenn ein fremder Mann euch anspricht? Es dauerte zwei Minuten, da saßen alle Kinder auf den Schößen ihrer Eltern, manche vergruben ihr Gesicht, andere zitterten sogar etwas.

Die Polizei machte ihnen Angst. Und ich fürchte, das war sogar ein bisschen gewollt. Wer Angst hat, wer die Angst sogar schon als Kind implantiert bekommt, der verhält sich entsprechend. Der wird gefügig. Und der wird sich als Kind und als Erwachsener im Zweifel selbst die Schuld geben, bestimmte Situationen nicht gemieden oder »falsch« reagiert zu haben. Warum verbietet eine Gesellschaft Kindern harmlose Küsse untereinander und lässt gleichzeitig Priester weiter praktizieren, bei denen der Vorwurf des sexuellen Missbrauchs im Raum steht? Warum bläut eine Gesellschaft ihren Kindern ein, nie mit Fremden mitzugehen, aber wenn etwas passiert, wird dem Opfer nur in seltenen Fällen geglaubt?

Bei meiner Tochter jedenfalls hinterließ die Vorstellung der Polizei einen wesentlich stärkeren Eindruck als das Theaterstück. »Mama! Da ist die Polizei!«, ruft sie nun immer wieder, wenn sie Männer in Uniformen sieht, sie schwankt zwischen Faszination und Angst. Und sie hat angefangen, mehr auf Regeln zu achten. »Das macht man nicht«, diesen Satz höre ich nun immer häufiger von ihr.

Fahren wir hingegen Taxi, gibt es keine Regel. »Ein Kindersitz? Wozu?«, fragen die Taxifahrer, also nehme ich mein Kind auf meinen Schoß, um uns beide anzuschnallen. Fahren wir mit Uber, wechselt auch die Regel: Nein, er könne mein Kind nicht ohne Sitz mitnehmen, hatte unser erster Fahrer gesagt, das hätte ich in der App angeben müssen. Dann erklärte er mir, dass Uber ja ein Privat- und kein Taxiunternehmen sei und somit die Kindersitz- und Anschnallpflicht auf jeden Fall eingehalten werden müsse. Ich verzichtete auf eine Diskussion über den Sinn unterschiedlicher Regeln im Straßenverkehr und rief einen neuen Wagen.

Ein halbes Jahr sind wir nun in Polen, sechs Monate bleiben wir noch. Halbzeit. Es ist die Zeit, in der ich nach all dem Lernen, Einlassen und Neugierigsein langsam müde werde. Wieso strauchele ich noch immer so? Ich wollte nicht unbedingt mit diesem Land verschmelzen. Nun will ich es doch. Es ist anstrengend, eine Fremde zu sein. Ich sehne mich nach Deutschland und schäme mich dafür. Dort gibt es auch unsichtbare, manchmal absurde Regeln im Zusammenleben. Aber sie fallen mir nicht auf, weil sie mir vertraut sind.

In Polen bin ich oft zu spät dran, übersehe etwas oder verstehe es falsch, habe das Gefühl, ständig danebenzutreten. Ob soziales Verhalten, das nicht der Norm entspricht, hier stärker geahndet wird? Ich finde schon. Aber um es wirklich vergleichen zu können, müsste ich mich in Deutschland genauso fremd fühlen.

Mein Eindruck ist: Die Polen lieben die Anarchie, aber sie stehen auch wahnsinnig auf Ordnung. Auf Spielplätzen hängen meterlange Benutzerordnungen, im Schwimmbad stehen manchmal sechs Bademeister pfeifend am Beckenrand (und halten dabei gelbe Plastikbananen als Rettungsbojen in der Hand, was ihre Autorität wiederum untergräbt). Beim Schwimmunterricht müssen alle, auch Erwachsene, eine Badekappe tragen. Und wenn man in der Kita sein Kind von einem fremden Elternteil abholen lassen will, muss man ein Formular ausfüllen, als wollte man einen neuen Reisepass beantragen.

Manchmal wundere ich mich nicht, dass das Land auf dem Weg ist in totalitäre Strukturen.

Eines Mittags stehe ich in einem veganen Imbiss und bestelle mir etwas zu essen. Der Imbiss ist klein, alle Tische voll, ich entscheide mich dafür, meine Gemüserollen draußen im Park zu essen. Als ich bezahle, sage ich: »Hätten Sie noch eine Plastikgabel für mich?«

Verdammt, mein Fehler. Da atmet die Frau, die in der Schlange hinter mir steht, schon scharf aus, tritt einen Schritt vor, ihr Gesicht ist nun etwa zwanzig Zentimeter von meinem entfernt, als sie laut durch den ganzen Raum ruft: »Plastik? Sie können doch hier nicht nach einer Plastikgabel fragen, hören Sie mal! Denken Sie doch mal an die Meere!« Und als die Bedienung sagt, sie könne mir eine Holzgabel mitgeben, und ich mich, rot im Gesicht, bedanke, lächelt die Frau wie eine Lehrerin, die ihrer Schülerin endlich beigebracht hat, wie Bruchrechnen geht. »Na bitte, geht doch«, sagt sie.

Und ruft mir, als ich den Imbiss verlasse, hinterher: »Beim nächsten Mal bringen Sie sich einfach eine Gabel von zu Hause mit!« Erst draußen sehe ich, wie mein Essen verpackt ist: in Plastik.

HASHTAG ERASMUS

Sechs Monate in Krakau. Ausland. Party. Bisschen studieren, bisschen das Land entdecken. Erasmus halt. Sieben junge Frauen, die sich erst vor wenigen Wochen kennenlernten und doch schon beste Freundinnen sind, sind verabredet.

Es ist Samstagabend, sie sind in Marias WG. Die Gruppe trudelt nach und nach ein. Destiny's Child läuft, »I'm a Survivor«, und Maria hat Wodka besorgt, mit Johannisbeer-Geschmack. Den trinken alle am liebsten. Sie sitzen in einem kahl eingerichteten Wohnzimmer auf Sofas, Sesseln und Stühlen durcheinander. Es wird ein richtiger Mädels-Abend, alle reden offen. Die Namen sind deshalb geändert.

Greta, 23, kommt aus Hamburg und studiert Journalismus. Sie wohnt direkt am Krakauer Hauptbahnhof und mag es, nachts die Zugdurchsagen zu hören.

Sophie studiert Politikwissenschaften und Gender Studies. Sie ist Jüdin und hat an diesem Tag Geburtstag, sie ist 21 Jahre alt geworden. Wenn sie gefragt wird, sagt sie immer, »I'm from America«, sie will nicht damit protzen, dass sie aus New York kommt.

Maria, 24, studiert Medizin. Sie hatte Angst davor, von zu Hause weg zu sein, nun will sie gar nicht mehr zurück. Sie ist in Berlin geboren, ihre Eltern kommen aus Polen. Maria ist die Einzige, die auch auf Polnisch studiert. Oder es zumindest versucht, sagt sie.

Karolina, 23, ist in Polen geboren und in Heidelberg aufgewachsen. Sie ist die Einzige, die mit Polen zusammenwohnt. Auch, weil wenige Polen in WGs wohnen. Die meisten bleiben bei ihren Eltern, um Geld zu sparen, und studieren in der Nähe. Karolina führt mit ihrem Freund eine offene Beziehung, das haben sie so für die Erasmus-Zeit vereinbart.

Evelyn, 23, studiert Politik. Eigentlich wollte sie Balletttänzerin werden, sie war am Ballett-College an der Oklahoma University, doch ihr Körper hat die Belastung nicht ausgehalten. Sie trägt graue Haare und einen lila Lippenstift.

Lilly, 23, hat lange braune Haare und sieht ein wenig aus, als könnte sie bei »Germany's Next Topmodel« mitmachen. Sie wacht erst im Laufe des Abends auf.

Ines, 23, mag große, betrunkene Gruppen nicht so gern. Deshalb wird sie im Laufe des Abends immer stiller.

Die Unterhaltung findet auf Englisch statt.

Maria: »Boah, ich bin viel zu fertig heute. Lass mal langsam angehen.

Ines: »Die Musik gestern war aber auch gut! War das dieses Disco Polo? Klang wie Modern Talking, nur auf Polnisch. Supergeil.«

Maria: »Der Typ, mit dem ich getanzt hab ... war der schwul? Hatte ja ein bisschen das Gefühl ...«

Greta *(hustet immer wieder, ist noch heiser von letzter Nacht)*: »Hat Megaspaß gemacht. Wie hieß der Typ eigentlich?«

Maria: »Keine Ahnung. Hab nicht gesprochen mit dem, haha. Aber ich schätze mal Michał, Kuba oder Paweł. Habe das Gefühl, das sind die einzigen polnischen Männernamen hier. *Greift zu der Flasche.* Noch 'n Shot?«

Alle trinken.

Ines: »Was habt ihr heute gemacht?«

Maria: »Ich war in der Stadt. Bin rumgelaufen. Und hab Zapiekanka gegessen.«

Greta: »Dieses überbackene Baguette mit Pilzen und Käse und Ketchup oben drauf? Geil.«

Ines: »Ist das eigentlich typisch Krakau oder typisch polnisch?«

Maria: »Typisch polnisch. Und sehr gut gegen Kater. Die sind ja einen halben Meter lang! *Ruft in die Küche:* There are glasses on the table, Sophie!«
Sophie kommt dazu, nimmt ein großes Wasserglas, gießt es sich bis zum Rand voll mit Rotwein.
Maria: »Was war denn eigentlich mit Karolina gestern?«
Sophie: »No idea. Wir haben zwei random Typen getroffen auf der Straße, ich glaub, das waren Norweger, sind ja eh viele Skandinavier hier. Karolina sprach mit denen, wir haben ein paar Sekunden weggeguckt, und dann kam sie so und meinte, oh, ich hab grad mit zwei Fremden rumgeknutscht. Gleichzeitig! It was like 90 seconds, maybe two minutes.«
Alle lachen.
Maria: »Karolina doesn't surprise me anymore. Shots?«
Ines: »Du bist ja schnell.«
Sophie: »I'm ok, thanks.«
Maria: »Ich trink jetzt nur noch Shots. Ich glaub, dann geht's mir morgen besser. Vielleicht noch eine Skinny Bitch später.«
Greta: »Was ist das noch mal?«
Maria: »Wodka, Mineralwasser, Zitronensaft. Der Name ist doof. Aber der Drink ist lecker.«
Lilly, die gerade reingekommen ist, setzt sich aufs Sofa und macht einfach die Augen zu. Die anderen lassen sie in Ruhe.
Sophie: »Das Spiel, das wir gestern auf dem Plac Nowy gespielt haben, war übrigens so geil. Super awesome. Mir ist auch heute erst aufgefallen, dass ich mir echt wehgetan hab dabei! Mein linkes Ohr ist total taub!«
Greta *(war gestern Abend nicht dabei)*: »Was für ein Spiel?«
Sophie: »Alle stehen im Kreis und schauen auf den Boden, und auf drei schauen alle hoch. Und wenn sich zwei zufällig in die Augen gucken, müssen sie gegeneinander antreten: auf einem Bein hüpfen und dabei den Arm so halten. *Sie führt ih-*

ren Arm über den Kopf und hält das Ohr auf der anderen Seite fest.

Maria: »Stimmt, du hast echt voll das rote Ohr links.«

Lilly kippt in ihre Club-Mate-Flasche, die zu einem Viertel leer ist, etwas Johannisbeer-Wodka.

Sophie: »Ich kann heute aber nicht so lang. Ich muss morgen früh um halb zehn den jüdischen Friedhof putzen. Ich hab mich da als Freiwillige gemeldet. Ich wusste das gar nicht, aber viele jüdische Friedhöfe sind sehr verwahrlost und ungepflegt in Polen.«

Maria: »Ach, stimmt, arbeitest du nicht auch im Jüdischen Museum hier?«

Sophie: »Ja, ich lasse mich als Guide ausbilden. Dann kann ich einspringen, wenn die professionellen Guides nicht können. Es ist echt cool, ich habe meine besten Freunde dort. And they have the best coffee there. Polnischer Kaffee, dieser lösliche, schmeckt mir nicht so.«

Maria: »Warum sagst du eigentlich nie, dass du aus New York kommst, Sophie?«

Sophie: »Ich weiß nicht, ich fühle mich erst hier so richtig als New Yorkerin. Seit ich von zu Hause weg bin. Ich bin ja hergekommen, weil ich auch polnische Wurzeln habe wie du und Karolina. Meine Großeltern sind von hier, sie haben Polen aber noch vor dem Zweiten Weltkrieg verlassen. Als wir in der Uni in New York über Nationalismus in Osteuropa gesprochen haben, habe ich mich entschieden zu kommen. Ich fand das faszinierend, ich habe das Seminar gemocht, na ja, vor allem meinen Professor. Am Ende habe ich alle seine Kurse besucht.«

Greta: »Und warum bist du nach Krakau gekommen, Evelyn?«

Evelyn: »Ach, das ist langweilig. Ich hatte eine Liste der Unis, die mit meiner kooperierten. Ich wollte nach Europa, aber nicht nach England. Paris oder so war zu teuer. Also Krakau. Hier ist es billig, hier kann ich von meinem Geld nicht nur wohnen, sondern auch leben. Außerdem liegt es so zentral in Europa, dass ich überall hinkomme.«

Maria: »Echt, du findest, Polen liegt zentral in Europa? Witzig. Ich habe immer das Gefühl, Polen ist unwichtig, liegt ganz am Rand. Ich glaube, viele Polen denken das selbst von sich und haben Minderwertigkeitskomplexe. Meinen Eltern geht das so. Die haben sich richtig geschämt, Polen zu sein, als sie nach Deutschland kamen.«

Evelyn: »What? Ich finde Polen so cool. Sehr modern und gleichzeitig ein bisschen ranzig. Ich mag diese Gegensätze. Aber ich weiß natürlich nicht, wie Polen früher war.«

Maria: »Ich weiß das ja auch nicht. Für mich war Polen immer das Land meiner Großeltern, wo ich meine Sommer verbracht habe. Aber ich hätte nie gedacht, dass ich hier zum Beispiel Erasmus mache. Ich dachte, ich würde eher in ein cooleres Land gehen wie Frankreich oder so.«

Greta: »Ich verbinde mit Polen eigentlich nur den Zweiten Weltkrieg. Den nimmt man in einer deutschen Schule ja ständig durch. Mich hat das irgendwann so genervt. Ich finde es wichtig, dass man über die deutsche Schuld spricht. Aber die Deutschen haben so ein antiquiertes Bild von Polen. Ich war überrascht, wie sich das Land entwickelt hat.«

Sophie: »Mein amerikanischer Professor hat mal gesagt, polnische Grenzen seien wie eine Ware gewesen, beweglich. Mit Polen wurde gehandelt. Ich fand das irre interessant.«

Greta: »Wie lang war das noch mal?«

Sophie: »Was?«

Greta: »Dass Polen von der Landkarte verschwand?«

Sophie: »123 Jahre.«

Maria: »Krass, dass du das weißt! Das weiß nicht mal ich!«

Lilly *(hat sich nun aufrecht hingesetzt)*: »Wir hatten gestern übrigens Stress mit unserer Nachbarin, habt ihr das mitbekommen? Sie hat geklingelt kurz nach Mitternacht, und Karolina kam an die Tür und sprach mit ihr auf Polnisch, und da meinte die Nachbarin, ah, okay, dann ist ja gut. Ich dachte, der Lärm käme von Ukrainern. So krass, ey.«

Maria: »Waren wir überhaupt so laut?«

Alle lachen.

Lilly: »Es dauert echt immer so lang, bis alle sich aufmachen, wir wollten ja eigentlich früher los, ich habe ständig gesagt, lasst uns mal losgehen, aber es hat einfach keiner auf mich gehört. Und dann mussten erst mal alle aufs Klo und Schuhe und Jacken suchen, wie im Kindergarten.«

Alle lachen noch lauter.

Maria: »Ich hab übrigens noch Hühnchen im Kühlschrank, das ist fünf Tage alt, meint ihr, ich kann das noch essen?«

Sophie: »Hm, ist so auf der Schwelle. Bei vier Tagen würde ich sagen, auf jeden Fall, bei sechs auf keinen Fall. Einfach probieren?«

Lilly: »Ach, hält nicht alles länger, als wir denken?«

Sophie: »Berühmte letzte Worte.«

Maria: »Okay – Shots?«

Greta: »Der wievielte ist das jetzt? Ich habe vergessen zu zählen.«

Evelyn: »I think I'm getting a cold. Also, ich will einen!«

Lilly: »What did you do last night, Evelyn?«

Evelyn *(flüstert fast)*: »I slept. Und vorher habe ich eine tolle Doku gesehen auf Netflix. But you guys had fun?«

Lilly: »Wir waren bei mir, dann in einer Wodkabar und dann eben in diesem Schwulenclub. War mega.«

Es klingelt. Eine junge Frau kommt rein, die ein bisschen aussieht wie Cruella De Vil von »101 Dalmatiner«. Wallender Mantel, nach hinten gegelte Kurzhaarfrisur, rote Lippen. Sie zieht sich ihre Baskenmütze vom Kopf, wuschelt sich durch die Haare und lässt sich auf die Sofalehne fallen.

Gloria und Maria *(gleichzeitig)*: »Karolina!«

Karolina: »Wir sind nur Frauen heute? Sehr geil.«

Maria: »Gehen wir jetzt los?«

Karolina: »Wo gehen wir denn hin?«

Stille. Sophie zuckt mit den Schultern, Lilly schüttelt nur den Kopf.

Maria: »Karolina? Shot?«

Karolina: »Irgh. Okay.«

Maria *(schenkt ihr einen Doppelten ein)*: »Wer zu spät kommt …«

Karolina: »Zdrówko!«

Sophie: »Ich dachte, das heißt na zdrowie?«

Karolina: »Zdrówko ist die Abkürzung. Kann man auch sagen.«

Lilly: »Bist du nicht müde, Karolina?«

Karolina: »Ich hab heute bis drei gepennt! Also nachmittags.« *Ihr Lachen ist ansteckend. Laut und kehlig.* »Aber diese zwei Typen!«

Maria: »Wie ist das denn passiert?«

Karolina: »Keine Ahnung! Plötzlich hatte ich eine Zunge im Mund! Und dann die nächste! Und ich so: Hä? What is happening? Hätte ich mich nicht irgendwann von denen gelöst, wäre das bestimmt im Dreier geendet. Das war echt so random.«

Sophie: »But it all happened in like 90 seconds!«

Evelyn: »Polish men are really fast …«

Karolina: »Nooo, das waren Norweger. Ich wollte eigentlich nur nach Hause und auf dem Weg in Ruhe mein Sandwich essen und meine Sprite trinken. Hier bekommst du ja beides für umgerechnet zwei Euro. So gut. Danach haben mich noch zwei

Deutsche angequatscht, als sie gehört haben, dass ich Deutsch spreche. Bäh, da reagiere ich echt allergisch. Bloß keine Deutschen hier.«

Evelyn: »Ich habe ja gedacht, diese muskelbepackten Männer, vor denen ich immer etwas Angst hatte, das sei etwas typisch Amerikanisches. Diese Bros eben. Bis ich festgestellt hab, es gibt sie auch in Europa, es gibt sie echt überall. American Bro, Polish Bro, German Bro, they're all the same. So Typen, wenn du sie fragst, wollen wir rummachen, die sofort Ja sagen. Alle.«

Sophie: »Aber, Karolina, wolltest du das gestern überhaupt? Oder hast du dich von denen bedrängt gefühlt?«

Karolina *(überlegt)*: »Hm, vielleicht. Das Problem ist, ich war so betrunken, dass ich mich nicht mehr erinnere. Aber ich war froh, als ich dann zu Hause war und pennen konnte.«

Sophie: »Ich find's ja echt so krass manchmal. Weißt du noch, Evelyn, dieser eine alte Sack, der dich mal im Club angetanzt hat, der Pole, der einfach nicht weggehen wollte, obwohl du dich gewehrt hast? Wie können Männer nur … Ich weiß nicht. Wie können sie nach solchen Aktionen nach Hause gehen und sich nicht komplett fühlen wie, ja, pure shit? Ehrlich, wenn ich jemanden immer wieder aufgefordert hätte, mit mir zu tanzen, und der hätte immer wieder nein gesagt, ich würde für eine Woche mein Zimmer nicht verlassen vor Scham. Oder? Was ist los mit den Leuten?«

Evelyn: »Männlichkeit ist wirklich ein Wunder. Auf der einen Seite ist sie so unverwüstlich. Und dann so fragil. Der Typ war ja gleichzeitig verletzt und böse, dass ich mich erdreiste, ihn abzuweisen. Ich war ja anfangs nett: I don't want to dance with you, I said. Aber wie gesagt, es ist kein polnisches Phänomen.«

Maria: »Kommt, trinkt aus, dann gehen wir.«

Evelyn *(kippt fast von der Sessellehne und lacht)*: »Ups. Nee, ich bin nicht betrunken, mir passiert das öfter, ich bin einfach nicht mehr so in Balance. Das Umkippen ist mein bester Partytrick. Gut, ne? Wobei, ein bisschen schlecht ist mir schon gerade.«

Maria: »Schwanger?«

Evelyn klopft mit dem Zeigefinger an ihre rechte Schläfe.

Sophie: »Wisst ihr was? Neulich sagte unsere Professorin hier in Krakau, es gebe eine Million Erasmus-Babys in der EU. Wir mussten alle laut lachen. Sie schaute kurz verwirrt, und dann schwärmte sie weiter, dass das so toll sei, eine neue, europäische Welt würde da entstehen. Sie hat das so romantisiert. Und wir konnten uns echt nicht mehr halten. Ich meine, was sollen das für Kinder werden? Die Eltern sind 22, selbst noch Kinder, drinking and fucking and not thinking at all. Ob das die Europa-Babys werden, die man sich wünscht, ich weiß ja nicht.«

Evelyn: »Ich hätte auch nicht gedacht, dass das hier so abgeht. Die Cliquen sind so klein, und irgendwie, bäm, explodiert diese sexuelle Energie echt schnell. Und hinterher muss man dann klären, ist man nun weiter befreundet oder nicht? Als müssten irgendwie alle über diesen Sex-Punkt drüber.«

Karolina: »Wir nennen es Hashtag Erasmus.«

Maria: »Jaaa! So geil. Voll das Klischee.«

Sophie: »Im JCC sind wir genauso drauf.«

Karolina: »Was ist das JCC?«

Sophie: »Jewish Community Center, das gibt es in jeder größeren Stadt auf der Welt, in der es auch eine jüdische Gemeinde gibt. In Polen sind in den vergangenen Jahren auch ein paar entstanden, es gibt ja in den Großstädten wieder mehr Juden. Und jedes Mal nach dem Shabbat-Abendessen hier in Krakau, wirklich jedes Mal, betrinken sich alle, die unter dreißig sind. Mit koscherem Wein natürlich.«

Es ist kurz vor Mitternacht, sie haben es endlich rausgeschafft, sie sind jetzt zu fünft am Plac Nowy, im alten jüdischen Viertel Kazimierz. Der Platz und die Straßen ringsum sind komplett voll mit Menschen, ein Typ kotzt gerade in einen Mülleimer. Es wirkt, als sei das Alkoholverbot in der Öffentlichkeit hier ausgesetzt. Maria und Karolina besetzen einen Tisch draußen und bestellen schon mal Drinks, die anderen laufen um den Plac Nowy herum, auf der Suche nach Pommes und Zapiekanki. Nach ein paar Minuten kommen sie mit enttäuschten Gesichtern zurück.

Sophie: »Sie haben gesagt, es dauert dreißig Minuten. Dreißig Minuten für Pommes! Was ist nur los mit dieser Stadt?«

Evelyn: »Na ja, wir sind halt nicht die Einzigen hier. Guck dir das mal an, diese Touristen! Da fühl ich mich als Erasmus-Studentin ja wie eine Einheimische. Ist Krakau nicht die touristischste Stadt Polens, noch vor Warschau? Wo ist Karolina?«

Maria: »Drinnen. Bestellt noch drei Cider für euch.«

Sie zündet sich eine Zigarette an, einen dieser langen, schmalen Stengel. Die rauchen hier alle, auch die Männer. Karolina kommt mit drei Gläsern raus, ein Typ am Nebentisch pfeift sie an, da entfährt es ihr auf Polnisch: »Die sind für uns, hau ab!« Mit einem Stöhnen lässt sie sich auf den Stuhl fallen.

Karolina: »Wer hat die gebeten mich anzuquatschen, ey? Aber auch witzig, dass ich immer anfange, Polnisch zu reden, wenn ich besoffen bin.«

Maria: »Du hast es aber auch nicht leicht.«

Karolina: »Heute bin ich wenigstens drauf eingestellt.«

Julika: »Was meinst du?«

Karolina zeigt auf ihr ausladendes Dekolleté. Maria muss lachen.

Karolina: »Manchmal trage ich aber auch Rollkragen.«
Maria: »Ja, bei minus 15 Grad vielleicht.«

Obwohl die Zeit voranschreitet, wird es auf den Straßen von Kazimierz immer voller. Irgendwo fällt ein Tablett um mit vollen Gläsern. Sophie kommt mit einer Pizza wieder.

Sophie: »Ich habe jetzt eine shitty Pizza, für die musste ich nicht warten. Ist die schlimmste Pizza, die ich je gegessen habe.«
Maria: »But you keep on going.«
Sophie: »Well, you can't stop now.«
Evelyn: »Shit, ich habe vergessen einzukaufen. Und morgen ist Sonntag, und die Läden haben zu. In meinem Kühlschrank hockt vielleicht noch eine einsame Knoblauchzehe.«
Karolina: »Immerhin. Knoblauch ist das Allerwichtigste.«
Evelyn: »Yes. Habt ihr mal Knoblauch gemacht, einfach in Alufolie gewickelt, mit Salz und Öl und im Ofen gebacken? It's heaven.«
Karolina: »Ich war mal in einem Knoblauchrestaurant in Stockholm. Es gab sogar einen Käsekuchen mit Knoblauch. Sauteuer, aber amazing. Hat sich gelohnt. Wobei die polnische Küche ja auch nicht ohne ist in der Hinsicht. Die ganzen Suppen! Da ist überall Knoblauch drin. Und sie kosten fast nichts. Ich liebe Polen.«
Maria: »Und ich hab Hunger.«

POLNISCHE MÄDCHEN

Eltern erziehen nicht nur ihre Kinder. Sie erziehen auch die zukünftigen Bürger eines Staates. Wie eine Gesellschaft also mit ihren Kindern umgeht und welche Werte sie ihnen vermittelt, sagt viel darüber aus, wie sie sich selbst definiert, wie sie in Zukunft sein will.

Und so verwundert es schon, dass die Polen einerseits auf Autoritäten pfeifen und andererseits so verdammt autoritätshörig sind – und dementsprechend auch ihre Kinder erziehen.

In Deutschland ruft, wer unzufrieden ist, nach dem Staat. Der Staat soll bitte dies tun und das regeln, und sich endlich um jenes kümmern! Der Staat organisiert das Zusammenleben. In Polen ist das nur vereinzelt so. In vielen Fällen reagieren die Menschen hier anders auf Probleme: Sie krempeln ihre Ärmel hoch. Sie kümmern sich selbst darum. Dem Staat und seinen Institutionen misstrauen die Polen – und gleichzeitig fürchten sie sie.

Dieser Widerspruch zeigt sich auch in der Kindererziehung. Einerseits setzen Institutionen wie Schulen und Kitas strenge Regeln, die befolgt werden müssen, Autoritäten wie Polizei und Kirche sind schon bei den ganz Kleinen präsent – die dadurch nicht nur Respekt lernen, sondern auch Furcht und Gehorsam.

Andererseits vermitteln polnische Familien oftmals das Gefühl: Unsere Erziehung ist Privatsache. Fremde sollen sich bitte nicht einmischen, die Eltern kümmern sich um ihre biologischen Kinder, die Kern- und Kleinfamilie bleibt unter sich, Punkt. Es gibt wenige Patchworkfamilien, weil die Scheidungsrate in Polen noch immer eine der niedrigsten ist in der EU. In meinem Jahr in Polen habe ich immer wieder festgestellt, dass viele Familien weitgehend unter sich bleiben. Wenn sie Hilfe brauchen, bezahlen sie sie. Freunde und Bekannte würden viele eher nicht fragen. In Polen gehen einen oft schon die Nachbarskinder nichts mehr an.

Und das sprichwörtliche Dorf, das es braucht, um ein Kind zu erziehen, wird immer kleiner. Mittlerweile leben rund zwei Drittel der Polen in Städten. Die Großeltern sind traditionell zwar noch immer wichtig; die Eltern profitieren, wenn Oma und Opa in der Nähe wohnen, sie pflegen aber ihren eigenen Erziehungsstil, den sie auch durchsetzen. Überhaupt ist die »Generation Pepsi« – die Generation, in der die Geschichte vom ersten Glas des Westgetränks zu den liebsten Anekdoten der Jugend zählt – nicht mehr so versessen auf eine Großfamilie, wie frühere Generationen es waren.

Es ist ein Donnerstag kurz vor 18 Uhr, und wie jeden Donnerstag um diese Zeit gehen wir noch kurz auf den großen, tollen Spielplatz, bevor das Ballett beginnt. Die Ballettschule und der Spielplatz sind Teil eines Areals, das sich Garnizon Kultury nennt. Früher waren hier die Ställe der Kavallerie untergebracht, heute sind die Gebäude auf dem großen Gelände komplett restauriert, es gibt zwei Restaurants, zwei Cafés, eine Konzerthalle, einen angelegten Teich, eine Wiese und den Spielplatz. Nebenan entstehen immer neue Eigentumswohnungen, die Kaufpreise zählen zu den höchsten der Stadt.

Die Klientel, die hier wohnt und arbeitet, gehört zur gehobenen Mittelschicht, zu den Gewinnern, zu Polen A. Zwei Autos pro Familie sind der Standard, die Wohnungen werden eingerichtet wie im dänischen Einrichtungskatalog, tagsüber spielen die Kinder in privaten Kitas, die zum Beispiel »Little Harvard« heißen, manche tragen kleine Uniformen, Rock, Bluse, Krawatte, und abends gibt es für die ganze Familie Sushi, das in Polen exakt so teuer ist wie in Deutschland. Es ist übrigens diese Klientel, die ihre Kleinsten seit Neuestem an der Leine führt. Ganz wörtlich. Man sieht die Kinderleine in Polen nun immer öfter. Meist wird sie am Rucksack des Kindes befestigt, oder an einer eigens dafür angeschafften Weste – für maximale Sicherheit.

»Mama, hast du was zu essen?« Meine Tochter kommt angerannt, etwas außer Atem. »Ich hab Hunger.«

»Leider nur Wasser«, sage ich und fühle mich schuldig, weil ich nicht zu den Müttern gehöre, die mit Tupperdosen verschiedenster Farben, Formen und abwechslungsreicher Inhalte auf den Spielplatz gehen. Ich bin schon froh, ein paar Förmchen und etwas zu trinken eingepackt zu haben. Ich habe weder Apfelschnitze noch Reiscracker, aber mein Kind hat glücklicherweise gelernt, sich selbst zu versorgen.

Oft sind es dieselben Kinder, die hier sind, die anderen Mütter kennen meine Tochter also schon. Sie wissen, dass wir von außerhalb kommen, was in diesem Fall bedeutet: von ein paar Straßen weiter, dort, wo die normalen Häuser stehen, ohne Dunstabzugshaube, ohne Fußbodenheizung, ohne Fenster, die so groß sind, dass sie bis zum Boden reichen.

Meine Tochter verfolgt gerade zwei andere Mädchen. Sie durfte ein bisschen was bei ihnen mitessen, nun rennen die zwei vor, meine Tochter hinterher, Richtung Klettergerüst. Wobei Klettergerüst in dem Fall eine klare Untertreibung ist: 15 Meter hoch zieht sich das Gewinde aus dicken Seilen und Holzbalken, dazwischen sind Netze gespannt, auf denen man Pausen einlegen kann. Am Boden, rings um das Gerüst, stehen die Mütter und rufen abwechselnd: »Nicht so hoch, Gosia!« – »Toll, Piotrek!« – »Pass auf, gut festhalten, Matylda!«

Meine Tochter und die zwei anderen Mädchen haben sich in den Sand gesetzt. Die zwei hocken zusammen, machen aber keine Anstalten, meine immer näher rückende Tochter mitspielen zu lassen. Die scheint das nicht zu schrecken. Wenn die Mädchen das Buddelzeug vor ihr verstecken, nimmt sie sich die Schippe dennoch. Nehmen sie ihr die Schippe weg, greift sie nach dem Sieb. Und irgendwann, vielleicht nach zehn Minuten, geben die zwei auf und lassen sie mitspielen. Im Polnischen gibt es einen festen Ausdruck für diese Form der Annäherung, er ist eher negativ konnotiert: *przyczepiać się*, was so viel heißt wie: sich an jemanden anheften.

Ich bewundere meine Tochter für ihren Mut. Ich bewundere sie dafür schon länger, aber noch mehr, seit wir in Polen wohnen. Seit sie an ihrem ersten Tag einfach in die fremde Kita marschierte. Seit es ihr gelang, innerhalb weniger Tage Teil einer Gruppe zu werden, die schon vor ihr bestanden hatte.

Wie selbstständig soll mein Kind sein? Wie viele Regeln, wie viel Kontrolle braucht es? Wie erziehe ich ein Mädchen, wie einen Jungen? Mache ich da überhaupt einen Unterschied? Diese Fragen werden in Polen meist nicht im öffentlichen Gespräch, sondern im Rahmen der Familie verhandelt. Die unterschiedlichen Antworten darauf zeigen auch beim Thema Kindererziehung die Spaltung der Gesellschaft. Und sie werden dort sichtbar, wo Kinder im öffentlichen Raum aufeinandertreffen. In der Kita, auf dem Spielplatz. Oder in der Ballettschule.

»Erste Position. Zweite. Sehr gut. Zosia, bitte den Rücken gerade, Malina, nicht so viel zappeln. Und dritte Position. Und einatmen. Ausatmen. Lächeln.«

Ich sitze mit meinem Buch vor der Tür zum Ballettsaal. Drinnen befolgt meine Tochter die Anweisungen der Lehrerin, sie geht ins Plié, sie hebt die Arme, um dann auf dem Boden ein paar Dehnübungen zu machen. Draußen stehen und sitzen wir Mütter. Das Wartesofa ist immer schnell besetzt, also sitze ich auf dem Boden.

Ab und an höre ich, was sich hinter der Tür abspielt. In der Gruppe meiner Tochter sind 25 Mädchen und drei Lehrerinnen, die sich aufteilen und durch die Reihen laufen, den einen Arm weiter nach hinten führen, das andere Becken gerade richten und viele Beine auswärts drehen. Das weiß ich, weil neulich die Stunde offen war, da durften wir Eltern zuschauen, Fotos machen oder die Kinder filmen. Es gab niemanden, der nicht durch einen Bildschirm auf sein Kind geschaut hat.

Die Lehrerin heißt Ola und ist sehr nett. Sie lächelt viel. Sie kennt jedes Kind mit Namen, und wenn sie mit »den Mädchen« spricht, wie sie sie nennt, beugt sie sich jedes Mal herunter, mit absolut geradem Rücken wie bei einer Verbeugung. Vor Beginn jeder Stunde, wenn die Mütter ihre Kinder angezogen und deren Haare zu einem Dutt hochgezwirbelt haben, ruft Ola: »Los, ihr lieben Mädchen, wir gehen rein! Verabschiedet euch von euren Mamas!«

Den meisten aber fällt das nicht so leicht, schließlich sind sie in dieser Gruppe erst vier bis sechs Jahre alt. Sie klammern sich an ihre Mütter, manche weinen, andere rennen zurück in die Garderobe, weil sie beschlossen haben, dass sie sich diesmal nicht trauen. Mit einem Mädchen spielt sich jedes Mal die gleiche Szene ab. Es möchte ganz offensichtlich nicht zum Ballett, wie ein Esel steht es auf der Schwelle zum Saal und will sich keinen Zentimeter weiterbewegen. Und jedes Mal, wirklich jedes Mal, schubst die Oma, die es bringt, das Mädchen rein und macht schnell die Tür hinter ihm zu.

Wenn gar nichts hilft, kommt auch mal die Chefin der Schule, eine schlanke, blonde Frau, die Pumps trägt und der ein echtes Lächeln nicht so leichtfällt wie Ola. »So, los jetzt, wir wollen anfangen. Nicht weinen, eine Ballerina weint nicht. Eine Ballerina lächelt sogar, wenn sie Schmerzen hat, weißt du?«

Dann befreit sie, wenn es sein muss, ein Kind auch mal etwas unsanft aus den Armen seiner Mutter, die daraufhin ein bisschen erschrocken schaut, aber die Ballettlehrerin wird schon wissen, was sie tut. Die Mütter erinnern sich daran, wie es zuging, als sie jung waren. Dagegen ist die heutige sanfte Grobheit nichts. In Polen gibt es erst seit 2010 ein Gesetz, dass Kinder in Schulen nicht geschlagen werden dürfen.

Bei meiner Tochter und mir ist es andersherum. Sie dreht sich noch nicht mal nach mir um, wenn sie mit ihrer Wasserflasche Richtung Ballettstange losdüst. Während ich mich sogar freuen würde, wenn sie auf all das hier keine Lust mehr hätte.

Ich war dagegen, dass meine Tochter Ballett macht. Zunächst ging sie drei Monate lang zum zeitgenössischen Kindertanz, barfuß, in Schlabberhose. Und drei Monate lang beobachtete sie die anderen Mädchen in der Umkleide, die sich ganz anders anzogen als sie und in den anderen Saal gingen. Dann sagte sie: »Mama, ich will auch so ein Kleid haben. Und diese Schuhe. Wo gehen diese Mädchen hin?«

Zum Ballett also.

»Du musst aber drei Mal hingehen«, das war meine Bedingung. »Und erst wenn es dir danach immer noch gefällt, bekommst du Ballettkleidung, in Ordnung?«

Sie war einverstanden. Und schien glücklich zu sein, trotz schlichtem T-Shirt, Socken und ihrer braunen Jogginghose endlich Pliés machen zu können, Tendues und den Versuch eines Spagats. Ich war skeptisch. Als sie nach dem dritten Mal noch immer begeistert war, kaufte ich ihr ein rosa Kleid, rosa Strumpfhosen, rosa Schläppchen – und blieb skeptisch. Vor allem deshalb, weil ich immer mehr mitbekam, wie Mädchen in diesem Land erzogen werden, was für Frauen sie später werden sollen.

Nicht, dass die Gleichberechtigung nicht auch in Deutschland eine große Baustelle wäre. Aber in Polen, scheint mir, sind die Rollen der Geschlechter noch konservativer und festgefahrener. Auch in liberalen, selbst linken Kreisen sind es fast ausschließlich Mütter, die den Großteil der Erziehung und des Haushalts wuppen.

Selbstverständlich gibt es emanzipierte Frauen in Polen. Es gibt Frauen, die sich gegen Kinder entscheiden, es gibt Familien, in denen sich ausschließlich der Mann um Haus und Kind kümmert, und andere, die versuchen, alle Aufgaben gerecht zu verteilen. Der Anteil der Firmengründungen durch Frauen ist in Polen höher als irgendwo sonst in der EU.

Aber der Normalfall bleibt dieser: Mann und Frau arbeiten, und wenn die beiden Eltern werden, kommen zur Vollzeitstelle der Frau noch Kinder und Putzen und Kochen obendrauf. Eine Beförderung ohne angemessene Entlohnung.

Will ich beispielsweise mein Kind mit einem anderen verabreden, muss ich mich an die Mutter wenden, Väter geben oft gar nicht erst ihre Nummer heraus, denn »darum kümmert sich meine Frau«, sagen sie.

Die Mädchen in der Kita tragen fast alle Einheitslook: meist einen Rock aus Tüll oder einem anderen Stoff, der nach Ballerina oder Prinzessin aussieht, Schleife im Haar, viel Glitzer, Samt und Pailletten. Als meine Tochter noch »die Neue« war, saßen wir eines Morgens in der Garderobe. Ein Vater schimpfte gerade mit seinem Sohn, weil er sie umgestoßen hatte. »Vorsicht, Paweł, rempel doch den Jungen nicht so an.« Ich sah, wie meine Tochter erstarrte, wie ihr das Gesicht gefror. Von dem Tag an wollte sie nur noch Röcke und Kleider tragen.

Interessant ist in diesem Zusammenhang auch, welches Buch polnische Mädchen immer wieder lesen, welche literarische Figur sie so sehr bewundern: *Anne auf Green Gables*. Ein rothaariges, selbstbewusstes Waisenmädchen, das in den Welten ihrer Bücher lebt, studiert und schließlich Autorin und Lehrerin wird.

Eine Frau, die die meiste Zeit ihres Lebens auf sich allein gestellt ist – und dies auch genießt. Die Geschichte der Autorin Lucy Maud Montgomery spielt in Kanada und ist schon über hundert Jahre alt, aber fast jedes Mädchen in Polen kennt Anne und identifiziert sich mit ihr. Nur werden diese Mädchen in den seltensten Fällen erwachsene Annes. Warum?

Die Antwort darauf unterscheidet sich vielleicht nicht groß von der in Deutschland oder anderswo auf der Welt. Und doch gibt es eine polnische Besonderheit: den Mutterkult. Eine Polin ist auch im Jahr 2019 vor allem zu einem bestimmt: Sie soll eine Matka Polka werden. Eine richtige polnische Mutter.

MATKA POLKA

Danzig ist für mich zur Stadt der vertauschten Rollen geworden. Früher, als ich noch ein Kind war, war es der Ort, an dem ich sonntagelang auf dem Sofa lag und las, unterbrochen von meinen Lieblingsgerichten, die wundersamerweise wie von selbst auf dem Tisch landeten, Ausflügen in den Supermarkt, wo ich Karamellbonbons bekam, und Spaziergängen am Strand, um Muscheln zu sammeln. Danzig war die Stadt meiner Kindheit, meiner Oma.

Mittlerweile ist meine Oma tot, und ich bin diejenige, die sich kümmert. Ich putze, räume auf und koche beziehungsweise belege Brote. Denn unsere kleine Küchenzeile ist Teil meines Schlafzimmers, fensterlos und viel zu klein, um dort etwa Zwiebeln anzubraten oder einen Eintopf aufzusetzen.

Ich bin keine besonders gute Köchin. Auch deshalb gehen meine Tochter und ich oft auswärts essen. In Polen kann man das mit Kind sehr gut. In fast jedem Restaurant, egal ob edel oder einfach, gibt es Spielecken für Kinder, mit Malzeug und Brettspielen und Autos und Puppen. Und doch scheint es ungewöhnlich zu sein, dass Mutter und Kind zu zweit essen gehen. Wir werden ständig gefragt, ob der Vater auch noch komme. Und wenn die Kellner sich mit unserer Konstellation arrangiert zu haben scheinen, bleibt ihnen eine Frage, die sie sich nicht zu stellen trauen, auf die Stirn geschrieben: Kann die nicht selber kochen?

Eine polnische Mutter macht so etwas nicht. Bei besonderen Anlässen lässt sie sich bekochen – aber im Alltag? Eine polnische Mutter opfert sich auf, arbeitet, kocht, putzt, eine polnische Mutter ist unverwüstlich. Das besagt der Mythos der Matka Polka, der zurückgeht auf den Marienkult: das Bild der leidenden Mutter Gottes. So soll auch die Mutter auf Erden eine sein, die Moral und christliche Werte verteidigt, die sich dem Wohl der Familie und der Nation verschreibt. Die durchaus auch Karriere machen kann, aber eben obendrauf, zusätzlich zu Haushalt und Kindern. Beata Szydło, die PiS-Politikerin, die es immerhin bis zur Premierministerin geschafft hat, bevor sie 2018 wieder abgesetzt wurde, antwortete auf die Frage, was sie neben ihrem Beruf sonst so tue: »Privat koche und putze ich, ich bin einfach eine glückliche polnische Mutter.«

In dieser Hinsicht sind sich Polen und Italien sehr ähnlich: In beiden (katholischen) Ländern wird die Mutter über alle Maßen verehrt. Im Gegensatz zur deutschen Mutter, die auch Angriffsfläche für Kritik ist, haben die polnische und die italienische immer Recht. Basta.

Das Weibliche ist mütterlich, das Mütterliche weiblich. Und beides ist symbolisch aufgeladen. »Polska« heißt Polen auf Polnisch, ist also weiblich. In der Kirche stehen Männer auf der Kanzel, aber sie predigen: »Heilige Maria, Mutter Gottes, bete für uns.« Die Heiligenbilder, die in polnischen Kirchen hängen, bilden zu siebzig Prozent die Mutter Gottes ab. Eine Studie will sogar herausgefunden haben, dass jedes dritte Kind in Polen eine Ähnlichkeit zwischen der Jungfrau Maria und der eigenen Mutter sieht. Jedes Jahr im August pilgern die Menschen nach Tschenstochau, um das Bildnis der Schwarzen Madonna aus dem 14. Jahrhundert zu sehen. Und wenn die Mutter eine Vormachtstellung genießt, so auch die Großmutter. Sie wird von vielen Polen wie keine andere verehrt.

Problematisch ist der polnische Mutterkult, weil er Frausein und Muttersein gleichsetzt. Und weil er die Väter aus der Verantwortung lässt. Der Vater ist ein Zusatz, der Ernährer und Bespaßer der Familie, einer, der kurz am Wochenende mit dem Kind auf den Spielplatz geht, damit die Mutter endlich ein paar Stunden »für sich« hat – um in dieser Zeit eher Wäsche zu waschen und Einkäufe zu erledigen, als zum Sport zu gehen oder ein Buch zu lesen.

Es gibt in Polen ein altes Sprichwort, das immer wieder bemüht wird und im Grunde alles sagt: »Der Mann ist der Kopf, die Frau ist der Hals.«

Meine polnischen Freundinnen machen Witze darüber. Sie sagen: Der Kopf ist vielleicht starr, der Hals aber ist wendig. Der Hals kann sich in alle Richtungen drehen, und wenn es ihm reicht, wenn er keine Lust mehr hat, dann kann er den Kopf mehrmals kräftig gegen die Wand schlagen, und der Kopf wird schon sehen, wie er plötzlich schlaff herunterhängt, wie abhängig er ist vom Hals. Meine Freundinnen lachen dann, ein wenig zu laut, ein wenig verzweifelt.

Manchmal erzählt eine von ihnen, dass sie jetzt, apropos Hals, mit Mitte dreißig doch tatsächlich ein Doppelkinn bekomme. Könne man da denn gar nichts tun?

Ich erinnere mich, dass auch meine Mutter mich immer wieder ermahnte, meinen Hals lang zu machen, denn ein langer Hals sei schön und weiblich. Ebenso, wie sie mich darauf hinwies, nicht zu große Schritte zu machen, denn große Schritte seien grob und männlich. Intelligenz sei wichtig, betonte meine Mutter. Aber der äußere Eindruck sei bei einer Frau nun mal der erste, und der zähle.

Erst in diesem Jahr begreife ich, dass da nicht einfach nur meine Mutter sprach, sondern auch die Polin in ihr. Vielleicht auch, weiter gefasst, die Osteuropäerin. Allein auf unserem morgendlichen Weg in die Kita passieren meine Tochter und ich acht Schönheitssalons oder Nagelstudios. Auf Plakaten in der Stadt oder Anzeigen in den sozialen Medien wird ständig für plastische Chirurgie und andere Behandlungen geworben. Ich kenne kaum Polinnen, die übergewichtig sind (polnische Männer sind es hingegen sehr wohl). Und ganz wenige, die kein Make-up tragen.

Als meine Tochter und ich im Sommer meine Freundin Natalia besuchten, die in Sopot wohnt, stand ich im Garten in einer Runde von Frauen. Alle sehr gut ausgebildet, die meisten von ihnen Schriftstellerinnen, eine Pädagogin, eine Anwältin. Wir unterhielten uns über das tolle Buffet, das Natalia vorbereitet hatte, ihre Tochter feierte an dem Tag Geburtstag. Und plötzlich fing jede der Frauen an, von ihrer aktuellen Diät zu berichten.

Ich kannte die meisten der Frauen. Ich wusste, dass sie sich als Feministinnen verstehen, dass sie darüber nachdenken, wie sie ihre Töchter und Söhne gleichberechtigt erziehen, dass sie mit ihren Männern Kämpfe um Zeit und Anerkennung ausfechten. Und nun standen sie da, klemmten eine kleine Speckfalte am Bauch zwischen ihre Finger und sagten: »Ich habe echt viel erreicht, aber die hier geht einfach nicht weg.«

Wieder so ein polnischer Widerspruch.

Natalia selbst schnitt in diesem Moment die Torte für ihre Tochter an, sie hatte unsere Unterhaltung nicht mitbekommen. Wir haben uns in Berlin kennengelernt, als sie dort aus ihrem Buch über die Einkaufszentren las. Sie schreibt viel über Gleichberechtigung, über die Wut der Frauen, über Kindererziehung, die in Polen autoritätshörig und patriarchalisch sei. »Die Mutter ist die Vertraute, der Vater das gefürchtete Familienoberhaupt – noch immer«, sagt sie. »Gleichzeitig spielt sich zu viel in der Kleinfamilie ab. Es fehlt die Gemeinschaft, das Vertrauen in die Gemeinschaft, in die Institutionen. Wir polnischen Mütter glauben nach wie vor, nur wir können unser Kind erziehen, die anderen sind dazu da, höchstens mal aufzupassen. Dabei belügen wir uns selbst, denn natürlich bekommen Kinder viel mehr

Einflüsse von außen. Diesen Raum müssen wir öffnen, wir müssen ihn anerkennen.«

Natalia öffnet ihren Raum. Ich kenne keine Polin, die sich so wenig in ihren eigenen vier Wänden, in ihrer Kleinfamilie verschanzt wie sie. Ihr Haus ist immer offen, ständig hat sie Gäste, die unangemeldet vorbeikommen oder, wenn sie schon da sind, einfach länger bleiben.

Natalia ist Schriftstellerin und Musikerin, ihr Mann Komponist. Sie arbeiten beide zu Hause, was das Zusammenleben sicher nicht einfach macht. Sie wohnen im Haus seiner Eltern: 2017 sind sie von Warschau nach Sopot gezogen, er hasste die Hauptstadt, wollte ans Meer, ins Haus seiner Kindheit, das heruntergekommen war und das sie etappenweise renovieren, wann immer gerade Geld da ist.

Ihr Anspruch ist, alles gerecht untereinander aufzuteilen: Arbeit, Erziehung, Haushalt. Die Kinder sind sieben und vier. »Aber am Ende«, sagt Natalia, »bleibt doch das meiste an mir hängen. Ich bin jedenfalls diejenige, die alles im Blick und im Griff hat – und bei drohender Überforderung eben delegiert. Ich weiß, wir Polen schauen ständig und vielleicht zu oft neidisch auf Deutschland. Aber ich habe wirklich das Gefühl, dass ihr da schon viel weiter seid.«

Vielleicht hat sie Recht. So ein Vergleich ist immer eine Frage der Perspektive. Dennoch widersprach ich ihr. Ich widerspreche in diesen Situationen immer. Es stört mich, wenn meine polnischen Freunde ihr westliches Nachbarland als Paradies zeichnen, wenn sie Deutschland verklären. Bei euch leben unterschiedlichste Kulturen zusammen! Ihr dürft abtreiben, ohne große Hindernisse! Ihr pflanzt Blumen auf dem Gehweg, einfach so! Ihr bekommt immer einen Arzttermin! Und euer Döner schmeckt so gut!

Auf diese Jauchzer kann ich nur mit einem müden *Na ja …*

antworten. Außer beim Döner, da haben sie Recht. Der schmeckt in Polen furchtbar.

Es ist ein regnerischer Oktobertag, wir tragen schon Mützen, als ich mit meiner Tochter auf dem Weg in die Kita bin. Wie immer ziehe ich sie etwas hinter mir her, wie immer vergesse ich vor Eile, dass sie kürzere Beine hat als ich. An diesem Tag habe ich einen wichtigen Abendtermin, deshalb wird meine Tochter von meiner Cousine abgeholt, bei der sie auch übernachten soll.

Meine Tochter liebt meine Cousine, die 26 ist – weil sie bei ihr alles darf. Fernsehen, Süßigkeiten essen, schlafen gehen, wann sie will. Und außerdem gibt es dort zwei Katzen: Kluska und Pyza. Ich weiß nicht, ob die Katzen sich unbewusst angepasst haben an ihre Namen, aber sie sehen wirklich aus wie Knödel und Kloß.

In der Kita stelle ich noch schnell eine Vollmacht aus, ohne die und einen Ausweis geben die Erzieherinnen mein Kind niemandem mit. Und dann, wenige Stunden später, ich bin schon bei meinem Termin, schreibt meine Cousine, es tue ihr leid, aber ihre Deadline habe sich nach vorne verschoben. Als selbstständige Grafikerin hat sie die kaum in der Hand. Sie sagt, es würde hinhauen, wenn ich meinen Termin verkürze und meine Tochter gegen 22 Uhr bei ihr abhole, dann würde sie eine Nachtschicht einlegen.

Kurz nach 21 Uhr hetze ich los, ich muss von Gdingen nach Danzig, das kann dauern, also nehme ich ein Taxi. Auf dem Parkplatz vor dem Museum der Auswanderung, in dem ich war, sehe ich ein paar Taxen, aber sie scheinen leer zu sein. Ein paar Meter weiter stehen zwei Männer. Sie sagen, Leszek da hinten, der würde noch fahren. Also laufe ich zu Leszeks Taxi.

Das scheint hier so etwas wie der Pausenhof für Taxifahrer zu sein. Leszek jedenfalls kommt von der Rückbank seines alten Fiats gekrochen, er rollt die Wolldecke zusammen, auf der er lag, streckt sich kurz und setzt sich dann hinters Steuer. Aus den Lautsprechern tönt laut Radio Maryja, der katholische Sender, am Spiegel baumeln zwei Bildchen, eins von Jesus, eins von Karol Wojtyła, »unserem« Papst. Gerade wird ein Gottesdienst live übertragen, ein Priester spricht die Fürbitten. Ich sage, ich habe es eilig. Wir düsen los.

Leszek rast mit 80 Kilometern pro Stunde durch die Stadt und bückt sich dabei übers Lenkrad. Sieht er schlecht? Kurz wünsche ich mir, auch an Gott zu glauben. Als könnte er meine Gedanken lesen, macht Leszek das Radio aus. Vielleicht hat er auch einfach nur gespürt, dass er eine Ungläubige neben sich hat. Ich beobachte ihn heimlich von der Seite. Sein Kinn ist eingefallen, seine Wangen auch, seine Augen kneift er zusammen. Erst jetzt fällt mir auf, wie alt er ist. Müsste er nicht längst in Rente sein?

Ob er in Żabianka halten und dann weiterfahren könne nach Wrzeszcz, frage ich ihn, ich würde nur kurz meine kleine Tochter holen. Ich sehe aus den Augenwinkeln, wie er auf seine Armbanduhr schaut. »Um die Zeit holen Sie Ihre Tochter ab?«

Normalerweise rechtfertige ich mich nicht, aber diesmal trifft mich dieser Satz, weil ich selbst ein schlechtes Gewissen habe. »Ja, es ist spät«, sage ich. »Manchmal arbeite ich eben so lang.«

»Was arbeiten Sie denn so spät?«

Kurz frage ich mich, ob er jetzt unverschämt und anzüglich wird, dann antworte ich: »Ich bin Journalistin.« Ab da ist Ruhe. Schlimmer wäre es vermutlich nur gewesen, wenn ich gesagt hätte, ich sei Politikerin. Dass Leszek, wenn auch zwischen den Zeilen, mein Muttersein kommentiert, ist dagegen eher ungewöhnlich. Denn eigentlich hat die polnische Mutter Autorität. Sie allein weiß, was richtig ist für ihr Kind. Deshalb dreht sich auch niemand nach ihr um, wenn sie auf der Straße mit ihrem

Kind schimpft. Wahrscheinlich spürt Leszek, dass ich ein Wolf im Schafspelz bin: keine richtige Matka Polka.

Als meine Cousine runterkommt, krallt sich meine Tochter an ihr fest, sie brüllt wie am Spieß, sie wolle nicht weg, schreit sie, sie wolle noch bleiben. In drei Fenstern über uns gehen die Lichter an. Ich spüre Leszeks Blicke in meinem Rücken.

Ich weiß, wie meine Tochter sich fühlt. Sie ist müde und will dennoch weiter Filme gucken und Süßes essen, sie will bei ihrer Tante bleiben und nicht nach Hause, wo es all das nicht gibt. Und ich weiß, was Leszek denkt: Diese modernen Mütter. Sie wollen alles auf einmal, und das ist die Quittung.

Ich nehme meine Tochter auf den Arm, flüstere ihr ins Ohr, dass sie zu Hause noch ein kleines Stück Schokolade bekomme, glücklicherweise ist sie so müde, dass sie sich schnell ihrem Schicksal fügt. Auf dem Weg nach Hause schläft sie erschöpft auf meinem Schoß ein.

Und während wir so durch die Nacht fahren, muss ich an den Muttertag denken. In Polen fällt er jedes Jahr auf den 26. Mai, nicht auf den zweiten Sonntag des Monats wie in Deutschland. Meine eigene Mutter rufe ich am deutschen Muttertag an, aber eher aus Höflichkeit – ich weiß, dieser Tag ist ihr wichtig. Ich selbst glaube, er dient vor allem dazu, Mütter auf der ganzen Welt mit Schokolade und Blumen zu betäuben. Ich will keine Schokolade, ich will lieber eine Karriere, gutes Gehalt, faire Arbeitsbedingungen – die es mir erlauben, auch Mutter zu sein.

Am Montag nach dem polnischen Muttertag gab es in der Kita meiner Tochter ein Fest. Den Vatertag hatten sie gleich dazugelegt, obwohl der eigentlich erst einen Monat später war. In der Kita finden oft Feste statt, es gibt überhaupt viel Programm, irgendwas ist immer. Neulich sagte meine Tochter, sie wisse gar nicht, wie das werden soll, wenn sie wieder in eine deutsche Kita gehe, ob sie sich da nicht langweilen würde? Die Feste jedenfalls werden per Aushang angekündigt. Und oft wiederholt sich auf diesen Aushängen ein Satz: Man, also die Mutter, solle das Kind doch bitte »po elegancku« anziehen.

»Elegant« ist eines der wenigen Wörter, die meine Tochter nur auf Polnisch kennt. Sie hat es erst mit vier Jahren zum ersten Mal gehört: in Polen. Hier hört sie es ständig, »ale elegancko«, rufen Erzieherinnen, Mütter, Verkäuferinnen, wenn sie ein hübsches Kleid anhat. Meine Tochter strahlt dann immer, manchmal macht sie sogar eine kleine Drehung.

Etwas Elegantes also. Nur war es an jenem Montag im Mai schon am Morgen so warm, dass ich ihr einfach ihr liebstes Sommerkleid anzog, schulterfrei, rosa, mit Erdbeeren drauf. Als wir in der Kita ankamen, schaute die Erzieherin an meinem Kind herunter, um ein Lächeln bemüht. »Haben Sie, was sie nachher anziehen soll, in die Garderobe gehängt?«, fragte sie mich. Die meisten Mütter brachten nämlich, wie ich nun herausfand, das elegante Kostüm in einem kleinen Kleidersack mit Bügel mit, damit das Kind es später anziehen konnte und nichts dreckig war und nichts zerknittert. »Nein«, sagte ich, »sie hat ihr Kleid ja schon an.«

Ich sah, wie die Erzieherin mit sich haderte, wie sie sich bemühte, weiterhin freundlich zu sein zu dieser Mutter, die es anscheinend einfach nicht verstehen wollte. Sie nahm mich zur Seite. »Haben Sie wirklich nichts Elegantes zu Hause für das Mädchen? Später werden alle anderen schick sein, das wäre doch traurig für sie, meinen Sie nicht?«

»Ich weiß nicht«, sagte ich und wusste es wirklich nicht. »Das mit den Erdbeeren ist eigentlich ihr Lieblingskleid. Und es ist doch so warm heute.«

Zehn Minuten später stand ich im nächstgelegenen Einkaufszentrum bei Zara und ging die Kleidchen durch. Was hieß das denn überhaupt, elegant? Musste es Seide sein, mit Schleifchen?

Oder reichte auch weiße Baumwolle mit Lochmuster? Ich war unsicher, griff zu Letzterem, vielleicht, dachte ich, könnte sie es ja noch bei irgendeiner Hochzeit anziehen, bis sie dann sehr bald eh rauswachsen würde. Ich rannte zurück, legte meiner Tochter das Kleid ins Fach und ging arbeiten.

Nachmittags, als ich zum Fest wiederkam, sah ich überall Jungs, die aussahen wie kleine Männer, mit Krawatten und Sakkos. Die Mädchen trugen Strumpfhosen, Lackschuhe und Schleifen im Haar. Die meisten hatten auch Schweißperlen auf der Stirn. Ich setzte mich auf einen der Ministühle und suchte den Raum ab. Da war sie. Meine Tochter stand neben ihrer Freundin, winkte mir zu und lachte. Sie hatte ihr Erdbeerkleid an.

Als die Kinder anfingen zu singen, »Du, Mama, bist mein Schatz, ich liebe dich mit aller Kraft, du bist alles, was ich habe, und dir allein gebe ich alles«, und ich sah, wie meine Tochter aus vollem Halse mitsang, kämpfte ich plötzlich mit den Tränen. Nicht wegen des kitschigen Liedes, sondern weil ich so stolz war auf dieses Kind, das in einem fremden Land so gut angekommen war und sich dennoch nicht verbog. Das sich in Zukunft das Beste aus beiden Welten aussuchen kann, und wenn es will, singt es eben polnische Lieder.

Das Lied für die Mütter war voller Superlative, die Mutter war die Beste, Tollste, Schönste, sie war nicht zu toppen. Was also blieb für den Vater? Der bekam eine Uptempo-Nummer. Ein Vater bedeutet: Spaß. Die Kinder sangen, dass sie sich nie mit ihm langweilen, dass sie wissen, wie sehr er sie mag, dass sie etwas mit Papa unternehmen wollen. Mit ihm sei es lustig, ohne ihn traurig, und dann erhoben sie ihren Zeigefinger, als sie ihm entgegenbrüllten: »Verlass uns nicht, niemals!«

Die Mutter ist das Gefühl, der sichere Hafen. Der Vater die Aktion, das Schiff, das jederzeit in See stechen kann.

Das sind die Rollenbilder, die Mädchen und Jungen in der Kita vermittelt bekommen. Die meisten polnischen Frauen arbeiten zwar, aber zunehmend weniger. Ja, es gibt Familien, die dank des neuen Kindergeldes zum ersten Mal in den Urlaub fahren konnten. Aber es gibt auch Frauen, die nun – vor allem, wenn sie drei oder mehr Kinder haben – vermehrt zu Hause bleiben. 100 000 von sieben Millionen arbeitsfähigen Frauen sollen bereits ihre Arbeit aufgegeben haben.

Und der Mann? Bleibt Ernährer. Die Zeiten sind vorbei, in denen er stolz darauf sein konnte, nicht zu wissen, wie man ein Ei brät, aber wirklich peinlich muss es ihm immer noch nicht sein. Er kann dann sein verschmitztes Jungenlächeln aufsetzen, mit den Schultern zucken und sagen: Was soll ich machen? Meine Frau kann es einfach besser.

Mein Cousin ist so ein Mann. Wenn wir zu ihm und seiner Familie zum Essen kommen, kocht seine Frau. Mein Cousin schnippelt noch nicht mal Gemüse. Betont aber jedes Mal, er würde am Wochenende seiner Familie Frühstück machen.

Er lebt mit Frau und drei Kindern in einer der beliebten polnischen Gated Communities auf 70 Quadratmetern. Es ist eng. Die Kinder bewohnen zwei kleine Zimmer, die Eltern klappen sich zum Schlafen die Wohnzimmercouch aus. Die Hypothek war teuer. Aber den Traum von einer Eigentumswohnung in Danzig haben sie sich erfüllt. Die Bahnstation, die für das Viertel neu gebaut wurde, liegt in Fußnähe, der große Auchan-Supermarkt ist auch nicht weit. Mein Cousin und seine Frau sind schon während des Studiums Eltern einer Tochter geworden. Ein paar Jahre später kamen dann noch zwei Söhne.

Und obwohl sie Familie und Jobs haben (er arbeitet bei einer Behörde der Stadt, sie bei der Bank), gehen sie regelmäßig miteinander aus. Ungewöhnlich oft, jedenfalls öfter als die deutschen Eltern, die ich so kenne, mich eingeschlossen. Sie gehen in Konzerte, manchmal ins Theater oder ins Kino. Die Regelmäßigkeit, die Selbstverständlichkeit, mit der sie diese Abende planen, ist mir gleich aufgefallen. Wie mir überhaupt auffällt, dass Paare in Polen irgendwie sichtbarer sind als in Deutschland. Jedenfalls die, die in heterosexuellen Beziehungen leben. Auf der Straße, in Cafés oder Supermärkten kann man beobachten, wie sich Paare in den Arm nehmen, an den Händen halten oder küssen. Junge wie Alte übrigens.

Liegt das daran, dass polnische Ehen oftmals traditioneller geführt werden als deutsche? Dass dort die Aufgaben trotz kleiner Veränderungen noch immer sehr klar verteilt sind, nämlich ungleich? Die Forschung legt das nahe. Partnerschaften mit traditionelleren Rollenbildern funktionierten reibungsloser, heißt es, weil beide Partner um ihre Aufgaben wissen und sie nicht ständig aushandeln müssen.

Auch wenn das stimmen sollte: Für die polnische Mutter macht es das Leben nicht unbedingt leichter. Vor allem, wenn sie sich dagegen entscheidet, überhaupt Mutter zu werden. Der Zugang zu Verhütungsmitteln ist erschwert, vor allem auf dem Land, das Abtreibungsgesetz eines der strengsten in Europa.

Und die PiS versucht immer wieder, dieses Gesetz noch zu verschärfen. »Wir wollen dahin kommen, dass auch die Fälle einer schwierigen Schwangerschaft, in denen das Kind nicht lebensfähig ist oder schwer behindert, mit einer Geburt enden, damit man dieses Kind taufen und begraben kann, damit es einen Namen hat«, sagte Jarosław Kaczyński. Eine Bürgerinitiative mit bereits 800 000 Unterzeichnern unterstützt sein Anliegen: Sie will auch die Abtreibung von missgebildeten Föten verbieten.

Die Matka Polka also hat alles im Griff: Kind und Karriere, den Kuchen im Ofen, die perfekt lackierten Fingernägel und den Zahltag der Kitagebühr. Und wenn sie ein totgeweihtes Kind gebären soll, dann tut sie auch das. Sie ist streng, und eines ist sie niemals: faul. Muttersein in Polen ist eine olympische Disziplin.

Wer sich als Ausländer ein paar Minuten auf einem polnischen Spielplatz aufhält, könnte meinen, der beliebteste Name in Polen sei »Uważaj«. Die Mütter rufen es ständig: Pass auf! Sie sitzen auf ihren Bänken und brüllen in Imperativen. Lass das, hör auf, bleib stehen, sei leise! Wein nicht, sei nett, sei artig, vertrag dich wieder! Räum das auf und mach sauber!

Auch ich bin viel zu oft eine wandelnde Imperativ-Maschine am Rande der Überforderung. Dabei ist dieses Jahr in Polen ein besonderes für uns beide, meine Tochter und mich. Es ist, als würden wir uns erst jetzt so richtig kennenlernen. Wir sind nicht nur Mutter und Kind, wir sind auch ein Team geworden. Wir stellen uns Fragen, auf die wir beide keine Antworten haben. Wir probieren uns durch den Marktstand mit den besten Pierogi und stellen fest, dass die Markteier tatsächlich besser sind als die aus dem Supermarkt (»irgendwie gelber«, sagt meine Tochter). Wir teilen zwei Sprachen miteinander und mischen sie munter, und wenn wir ein Wort nicht wissen, dann soll ich »doch einfach im Handy nachschauen«.

Wir entwickeln Rituale, die wir in Deutschland nie hatten. Weil unsere Wohnung so klein ist und Küche und Bad direkt nebeneinanderliegen, unterhalten wir uns durch die offene Tür, wenn ich doch einmal koche und sie in der Wanne sitzt. »Ich habe Hunger«, ruft sie dann manchmal, und weil wir so viel allein sind und sie sich so wacker schlägt, lege ich die strenge polnische Mutter ab und mache eine Ausnahme. Ich füttere sie. Mit Chips, einem Stück Hühnchen, ich weiß nicht, warum sie es so liebt, nackt im Wasser zu sitzen und zu essen. »In der Wanne schmeckt es einfach am besten«, sagt sie. »Wollen wir die Spaghetti hier essen?«

HIMMEL UND HÖLLE

Unser Jahr in Polen hielt für meine Tochter ein weiteres erstes Mal bereit: Zum ersten Mal in ihrem Leben hörte sie von Jesus.

In der Kita gibt es Religionsunterricht. Und ich muss gestehen, ich bekam es zunächst gar nicht mit. Wir kamen mitten im Schuljahr an, das Wochenprogramm der Bienen-Gruppe war den anderen Eltern bereits mitgeteilt worden, die Erzieherin erzählte etwas von Gymnastik und Tanz und fragte, ob meine Tochter am Englischunterricht teilnehmen wolle. Aber vielleicht hatte ich auch einfach nicht richtig zugehört, als sie den Priester erwähnte, der jeden Montagmorgen die Kinder besucht.

Ich fahre Fahrrad, meine Tochter hinten drauf, es wird langsam kalt in Danzig. Der Wind bläst uns um die Ohren, die Luft sticht schon ein bisschen im Gesicht, ich höre zunächst gar nicht, dass meine Tochter leise vor sich hin singt. Dann dringen doch die zwei Wörter zu mir durch. »Pana Jezusa, Pana Jezusa«, das singt sie immer wieder.

Ich erinnere mich nicht, wann ich zum letzten Mal gebetet habe. Als Kind liebte ich die Kirche, das Zeremonielle, Festliche der Gottesdienste, die schicken Kleidchen, die wir Kinder sonntags trugen, und später, schon in Deutschland, den Kirchenchor, in dem ich meine ersten Freund- und später Liebschaften fand.

Meinen Bruch mit der Kirche kann man in einem Satz zusammenfassen: Seit ich weiß, dass im Namen der Religion Menschen starben und sterben und Kinder missbraucht wurden und werden, gehe ich nicht mehr hin. Als ich anfing, Steuern zu zahlen, trat ich auch offiziell aus der Kirche aus. Die einzige Gelegenheit, bei der ich in den vergangenen zehn Jahren die Hände vor der Brust zusammenlegte, war beim Yoga – und nein, das ist keine Ersatzreligion für mich. Wenn ich an etwas glaube, dann an die Liebe und die Vernunft.

Meine Tochter war bisher noch nicht in der Kirche, sie sagt aber, sie will dahin, solange wir in Danzig sind. Ich sage: »Hm.« Den Religionsunterricht in der Kirche liebt sie. Sie hört dort Geschichten und singt Lieder, manchmal soll sie den Himmel malen. Und wenn ich frage, wie der Mann denn so sei, der da zu ihnen komme, meint sie: »Total nett!«

Ein nichtkatholischer Pole ist nur ein halber Pole. Und Religion in Kitas und Schulen keine Option, sondern die Regel. Polen ist noch immer das katholischste Land in Europa – trotz zunehmender Säkularisierung. Das hat 2018 das Pew-Forschungszentrum in Washington herausgefunden. Demnach geben 87 Prozent der Polen an, dem Katholizismus anzugehören, an zweiter Stelle stehen die Italiener mit 78 Prozent. 44 Prozent der Katholiken in Mittel- und Osteuropa, heißt es, gehen mindestens einmal im Monat in die Kirche, mehr als ein Drittel betet jeden Tag. Im Westen tun dies nur 13 Prozent.

Das sind die offiziellen Zahlen. Wie sich diese ändern würden, müssten die Polen Kirchensteuer zahlen, würden sie ihre Religionszugehörigkeit also jeden Monat im Portemonnaie spüren, das wissen wir nicht. Eine Kirchensteuer gibt es hier nicht.

Kurz hatte ich überlegt, meine Tochter nicht am Religionsunterricht teilnehmen zu lassen. Sie wäre dann die Einzige, die sich in dieser Zeit unter Aufsicht einer Erzieherin allein beschäftigen müsste, während der Priester im anderen Raum mit den anderen Kindern Lieder singt. Der singende Priester schien mir da das kleinere Übel.

Vielleicht war das ein Fehler.

»Was habt ihr heute in Religion gemacht?«

»Wir haben über Jesus gesprochen. Dass er Menschen gesund machen konnte.«

»Was habt ihr heute in Religion gemacht?«

»Wir haben über Maria gesprochen. Dass sie die schönste Frau der Welt ist. Und dass sie Jesus bekommen hat. Von Gott.«

»Was habt ihr heute in Religion gemacht?«

»Wir haben über den Himmel gesprochen. Dass es dort sehr schön ist und wir brav sein müssen, damit wir da auch hinkommen.«

»Was habt ihr heute in Religion gemacht?«

»Wir haben über die Hölle gesprochen. Dass die unter der Erde ist. Und da die Bösen hinkommen. Aber ich komme da doch nicht hin, oder Mama?«

Irgendwann fing ich an, bei meinem Kind leise Zweifel zu säen. »Du weißt aber, dass nicht alle Menschen an das glauben, was der Priester erzählt, oder?«

»Wer denn nicht?«

»Viele. Es gibt ja verschiedene Religionen, in denen die Menschen an ganz unterschiedliche Dinge glauben. Und dann gibt es Menschen, die an Religionen gar nicht glauben.«

»Findest du Religion blöd?«

Gute Frage, fiese Frage.

»Ja, ich finde Religion schwierig. Weil Menschen dann manchmal keine eigenen Entscheidungen mehr treffen, wenn sie glauben. Weil es in Religionen so viele Regeln gibt. Und weil sich die Menschen darüber streiten, welche Religion die richtige und beste ist. Aber wenn dir die Geschichten gefallen, die der Priester erzählt, ist es ja in Ordnung.«

»Sie sind ein bisschen wie Märchen, findest du nicht?«

Märchen, dachte ich. Märchen sind gut.

Bei dem ersten Elternabend wurde dann doch der Religionsunterricht angesprochen. Eine Mutter wollte wissen, ob denn der Priester allein mit den Kindern sei. Alle im Saal nickten. »Das wollte ich auch schon die ganze Zeit fragen«, sagte ein Vater. Die

Erzieherinnen schauten einander an. »Wir versichern Ihnen, eine von uns ist immer dabei.« Und ohne dass ausgesprochen oder gar vertieft wurde, warum die Eltern ihre Kinder nicht allein mit einem Priester wissen wollen, war die Erleichterung im ganzen Saal zu spüren.

Diesen Punkt hatte ich meiner Tochter gegenüber nicht erwähnt, als sie mich fragte, was mich an Religionen stört. Dass es auch Menschen gibt, die andere, schwächere Menschen im Namen der Religion ausnutzen und ihnen wehtun. Einerseits: Wenn ich sie vor dem fremden Mann auf der Straße nicht warnen will, warum sollte ich es bei dem Priester tun? Andererseits: Warum verhalten sich die Institutionen, in dem Fall die Kita, bei diesem Thema so unheimlich still? Das Wort Pädophilie fällt nicht, schnell sprechen wir über das nächste Fest, das ansteht.

Erst kürzlich deckte eine Reporterin der *Gazeta Wyborcza* auf, dass eine ehemalige Leitfigur der antikommunistischen Opposition sich an Kindern vergangen hatte: der Danziger Priester Henryk Jankowski. Und dann wird Mitte Mai 2019 ein Dokumentarfilm auf YouTube veröffentlicht, der die Strukturen des Missbrauchs in der polnischen Kirche aufdeckt. So brutal, so unmissverständlich, dass der Film innerhalb einer Woche über 20 Millionen Mal angeklickt wird.

Die polnische Kirche ist längst zum politischen Player geworden. 2015 hat sie maßgeblich zum Wahlsieg der PiS beigetragen, der katholische Sender Radio Maryja sprach eine klare Wahlempfehlung aus. Seit die PiS an der Macht ist, verklagt die Kirche Theaterregisseure, wenn deren Inszenierungen auch nur annähernd blasphemisch sind. Sie hetzt gegen Schwule, Lesben und Transmenschen. Und sie fährt eine drastische Kampagne gegen Verhütung und Abtreibung.

Es gibt in Polen kaum eine größere Vertrauens- und Autoritätsperson als den Priester. Die Autorität der Kirche geht sogar so weit, dass Priester und Bischöfe regelmäßig in den Abendnachrichten ihre Meinung kundtun dürfen – zu so unterschiedlichen Themen wie Kultur, Politik oder Umweltschutz. Und sie sitzen an wichtigen Schalthebeln der Gesellschaft, wie etwa in der Jury des berühmten »Nike«-Literaturpreises.

In jedem größeren Supermarkt kann man Kinderbibeln kaufen und Pralinen zu Erstkommunion oder Firmung. An fast jeder polnischen Wohnungstür steht mit Kreide die Inschrift der Sternsinger »C + M + B«, plus das dazugehörige Jahr. Und drinnen finden sich mindestens drei Insignien der Kirche: ein Kreuz, ein Bild der Madonna und selbstverständlich ein Bild von Karol Wojtyła.

Die Kirche hat eine traditionell starke Stellung in der polnischen Gesellschaft. Das hat drei Gründe.

Es war auch die polnische Kirche, die aktiv den Kommunismus bekämpfte. Im Gegenzug wurde sie vom Regime unterdrückt. Priester durften Kasernen und Schulen nicht betreten, Neubauten von Kirchen wurden verhindert oder gebremst. Für die Kommunisten stand Religion für Fanatismus und Rückständigkeit. Die große Mehrheit der Polen aber sah in dem Angriff auf die Kirche einen Angriff auf ihre nationale Identität. Dieses geteilte Leid, das Volk und Kirche unter den Kommunisten erlitten, schuf eine Verbindung, die bis heute spürbar ist.

Zudem war es die polnische Kirche, die nach dem Zweiten Weltkrieg erste Annäherungsversuche an die Deutschen unternahm. Für das kommunistische Regime war das ein Skandal. »Wir vergeben und bitten um Vergebung«, so lautete der berühmte Satz, den die polnischen Bischöfe 1965 in einem Schreiben an ihre deutschen Kollegen formulierten. Der Brief trug maßgeblich zur deutsch-polnischen Versöhnung bei und war ein Meisterwerk der Diplomatie. Nur: Die Kirche hatte im

Namen der Nation gesprochen, ohne sich mit den kommunistischen Machthabern abzusprechen. Die reagierten auf diesen Vorstoß gereizt. Sie warfen der Kirche mangelnden Patriotismus und prodeutsche Tendenzen vor.

Und dann wurden die Polen auch noch Papst, 1978. Kardinal Karol Wojtyła, damals 58 Jahre alt, wurde das erste nichtitalienische Oberhaupt der katholischen Kirche seit mehr als vier Jahrhunderten. Für viele Polen war er von da an so etwas wie der zweite Mann im Staat. Der Menge in Rom stellte er sich als Papst »aus einem fernen Land« vor. Wojtyła hatte als junger Erwachsener in Krakau unter der deutschen Besatzung gelitten. Er musste in einem Steinbruch arbeiten und wurde von einem Lastwagen der Wehrmacht angefahren.

Menschen, die dabei waren, als er ein Jahr nach seiner Wahl zum Papst seine Heimat besuchte, bekommen große Augen, wenn sie davon erzählen. Was für ein Wind der Freiheit da durchs Land ging! Wie viele Millionen zu seinen Messen kamen! Wojtyła sprach von der Würde des Menschen, er sprach von der Einheit Europas, obwohl der Kontinent damals noch geteilt war. Er erinnerte an den Warschauer Aufstand und das Warschauer Ghetto. Vielen gilt er noch heute als Prophet, weil er folgende Worte ans Ende seiner Predigt setzte: »Dein Geist komme! Dein Geist komme! Und er möge das Antlitz der Erde erneuern. Dieser Erde.«

Ziemia kann im Polnischen zweierlei heißen: Erde – und Land.

Es war also kein Wunder, dass seine Rede zu neuem Selbstbewusstsein bei den Polen führte: Ein Jahr später begann der erste Streik auf der Danziger Werft. Und als 1984 auch noch der charismatische Priester Jerzy Popiełuszko aufgrund seiner oppositionellen Arbeit ermordet wurde, brach sich endgültig eine revolutionäre Energie Bahn. Die kommunistischen Machthaber waren gezwungen, einen Prozess gegen die Männer zu führen, die sie selbst als Mörder beauftragt hatten. Zwei Geheimdienstfunktionäre wurden wegen Mordes zu langen Haftstrafen verurteilt.

»Was habt ihr heute in Religion gemacht?«

»Wir haben wieder über Jesus gesprochen. Aber wir hatten Fragen. Und der Priester konnte nicht alle beantworten.«

»Welche denn nicht?«

»Na, wir wollten zum Beispiel wissen, wie er denn die Menschen gesund gemacht hat. Und er konnte auch Wasser verhexen zum Beispiel. Wie hat er das gemacht? Das habe ich nicht verstanden. Kannst du mir das erklären, Mama?«

EINE KATHOLISCHE JÜDIN

Ich sitze wieder im Zug, diesmal nach Warschau. Eigentlich ist noch Herbst, aber es hat schon geschneit in der Nacht. Ich schaue aus dem Fenster. Die Sonne, die auf den Schnee fällt, schmerzt, also schließe ich die Augen. Ich weiß, wie stark der Katholizismus ist in Polen, wie verpönt bei vielen der Islam. Aber was ist mit dem Judentum? Wie viele Juden gibt es überhaupt noch in Polen? Und wie geht es ihnen in diesem Land, das einmal ihre größte Heimstätte war in Europa? In Warschau will ich Wiktoria Grzybowska treffen. Eine junge Jüdin, deren Großmutter eine unglaubliche Geschichte erlebt hat.

Wiktoria begrüßt mich, wir geben uns die Hand. Dann sagt sie: »Komm, hier entlang.« Ihre Schritte klingen dumpf auf dem weißen Flockenteppich. Sie nimmt die erste Gasse rechts, dann links, dann bleibt sie stehen. Oder noch mal nach rechts? »Sorry«, sagt sie, »hier verlaufe ich mich immer.« Dann hat sie es gefunden und steht einfach nur da. Sie bekreuzigt sich nicht, sie kniet nicht nieder. Eine 22-Jährige vor dem Grab ihrer Urgroßmutter.

Als das große Wunder über ihre Familie kam, vor genau zwanzig Jahren, da war sie erst zwei Jahre alt, sie bekam es gar nicht mit: Ihre Oma Teresa traf ihre Schwester Ewa wieder, von deren Existenz sie gar nichts mehr wusste, mehr als ein halbes Jahrhundert nachdem sie einander als kleine Mädchen verloren hatten. Mit dem Wunder kam auch ein Schock: Teresa war nicht katholisch. Sie war Jüdin.

»Ich bin mit dieser Geschichte aufgewachsen«, sagt Wiktoria. »Und ich bin jung, Teil einer neuen Generation. Für uns ist es kein Schock mehr, jüdisch zu sein, ganz im Gegenteil.«

Wiktoria bekommt beim Sprechen oft rote Wangen, sie spricht ein bisschen, als würde man eine CD in doppelter Geschwindigkeit abspielen. Ihre kinnlangen blonden Haare muss sie sich immer wieder hinters Ohr stecken, sie gestikuliert viel, manchmal zieht sie an ihrem Nasenring. Wiktoria gehört zu den jungen Polen, die jüdische Kultur zu neuem Leben erwecken.

Heute weiß man, dass es etwa 5000 jüdische Kinder waren, die in Polen der Verfolgung durch die Nazis entkamen. Vor dem Krieg waren sie etwa eine Million gewesen. Wer überlebte, hatte sich entweder versteckt, in Klöstern, Wäldern, Kellern, oder war von polnischen Familien aufgenommen worden.

Manche dieser Kinder wussten nach ihrer Rettung weder, wie sie hießen, noch, wann genau sie geboren worden waren. Viele kannten auch nicht ihre Religionszugehörigkeit. Einige von ihnen leben noch – über die ganze Welt verstreut. Sie sind in einem Verein organisiert, der sich »Kinder des Holocaust« nennt. Diejenigen, die in Polen leben, treffen sich jedes Jahr an einem Maiwochenende in Warschau. Zwei bis drei Tage, an denen sie ihr Jüdischsein leben. Ihr polnischer Alltag bleibt katholisch. Nie würden sie ihren Nachbarn verraten, welche Religion sie wirklich haben. Dafür haben sie zu viel erlebt.

Wiktoria zieht ihren schwarzen Daunenmantel zu, breit wie ein Schlafsack, und geht in die Hocke. Sie befreit den Grabstein vom Schnee, nun ist der Name lesbar: Zofia Misiaszek, geboren am 15. Januar 1909, gestorben am 2. Dezember 1952. Ihre Urgroßmutter.

Wiktoria kommt nicht oft hierher, auf den Powązki-Friedhof im Norden Warschaus. »Er liegt zu weit weg von meiner Wohnung, meinem Leben, meiner Gegenwart. Aber ich weiß, dass unsere Familiengeschichte wichtig ist. Deshalb erzähle ich sie immer wieder.«

Wie so viele Familiengeschichten, die im Krieg begannen, besteht auch diese aus Fetzen: ein kompliziertes Patchwork aus alten und neuen Eltern, Adoptivkindern und vergessenen Geschwistern.

Es ist das Jahr 1941, als die Deutschen in Lemberg einmarschieren. Eine Stadt, die immer wieder eine neue Identität verpasst bekam: Erst war sie polnisch und hieß Lwów, dann wurde sie das deutsche Lemberg, heute liegt sie in der Ukraine und nennt sich Lwiw.

In dieser Stadt wohnt, zwei Jahre nach dem Ausbruch des Zweiten Weltkriegs, eine ganz normale jüdische Familie. Vater, Mutter, zwei Töchter. Als die Nazis ein Ghetto errichten, in das alle Juden ziehen sollen, beschließt die Familie, sich zu trennen: Der Vater soll in das Ghetto ziehen, die Mutter Zofia will versuchen, sich und die beiden Kinder zu retten. Die eine, Ewa, zwei Jahre, spricht schon etwas Jiddisch, und mit ihren dunklen Haaren, sagen manche, sieht sie auch etwas jüdisch aus. Die Mutter bringt sie zu einer polnischen Freundin und versteckt sie dort.

Die andere, Helena, knapp sechs Monate alt, ist blond und blauäugig wie ihre Mutter. Vielleicht, denkt die, kann sie als Findelkind überleben. Sie legt das Baby in einem Korb vor ein Kinderheim. Dieses Baby ist Wiktorias Oma.

Die Mutter gibt sich selbst als Polin aus und arbeitet fortan für eine deutsche Familie als Haushälterin. Ihren Mann besucht sie heimlich und regelmäßig im Ghetto. Bis er eines Tages von einem SS-Offizier erschossen wird, vor ihren Augen.

Zur selben Zeit geht in Lemberg die Nachricht um, dass das Kinderheim dringend Hilfe brauche. Es gebe weit mehr Waisenkinder als sonst, ob es nicht auch Familien gebe, die sie aufnehmen könnten? Alle wissen, dass es sich um jüdische Kinder handelt, aber keiner spricht davon. Alle wissen auch: Wer Juden hilft, dem droht die Todesstrafe. Eines Tages kommt ein Ehepaar ins

Heim, das selbst keine Kinder bekommen kann. Sie nehmen ein blondes, blauäugiges Mädchen zu sich. Es hat keine Geburtsurkunde, keine Papiere. Sie schätzen sein Alter auf 18 Monate, sie geben ihm den Namen Teresa und lassen es taufen. Als Geburtsdatum tragen sie den 16. Mai 1941 ein.

Und so wird Helena zu Teresa, und eine Jüdin wird katholisch. Wiktorias Großmutter war damals zu klein, um sich später zu erinnern, sie vergaß also auch, dass sie eine große Schwester hat. Stattdessen wächst sie in einer polnischen, katholischen Familie auf. Sie lernt beten, sie geht in die Kirche, mit acht Jahren bekommt sie zum ersten Mal eine weiße Oblate in den Mund gelegt – die Erstkommunion. Dann endet der Krieg. Und ihre Eltern beginnen plötzlich, von einem Ort zum nächsten zu ziehen. Als seien sie auf der Flucht. Sie ziehen vom Osten in den Westen, in die Gebiete, die als »wiedergewonnen« gelten, nahe der heutigen deutschen Grenze also. Auch das ahnt Teresa nicht: Was ihre Eltern treibt, ist die Angst. Es geht das Gerücht um, dass jetzt, da der Krieg vorbei ist, sich von überall her jüdische Mütter aufmachen, um ihre Kinder zurückzuholen.

Es gab nicht nur Privatpersonen, die Juden retteten. Manchmal steckte dahinter ein regelrechtes System. Die bekannteste Person, die systematisch Kinder vor dem Holocaust bewahrte, war wohl Irena Sendler. In Polen kennt sie jeder. »Sendlers Liste« ist auch weit länger als die von Oskar Schindler: Sie soll 2500 Kindern das Leben gerettet haben, indem sie sie aus dem Warschauer Ghetto befreite – versteckt in Feuerwehrautos und Krankenwagen, geführt durch Keller und Abwasserkanäle.

»Es gibt so viele Abhandlungen über Krieg, Besatzung, Vernichtung«, schrieb Irena Sendler einmal. »Nirgendwo habe ich jedoch eine Schilderung des immensen Leids der Mütter gefunden, die sich von ihren Kindern trennten, und der Kinder, die in fremde Hände gegeben wurden. Nichts ist schwerer für eine

Mutter zu ertragen, als sich von ihrem Kind zu trennen. Diese armen Frauen mussten sich über ihren eigenen Widerstand sowie den Widerstand ihrer Familien hinwegsetzen.«

Für Ewa, die Brünette, ist der Krieg traumatischer verlaufen als für die blonde Teresa. Immer wieder sind SS-Offiziere zu ihrem Haus gekommen und haben ihre Mutter oder die Frau, die sie für ihre Mutter hielt, gefragt, wer denn dieses dunkelhaarige Kind sei, das im Garten spiele. Ihre »Kriegsmutter«, wie Ewa sie später nennen sollte, brüllte die Offiziere an: »Wie bitte? Das soll nicht mein Kind sein? Prüft es doch nach, wenn ihr mir nicht glaubt!« Danach sperrte sie Ewa in ihrem Zimmer ein. Sie wollte kein Risiko mehr eingehen.

Dann ist der Krieg vorbei. Und eines Tages steht eine fremde Frau vor Ewa. Sie sagt, sie heiße Zofia und sei ihre Mutter, sie wolle sie wieder zu sich nehmen. Ewa tritt um sich, schreit, tobt. Ihre Mutter steht doch hinter ihr, hat ihr morgens das Frühstück gemacht und ihre Zöpfe geflochten! Doch ihre Mutter, die in Wirklichkeit ja nur Zofias Freundin ist, sagt nichts. Ewa muss mit der fremden Frau mitgehen. Zusammen ziehen sie nach Kattowitz. Die zweite Tochter findet die Mutter nicht mehr. Ihre Spur hat sich verloren, das Kinderheim in Lemberg kann ihr nicht weiterhelfen. Die Mutter wird ihre Tochter nie wiedersehen. Dafür erzählt sie Ewa von ihr, immer wieder. Und als Ewa eine Puppe geschenkt bekommt, gibt sie ihr den Namen Helena, so wie ihre Schwester geheißen hatte.

Zofia heiratet neu, einen Mann, der Mitglied der Partei ist. Aus diesem Grund wird sie später auf diesem Militärfriedhof begraben werden, auf dem auch General Wojciech Jaruzelski liegt, und nicht auf einem jüdischen.

Polen steht nach dem Krieg unter der Vorherrschaft der Sowjetunion. Und Ewa ist ein typisches Nachkriegskind: Immer wieder geht sie in den Keller und schöpft von den Milchfässern den Rahm ab, so lange, bis ihr schlecht wird. Was ich gegessen habe, kann mir keiner mehr nehmen, denkt sie.

Ein paar Jahre nach dem Krieg unternimmt die blonde Teresa mit der Schule einen Ausflug. Sie läuft durch ein Tor, auf dem »Arbeit macht frei« steht, und Teresa fällt auf, dass der Buchstabe »b« auf dem Kopf steht. Sie sieht Berge von Schuhen, Brillen, Puppen. Ihr wird schlecht dabei.

Sie hat keine Ahnung, dass sie Jüdin ist, dass sie und ihre Puppe auch dort hätten landen können. Manchmal wundert sie sich, dass ihre Mutter so viel älter ist und keine Ähnlichkeit mit ihr hat. Einmal sagt eine Frau zu ihr: »Deine Eltern passen deshalb so gut auf dich auf, weil du nicht ihre richtige Tochter bist.« Sie versteht diesen Satz nicht. Immer wieder denkt sie darüber nach, was das heißen soll: nicht die richtige Tochter. Erst im hohen Alter bricht ihre Mutter ihr Schweigen. Sie erzählt Teresa, dass sie adoptiert worden ist. Beide weinen. Und schweigen daraufhin weiter.

Wie in Familien mit den Geschehnissen des Zweiten Weltkriegs umgegangen wurde, beschreiben Psychologen oft mit dem Bild der »doppelten Mauer des Schweigens«. Eltern, die nicht erzählen. Kinder, die nicht fragen. Überlebende, die sich nicht öffnen. Eine Gesellschaft, die nichts hören will. Stille auf beiden Seiten.

Die Enkelin kennt diese Mauer nicht mehr. Wiktoria Grzybowska und ich sitzen nun in einem Bus, der uns ins Zentrum Warschaus bringt, dorthin, wo keine Omas über Gräbern hocken. Dorthin, wo die Touristen sich auf die Füße treten, wo es das beste thailändische Essen gibt und Turnschuhgeschäfte.

Wir steigen aus, laufen die Chmielna-Straße entlang, die für

Autos gesperrt ist, und doch fährt immer wieder eines durch. Hier ist der Schnee nicht mehr weiß, er ist zu grauem Großstadtmatsch geworden. Durch einen Torbogen laufen wir in einen Hof und dann in ein helles Café mit hohen Glasfenstern. Wiktoria kennt alle, die hier arbeiten, Küsschen rechts, Küsschen links.

Fast jeden Sonntag geht sie hierher, erzählt sie, zum Brunch ins Jewish Community Center. Das JCC sei zu ihrem Wohnzimmer geworden, bequeme Sessel, viel Holz, auf alt gemachte Glühbirnen, die von der Decke hängen. »Fotografiekurse, Kinderbetreuung, einen Torakreis, die bieten alles Mögliche an. Und wenn ich mit meinen Kommilitonen einen ruhigen Ort zum Treffen brauche, kann ich immer hierherkommen.« Es gibt hausgemachte Foccaccia, Kräuterquark, Eipaste, einen scharfen Möhrensalat, Rote-Beete-Carpaccio, gebackenen Kürbis und die berühmte Shakshuka – pochierte Eier in einer Tomaten-Chili-Zwiebelsoße, in der Pfanne serviert. Der Brunch kostet umgerechnet knapp sechs Euro, wir ergattern die letzten freien Plätze, die Menschen nach uns müssen warten.

Wiktoria studiert Bühnenbild im dritten Jahr, bald ist sie durch, ihren Master will sie im Ausland machen, in Israel. Sie wisse auch nicht, sagt sie, das habe sich alles einfach so ergeben. »Ich war oft auf jüdischen Jugendreisen, der Großteil meiner Freunde ist aus dieser Zeit, nun bin ich selbst Betreuerin geworden. Mein Freund ist auch Jude, der kommt aus Israel, studiert hier Judaistik. Er heißt Abraham. Im vergangenen Jahr war ich vier Mal in Israel. Und die Jugend hier in Warschau macht was, organisiert sich. Das polnische Judentum ist keine Alte-Leute-Religion, das gefällt mir sehr.«

Als ihre Oma Teresa das Foto ihres neuen Freundes sah, die dunklen Augen, die dunklen Locken, musste sie laut lachen. »Na, wer hätte das gedacht«, sagte sie. »Nun haben wir einen richtigen Juden in der Familie.« Dabei, sagt Wiktoria, sei sie gar nicht wirklich gläubig, in die Synagoge gehe sie eher selten. »Ich bin im Grunde so wie die meisten katholischen Polen. Religiös sind wir vor allem auf dem Papier.«

Sie sei eher eine katholische Jüdin, sagt sie. Die Erstkommunion hat sie hinter sich, die Firmung auch. An Weihnachten geht sie mit dem Rest der Familie in die Kirche, »und ein paar Tage später dann eben in die Synagoge, na und?«. Meistens erzähle sie auch gar nicht, dass sie Jüdin sei. Nicht aus Angst, sondern weil das ihre Privatsache sei. »Ich identifiziere mich sehr mit der jüdischen Kultur, dem Essen, dem Theater. Wenn ich mit dem Studium fertig bin, würde ich am liebsten in einem jüdischen Theater arbeiten. Aber die Religion an sich? Ich habe ein Problem mit Religionen. Sie engen ein. Sie spalten. Auch in Polen. Ich bin mit antisemitischen Witzen und Klischees aufgewachsen, noch heute gilt *Jude* als Schimpfwort – vielleicht nicht mehr in Warschau, aber in der Kleinstadt im Westen, wo meine Oma wohnt, sehr wohl.«

Der Antisemitismus in Europa grassierte vor allem dort, wo viele Juden lebten. Und vor dem Zweiten Weltkrieg lebte die Hälfte der europäischen Juden in Polen. Polen retteten also Juden nicht nur. Sie verrieten sie auch und lieferten sie den Nazis aus oder töteten sie gleich selbst.

»Die Polen waren zwar zu Recht stolz auf den Widerstand ihrer Gesellschaft gegen die Nazis, haben aber tatsächlich während des Krieges mehr Juden als Deutsche getötet«, schrieb der Historiker Jan Tomasz Gross 2015 in der deutschen Tageszeitung *Die Welt*.

Die wenigen Juden, die nach dem Krieg noch in Polen lebten, fühlten sich auch danach nicht sicher. Der Antisemitismus wuchs sogar. Juden verloren ihre Jobs und Wohnungen, durften die Universität nicht mehr besuchen, bis sie in den Sechzigern fast komplett ausreisten. Von 1968 an verließen zwischen 13 000 und 20 000 von ihnen ihre Heimat, es war die bisher größte Ausreisewelle der polnischen Nachkriegsjahrzehnte. Die Juden hatten Angst, spürten aber auch den Druck der Behörden. Der Zoll zwang sie sogar, ihr Hab und Gut in Polen zu lassen. In ihren Reisedokumenten wurde vermerkt, dass sie keine polnischen Staatsbürger seien und kein Recht auf Rückkehr hätten.

Es ist Mitte der 1960er Jahre, als die brünette Ewa beschließt, Polen für immer zu verlassen. An ihrem Küchenfenster laufen Menschen vorbei und rufen »Juden raus!«, auf Deutsch. Und als der Vater ihrer neuen Liebe sich der Heirat widersetzt, weil »ein Pole doch keine Jüdin heiratet«, reicht es ihr. Zofia, ihre Mutter ist mittlerweile an Brustkrebs verstorben. In Polen hält Ewa nichts mehr.

Sie verlässt das Land und geht nach Kopenhagen. Sie heiratet, gebiert einen Sohn und arbeitet in einer Müllverbrennungsanlage, als einzige Frau unter Männern. Immer wieder versucht sie, ihre Schwester zu finden, sie schreibt dem Roten Kreuz und erhält die Antwort, da könne man leider nichts tun, es gebe zu wenige Daten über diese Schwester. Ewa denkt ständig an sie: Wie ist ihr Leben verlaufen? Ist sie glücklich oder geht es ihr elend? Hat sie Familie?

Hat sie. Und es geht ihr nicht schlecht. Helena, die ja nun Teresa heißt, wohnt in Szprotawa, einem Städtchen in Westpolen, mit ihrem Mann, ihrer Tochter und ihrem Sohn. Sie arbeitet als Zahnärztin, kocht gern und geht regelmäßig in die Kirche. Sie weiß nun, dass sie adoptiert wurde. Die Fragen, die sich daran anschließen, verfolgen sie wie Schatten: Lebt ihre leibliche Mutter noch? Ist irgendwo da draußen ihre richtige Familie? Und, da sie während des Holocaust gerettet worden war, könnte es sein, dass sie …? Sie verbietet sich den Gedanken.

1998 startet ihre Schwester Ewa einen letzten Versuch: Sie

fährt zum alljährlichen Treffen der »Kinder des Holocaust« und verteilt einen Brief: »Ich wende mich an alle, die in der Lage sind, mir bei der Suche nach meiner jüngeren Schwester zu helfen. Mein ganzes Leben lang habe ich mich nach ihr gesehnt.« Dann fährt sie zurück nach Hause.

Vor ein paar Jahren habe ich die beiden Schwestern getroffen, in Kołobrzeg, einem Städtchen an der Ostsee. Dort hatten sie sich verabredet, zwischen Szprotawa und Kopenhagen. Das machen Ewa Sonne, mittlerweile 80 Jahre alt, und Teresa Kuzmicz, 78, seit sie sich kennen: einen gemeinsamen Urlaub im Jahr.

Holocaustforscher nehmen an, dass sie zu den letzten Überlebenden gehören, die einander noch gefunden haben.

»Es war der 13. Mai 1999, ich weiß das noch genau«, sagte Teresa. »Mein Mann rief bei mir in der Praxis an, ein Fernsehjournalist habe sich gemeldet. Es gebe da eine Schwester, die mich kennenlernen wolle. Ich wusste überhaupt nicht, was er da redet. Und als ich dann noch erfuhr, dass ich Jüdin bin, da war das für mich ... Wie soll ich es anders sagen: Es war ein Schock.«

»Für mich war das in erster Linie eine Freude. Ich hatte dich endlich wieder!«, sagte Ewa.

Die zwei saßen auf einer Bank, über ihnen kreischten die Möwen. Teresa legte ihre Hand auf den Oberschenkel von Ewa, und Ewa legte ihre eigene dazu, und hätte man nicht gewusst, dass die beiden verwandt sind, hätte man sie für zwei frisch verliebte Rentnerinnen halten können, die in dem Wäldchen vor dem Strand Platz genommen haben, um sich im Schatten auszuruhen. Hätte man nicht gewusst, dass sie sich erst im Alter wiederfanden, hätte man es auch merkwürdig finden können, dass sie sich ständig berührten, Nähe suchten. Aber so?

»Ach, erzähl du weiter, Teresa, du kannst das besser«, sagte Ewa.

»Ich war völlig fertig, Ewa. Ich kam nach Hause. Und was habe ich den Rest des Nachmittags getan? Telefoniert. Ich rief alle an, wirklich alle. Erst meine Familie, dann Freunde, dann entfernte Bekannte. Alle. Ich habe mein komplettes Adressbuch durchtelefoniert. Es war, als wollte ich diese Nachricht um jeden Preis loswerden. Der Journalist hatte gesagt, wir würden uns zwei Wochen später am Flughafen in Warschau treffen, und er käme mit einem Kamerateam. Meine einzige Frage war: Was soll ich nur kochen? Meine jüdische Schwester kam zu Besuch – aber ich hatte keine Ahnung von koscherem Essen.«

Es war die 386. Folge einer Vermisstensendung, noch heute erinnern sich viele Polen an die zwei jüdischen Schwestern.

Die volle Eingangshalle des Warschauer Flughafens. In der Menge Teresa, in einem beigefarbenen Hosenanzug, in der Hand ein paar Maiglöckchen, im Gesicht die Angst. Fünf Minuten Verspätung nur hat der Flieger aus Kopenhagen, die Kamera fängt ein weißes Flugzeug ein, das im starken Wind auf die Landebahn schaukelt, und als Ewa sich dann durch die wartende Menschenmenge kämpft, auf der Suche nach der Frau, von der sie nun mittlerweile ein Foto kennt, und Teresa in die Arme fällt, verspürt man den dringenden Impuls, das Video auszuschalten.

Zu intim ist dieser Moment. Wie Ewa ihren Kopf auf Teresas Schulter legt, wie sie schluchzt, während Teresas Gesicht regungslos bleibt. Sie schaut ihre neue alte Schwester nur an. »Ich habe die ganze Zeit gedacht, warum ist sie brünett und nicht blond wie ich?«, sagt Teresa später. Sie taut erst nach und nach auf. Bis sie am Ende die DVD, auf der diese Szenen zu sehen sind, hütet wie einen Schatz. Sie bewahrt sie sorgsam in einem Ordner auf. Damit sie sie jederzeit abspielen kann.

Die Kamera zoomt noch näher an die zwei Schwestern heran. Da drehen sich die beiden einfach weg und laufen los, Arm in Arm – ihre erste gemeinsame Entscheidung. Die Maiglöckchen hält Teresa noch immer in der Hand. Vor Aufregung hat sie sie einfach vergessen.

»Warst du eigentlich schon mal in Auschwitz?«, frage ich die Enkelin Wiktoria, als wir uns in Warschau verabschieden. »Klar«, sagt sie. »In der 9. Klasse. Bei uns in Polen ist so ein Schulausflug Standard.«

Ich sage nichts. Ich bin in Deutschland zur Schule gegangen. Mein Schulausflug ging nach Sachsenhausen. In Auschwitz war ich nie. Also beschließe ich hinzufahren.

FÜHREN IN AUSCHWITZ

Mehrere Male in diesem Jahr zieht es mich dorthin, insgesamt sieben Mal. Meine Idee ist, den Alltag zu begleiten, ich will verstehen, wie das Museum funktioniert, zusehen, wie die Guides arbeiten, die durch Auschwitz führen. Nur: Die Guides wollen nicht. Niemand möchte mit mir sprechen. Zunächst jedenfalls nicht. Ich mache mich dennoch auf den Weg, im April, im Juli, einige Male im Sommer und dann noch mal im Herbst und im Winter. Ich hatte nicht gedacht, dass dieser Ort so viel Zeit erfordert, so verschlossen ist.

Ich nehme den Zug oder fliege nach Krakau, am Hauptbahnhof steige ich in den Bus nach Oświęcim, wie Auschwitz vor dem Krieg hieß und seitdem wieder heißt. Immer ist der Bus voll, egal ob ich den ersten um 6 Uhr nehme oder den letzten um 23 Uhr. Manchmal so voll, dass die Menschen im Mittelgang stehen. 90 Minuten Fahrt, 60 Kilometer, raus aus Krakau, dieser immer verstopften Stadt.

Manchmal würde ich lieber dort bleiben. Ich muss mich überwinden zur Weiterreise, überwinden, in den Bus zu steigen. Nicht, weil ich Angst habe vor Auschwitz. Ich habe Angst vor den Menschenmassen. Schon in Krakau sehe ich sie, sie stehen vor kleinen Kiosken, die Touren für Touristen verkaufen, überall Schilder, die für das ehemalige Konzentrationslager werben, zum Teil mit Neonlicht. Eine Gruppe aus Melbourne hat noch nie von Auschwitz gehört. Sie weiß auch nicht, dass Polen von einer rechtskonservativen Partei regiert wird. Aber ihr Hotel hat ihnen ein Angebot gemacht: ein Tag in Auschwitz-Birkenau für umgerechnet etwa 36 Euro, »im bequemen Van von Mercedes-Benz, inklusive Wi-Fi und Klimaanlage«, so stand es im Prospekt.

Die ersten Male in Auschwitz laufe auch ich als Touristin durch. Dann finde ich doch jemanden, der sich bei der Arbeit begleiten lässt. Elżbieta Pasternak heißt der erste Guide, der mit mir spricht – genannt Ela. Sie ist 45 Jahre alt und hier geboren, in Oświęcim.

Es ist ein Sonntag im Spätherbst, Elżbieta Pasternak hat ihre Tasche gepackt: Halsbonbons, Wasser, Taschenlampe, das Handy. Und einen Regenschirm – nicht als Wegweiser, wirklich wegen des Wetters. Sie hat Kaffee getrunken und zwei belegte Brote gegessen. Zu einer Mittagspause komme sie selten, sagt sie. Ein gutes Frühstück sei das Wichtigste vor einer Schicht.

»Die meisten weinen bei den Haaren«, sagt Elżbieta Pasternak. Auch sie erinnert sich an den Schreck, den sie bekam, als sie sie zum ersten Mal sah. Da war sie 13. Sie wollte nie an diesen Ort zurückkehren. Heute arbeitet sie hier.

Die Linie 1 bringt sie von zu Hause zum Stammlager, der Parkplatz steht schon voller Busse. Ihr Job ist es, Auschwitz zu erklären, als einer von 328 Guides. »Guide«, nicht »Führer«, sagt man im Deutschen, hier erst recht.

Elżbieta Pasternak meldet sich am Empfang. Ihre Gruppe ist noch nicht angekommen. Sie setzt sich auf eine Bank in der Eingangshalle und zieht ihren langen Wollmantel zu. Um sie herum Italiener im Fußballtrikot, eine Reisegruppe von den Philippinen. Die Menschen kommen aus der ganzen Welt nach Auschwitz. In den vergangenen zehn Jahren haben sich die Besucherzahlen fast verdoppelt, 2018 waren es 2,1 Millionen.

Man trifft hier Menschen, die am Tag zuvor zum ersten Mal von Auschwitz gehört haben, aber auch Schulklassen, die vorher Referate halten und das *Tagebuch* der Anne Frank lesen. Elżbieta Pasternak führt deutsche Besucher und ist froh darüber, sagt sie. »Den Deutschen muss ich den Holocaust nicht erklären.«

Fast alle Besucher kommen nur einmal im Leben hierher. Fast alle Besucher buchen die kürzeste Tour: dreieinhalb Stunden. Was sie in dieser Zeit in Auschwitz sehen und hören, ist das, was ihnen in Erinnerung bleiben wird.

Elżbieta Pasternaks Gruppe ist da, 29 Menschen aus den verschiedensten Winkeln Deutschlands, von Studentinnen bis Rentnern. Bevor sie das Gelände betreten, müssen sie sich einen gelben Aufkleber an die Brust heften. Jeder wird markiert, damit die Gruppen beieinanderbleiben. Grün steht für Französisch, Orange für Englisch. In Auschwitz kann man Führungen in zwanzig Sprachen buchen, Audioguides gibt es keine.

»Hören Sie mich?«, fragt Elżbieta Pasternak. Sie spricht in ein kleines Mikrofon, das um ihren Hals hängt. »An der Seite finden Sie ein Rädchen, mit diesem können Sie die Lautstärke regulieren.« Seitdem die Stimmen der Guides über Kopfhörer zu den Besuchern dringen, soll es ein bisschen leiser geworden sein in Auschwitz, und niemand muss mehr schreien, um sich Gehör zu verschaffen.

Während sie mit ihrer Gruppe auf das berühmte Tor zusteuert, bittet Elżbieta Pasternak darum, auf dem Gelände nicht zu rauchen, nicht zu essen und nicht zu telefonieren. In diesem Moment zücken fast alle ihr Handy und knipsen sich vor dem Schriftzug *Arbeit macht frei*. »Wir befinden uns nun auf dem Gelände des ehemaligen Stammlagers Auschwitz I. Es wurde 1940 gegründet«, sagt Pasternak – womit ihre Führung offiziell beginnt.

Elżbieta Pasternak hat in Krakau Germanistik studiert. Sie liebt Thomas Bernhard. Deutschsprachige Literatur, sagt sie, sei dunkel, aber tief. Und natürlich habe sie beim Lesen oft diesen Geist gespürt, den Geist der Vergangenheit.

Ela, sagen Kolleginnen, rattere nicht einfach ihr Wissen herunter, sie bleibe wach. Es gibt Lehrer, die jedes Jahr mit ihren Klassen kommen und immer wieder versuchen, »die Pasternak« zu buchen, obwohl sie wissen, dass das nicht möglich ist: Die Guides in Auschwitz werden per Zufallsprinzip eingeteilt. Eigentlich sollen sie auch alle das Gleiche erzählen. Doch innerhalb dieses Jahres und der vielen Besuche dort stelle ich fest: Manche Guides wirken gelangweilt wie bei einem Schulreferat. Andere erzählen lebendig. Und wieder andere versuchen, die Tour abzukürzen, um schneller nach Hause zu kommen.

»Jeden Tag könnte ich das nicht machen«, sagt Elżbieta Pasternak. Seit neun Jahren führt sie durch Auschwitz, an etwa zehn Tagen im Monat. Zusätzlich arbeitet sie in der Internationalen Begegnungsstätte im Ort, dort diskutiert sie mit jungen Menschen aus der ganzen Welt über Schuld und Verantwortung. Dieser Wechsel, sagt sie, bewahre sie davor, in den immer gleichen Trott zu verfallen.

Vor Block 4 stauen sich die Besucher. Vor Block 4 staut es sich immer. Deshalb mögen ihn die meisten Guides nicht. Elżbieta Pasternak findet, Block 11 sei noch voller, dort waren die Todeszellen. Sie stimmt sich nun mit einer Kollegin ab, wer als Erste reindarf, die Kollegin tippt in leichter Verzweiflung auf ihre Uhr, was soll's, Pasternak winkt sie samt ihrer Gruppe durch.

»Wir gehen jetzt nach oben. Bitte laufen Sie nacheinander die Treppe hoch, auf der rechten Seite, schön zusammenbleiben«, sagt Pasternak. Oben, hinter einer Glaswand: das Modell einer Gaskammer und eines Krematoriums. Hinter einer anderen: leere Zyklon-B-Dosen. Ein Mann fragt, wie viele denn gestorben seien durch eine »Portion«. »Wie viele Menschen?«, präzisiert Pasternak. »Bis zu 2000. Und nun, im nächsten Raum, bitten wir Sie, aus Gründen des Respekts nicht zu fotografieren.«

Dann stehen sie vor dem Meer aus Haaren, die den Gefangenen abgeschnitten wurden, um sie an deutsche Textil- und Teppichfabriken zu verkaufen, für 50 Pfennig das Kilo. Über die

Jahrzehnte haben die Haare ein schlammiges Grau angenommen, sie wirken, als könnten sie jeden Moment zu Staub zerfallen. Alle sind still, ein Mann in Motorradkluft ist stehen geblieben, er kann sich nicht lösen.

In Block 5: persönliche Gegenstände der Gefangenen. Hier erzählt sie wenig. Erklären sich die aufgetürmten Koffer, die Kinderkleidchen nicht von selbst? Die Haar- und Zahnbürsten, das Emaillegeschirr, Brillen, Berge von Schuhen? »Guck mal, diese Stiefeletten mit Plateau«, sagt eine Freundin zur anderen, »hätte nicht gedacht, dass man die schon damals trug.«

Vergangenheit und Gegenwart knallen in Auschwitz ständig aufeinander. Wer die Babykleidchen nicht erträgt, findet im nächsten Moment vielleicht das Lächeln einer Gefangenen auf einem der Fotos süß. Wer sich fast übergeben muss, dem knurrt ein paar Minuten später der Magen. »Ich verstehe das«, sagt Elżbieta Pasternak. »Der Mensch bleibt Mensch, auch hier in Auschwitz.«

Dass die Gegenstände in Block 5 aussehen, als hätten ihre Besitzer sie eben erst zurückgelassen, dafür sorgt die konservatorische Abteilung. Kein Gegenstand in Auschwitz, noch nicht einmal ein Balken einer Holzbaracke, der nicht in irgendeiner Form bearbeitet wurde. Die Denkmalschützer kommen mit der Arbeit kaum hinterher.

Sie sagen, Ästhetik zähle nicht in Auschwitz, hier solle nichts schön gemacht werden. Was zählt, sei Authentizität – und die Frage, an welchem Punkt sie verlorengeht. Auch in Auschwitz muss ein Lederschuh gepflegt werden. Aber wie oft darf man ihn einfetten, ohne dass er zu neu aussieht? Und wenn ein Koffer einen Riss hat, wird er dann repariert? Nein, weil ein Riss auch von damals stammen kann – vielleicht hat die Besitzerin etwas hektisch gesucht? »Wir berühren die Spur eines Menschen«, sagt die Chefin der Abteilung. »Es ist fast, als würden wir dadurch auch den Menschen berühren. Deshalb stellen wir so viele Schuhe wie möglich aus. Wer könnte entscheiden, wessen Geschichte wichtiger ist?«

Konservieren lässt sich alles. Nur die Haare von Auschwitz werden sich nicht mehr lange erhalten lassen. Experten aus der ganzen Welt wissen keine Lösung. Acht Jahre, sagen die Guides, dann wird es die Haare der Toten nicht mehr geben. Das Museum will diese Zahl nicht bestätigen, nennt aber auch keine andere Schätzung, das Thema sei eine »heikle Angelegenheit«, sagt eine Mitarbeiterin am Telefon.

Bewahren, nicht niederreißen, das war der Wunsch der ehemaligen Gefangenen, nachdem das Lager am 27. Januar 1945 befreit worden war. Alles sollte so bleiben, wie es war. Zwei Jahre später eröffneten einige von ihnen die Gedenkstätte und führten zu Beginn selbst Besucher durch die Baracken. Der Staat Israel war noch nicht gegründet, Deutschland und die Alliierten hatten mit dem Wiederaufbau und der Verfolgung der Täter zu tun. Polen kümmerte sich allein um den Erhalt des Lagers.

Der amerikanische Judaist James E. Young, der seit über dreißig Jahren zum Thema Erinnerung in Gedenkstätten forscht, sagt: »Auschwitz wird sich verändern. Wir müssen auch über den Rahmen sprechen, der den Holocaust erst möglich machte. Über die normale Zivilbevölkerung, über das viel zu lange Wegschauen der Alliierten. Nur so können wir das Thema in die Gegenwart holen. Es gibt allerdings ein Dilemma, wenn wir mehr Grau zulassen: Öffnen wir damit auch das Tor für Holocaustleugner?«

Denn Auschwitz ist eben mehr als ein Symbol. Es ist auch, nach wie vor, ein Tatort. Ende der Neunzigerjahre, im Prozess um den Holocaustleugner David Irving, dienten die Ruinen der

Krematorien als Beweise: Es gab die Gaskammern. Es gab die über eine Million Toten.

Hinzu kommt: Die Touristen wollen es ja, das »echte« Konzentrationslager. Auschwitz bricht nicht nur Besucherrekorde, es gilt auch als Ort des »dark tourism«, an dem man sich gruseln kann. Wie am Ground Zero oder in Tschernobyl. Manche Besucher wollen gleich zu Beginn in die Gaskammer, andere fragen, wie das sei, zu ersticken.

Was das Leben in Auschwitz mit den Körpern der Gefangenen machte, sieht man auf großen Fotos in Block 6. Aufgenommen von den Russen nach der Befreiung. Junge Menschen, uralte Körper, 31 Jahre, 25 Kilo, Haut und Knochen. Ein Teil der Gruppe muss den Raum sofort wieder verlassen. Es ist ein schmaler Grat, und jede Gruppe ist anders. Auschwitz setzt auch auf Emotionen, auf die Macht solcher Bilder. Den einen berühren, den anderen lähmen sie, manche kichern, andere beugen sich über ihre Handys. Dazu das ständige Warten, die vielen Menschen und, ja, auch das Böse und Traurige in den Vitrinen, all das zieht Energie. Viele Besucher merken zu spät, dass sie zu wenig gefrühstückt haben. Sie müssen nun aushalten bis zum Ende, und natürlich halten sie aus, wie könnten sie es wagen, ausgerechnet hier in ihren Schokoriegel zu beißen? Essen dürfen sie nur außerhalb des Lagers, in der Kantine oder im Imbiss neben der Wechselstube.

In Block 11 waren nicht nur die Arrestzellen, hier fanden auch die ersten Vergasungsversuche statt. Der Empfang in dem Keller ist schlecht. Von Elżbieta Pasternak hört man über die Kopfhörer nur noch Wortfetzen, »einer nach dem anderen ... sehr schmal ... Stehbunker ... Pater Kolbe ... hat sich geopfert ... verhungert ...« In der Zelle stehen Kerzen, drum herum sind Rosenkränze drapiert.

Der polnische Priester Maximilian Kolbe war 1941 für einen

anderen katholischen Häftling in den berüchtigten »Hungerbunker« gegangen. Als er nach zwei Wochen noch am Leben war, ermordeten ihn die Nazis mit einer Phenolspritze. Vierzig Jahre später wurde er heiliggesprochen. Ein Held, ein Märtyrer, das ist der eine Teil der Geschichte. Der, den die Guides in Auschwitz erzählen.

Jeder Guide muss zunächst eine schriftliche, dann eine mündliche und am Ende eine praktische Prüfung bestehen. Ein Leitfaden gibt an, was wo abgehandelt werden soll. Vor der Europakarte: woher die Gefangenen kamen. Bei den Haaren: über die Maxime der Verwertbarkeit. In der Gaskammer: zur Prozedur des Tötens. Die Guides sollen aber nicht nur Fakten vermitteln, sondern auch die Geschichten einzelner Gefangener. Welche, das entscheiden nicht sie selbst, sondern die Leitung des Museums.

Dass Maximilian Kolbe vor dem Krieg Verleger auflagenstarker Zeitschriften voller antisemitischer Texte gewesen ist, wird in Auschwitz zum Beispiel nicht erwähnt. »Das Weltjudentum«, heißt es in einem, fresse sich »wie ein Krebsgeschwür in den Volkskörper« der Polen.

Der Politikpsychologe Michał Bilewicz, der in Warschau zu Stereotypen und Dehumanisierung von Minderheiten forscht, sagt, dass man an Kolbe aufzeigen könne, wie Worte zu Taten wurden. »Das Stereotyp eines Juden, an dem auch seine Zeitschriften mitschrieben, hat nachweislich den Boden bereitet für Pogrome. Wie das im Jahr 1941, als Polen in Jedwabne zwischen 300 und 400 Juden ermordeten.«

Wer die dunklen Flecken der polnischen Geschichte beleuchten will, hat sich schlechte Zeiten ausgesucht. Die PiS-Regierung erließ vor einem Jahr sogar ein Gesetz, das unter Strafe stellte, von einer Mitverantwortung der Polen für den Holocaust zu sprechen. Die Welt war empört, das Gesetz wurde mittlerweile verändert.

Die Saat aber ist längst aufgegangen. Erst kürzlich erklärten die jüdischen Gemeinden in Polen, es habe noch nie so viele antisemitische Angriffe gegeben wie in den letzten Monaten. Im Februar 2018 forderte eine Bildungspolitikerin der Region rund um Auschwitz auf einer rechten Plattform im Netz, durch Auschwitz sollten nur polnische Guides führen. Die Gedenkstätte beschäftigt derzeit 320 Polen und acht Ausländer, viel mehr waren es nie. Einer von ihnen, ein Italiener, wurde daraufhin Opfer rechter Hetze. »Polen den Polen« sprühte man ihm ein paar Wochen später an den Eingang seiner Krakauer Wohnung, und »Auschwitz den polnischen Guides«. Dazu einen Davidstern und ein Hakenkreuz.

Das Museum Auschwitz untersteht dem polnischen Kulturministerium. Der Direktor und seine Stellvertreter werden von der Regierung ernannt. Seit die neue Regierung an der Macht ist, hat sich die Tour durch Auschwitz nicht verändert. Es sei aber eine neue Ausstellung geplant, die ab 2020 schrittweise aufgebaut werden solle, heißt es. Der Vertrag des jetzigen Direktors läuft Ende 2019 aus.

Elżbieta Pasternak hat mit ihrer Gruppe den Keller wieder verlassen, an der Todeswand draußen ist Zeit für ein kurzes Gedenken. Hier wurden damals die Gefangenen erschossen, heute legen Politiker Blumenkränze nieder. Im Sommer 2018 standen hier auch die Musiker Kollegah und Farid Bang, schuldbewusst senkten sie ihre Köpfe, nachdem sie antisemitische Zeilen gerappt hatten und halb Deutschland sich fragte, wie antisemitisch der deutsche Hip-Hop und die deutsche Gesellschaft seien.

Schulklassen aus Deutschland bleiben meist über Nacht. Sie werden begleitet von Lehrern, die zum Teil seit zwanzig Jahren kommen und fest daran glauben, dass ein solcher Besuch einen Unterschied machen kann. Und es sieht aus, als hätten sie Recht. Am Abend, bei der Reflexionsrunde, sagen alle: Gut, dass wir da waren. Unsere Freunde sollten auch hin. Die Schüler merken sich vielleicht keine Jahreszahlen, aber ein Gefühl: Verantwortung.

Elżbieta Pasternak findet, man dürfe niemanden nach Auschwitz zwingen. Dafür sei der Ort zu hart. Für Besucher jedenfalls – wer hier wohnt, hat sich an das Lager am Stadtrand gewöhnt. Für die Einwohner heißt die Gegenwart nicht Auschwitz, sie heißt Oświęcim. Ihre Stadt ist wie viele andere auch: Überall hängt Werbung für Kredite und Capoeira-Kurse, im Sommer sitzen die Menschen in Eiscafés, an Halloween geistern Gerippe durch die Stadt. Es gibt zwei Discos, aber die meisten Jugendlichen trinken lieber auf Parkplätzen oder feiern bei McDonald's mit Erdbeershakes.

Wer Auschwitz besucht, fährt meist gleich wieder und bekommt von Oświęcim nichts mit. Dabei gibt es ein Hotel direkt gegenüber dem Museum. Die jungen Frauen, die dort arbeiten, sagen, man erkenne hier schneller, aus welchem Holz ein Mensch geschnitzt sei. Es gibt Leute, die besonders viel Trinkgeld dalassen. Und solche, die ein Zimmer zur Straße hin verlangen, damit sie nicht auf die alten Gleise schauen müssen. Manche rufen wütend bei der Rezeption an, wenn sie nachts die Jugend durch die Straßen ziehen hören. Wie man so nah an einem Konzentrationslager Techno hören könne!

Elżbieta Pasternak sagt, sie möchte nicht woanders wohnen. Ihre Familie hat schon vor dem Krieg in Oświęcim gelebt. Wie die sich an das Lager nebenan erinnere? »Das weiß ich leider nicht so genau. Ich habe meine Großeltern nie gefragt. Meine Oma hat mal von den Waggons erzählt, aus denen Schreie zu hören waren, und davon, dass sie leer zurückkamen. Sie hatte jüdische Freunde in der Schule, die von einem Tag auf den anderen nicht mehr kamen. Weiter nachgehakt habe ich nicht. Das bereue ich. In der Familie ist es schwer, über solche Dinge zu sprechen.« 14 000 Bewohner hatte Oświęcim vor dem Krieg, davon etwa 8000 Juden. Heute sind es knapp 40 000, davon Juden: keine. In der Synagoge beten auswärtige Besucher.

Es hat angefangen zu regnen, die Wege werden zu Matsch, Elżbieta Pasternaks Gruppe geht zügig in Richtung Gaskammer. Drinnen müssen sich alle erst einmal an die Dunkelheit gewöhnen. In der Gaskammer schweigt Elżbieta Pasternak. Sie weist mit ihrer Hand Richtung Decke, hier, hier und hier. Wie eine Flugbegleiterin, die auf die Notausgänge verweist. Sie zeigt die Luken, durch die das Zyklon B rieselte.

Die Decke ist schwarz und blättert ab. Es ist auf einmal so still, dass man vereinzelt die Regentropfen fallen hört. Und als einer aus der Gruppe von einem getroffen wird, saugt er vor Schreck laut die Luft ein. Ein paar fangen an zu kichern, Elżbieta Pasternak dreht sich kurz um, Stille. Sie dirigiert die Gruppe in den Nebenraum, zu den Öfen.

Die große Mehrheit der 328 Guides wohnt in Oświęcim und den umliegenden Dörfern. Sie sind im Schnitt vierzig Jahre alt, etwas mehr als die Hälfte von ihnen sind Frauen. Es gibt Historikerinnen unter ihnen und Grundschullehrer und solche, die sich direkt nach der Schule eine Arbeit gesucht haben. Sie arbeiten auf Rechnung, für eine Führung von dreieinhalb Stunden bekommen sie umgerechnet etwa 56 Euro, in Polen ist das gutes Geld. Die Gedenkstätte ist, neben der Chemiefabrik, zum größten Arbeitgeber der Region geworden.

Vor der Wende war Auschwitz so verschlossen wie das Land,

in dem es lag. Touristen kamen nur wenige, die meisten aus der DDR oder der Sowjetunion. Erzählt wurde, was von ganz oben kam. Die Geschichte der Volksrepublik Polen lautete: Hier starben katholische Polen und Menschen anderer Nationen. Die Juden als Opfergruppe existierten quasi nicht, dabei machten sie 90 Prozent der Opfer aus. Auch die Zahl der Toten, die genannt wurde – vier Millionen –, war falsch. Als sich nach dem Fall des Eisernen Vorhangs Historiker aus der ganzen Welt in Oświęcim und Oxford trafen, um die Ausrichtung der Ausstellung neu zu konzipieren, begann ein bitterer Kampf zwischen Polen und Israel. Dürfen die Polen ein Kreuz auf dem Gelände aufstellen? Dürfen die Israelis mit ihren Flaggen kommen und beten? Eine Opferkonkurrenz entstand, die sich um eine Frage drehte: Wem gehört Auschwitz?

Auch heute ist Auschwitz, das Museum, nicht nur ein Ort stillen Gedenkens. Wer sich wie ich allein auf dem Gelände bewegt, wird von den Mitarbeitern des Museums misstrauisch beäugt, wer irgendwo länger stehen bleibt, ebenso. Die Museumsverwaltung hatte versprochen, mir Gesprächspartner zu vermitteln, aber im Laufe des Jahres erzählen Guides, dass sie nie eine Anfrage erhalten haben. Erst nach und nach äußern sie sich, die meisten bitten mich darum, nicht mit Namen genannt zu werden. Sie haben Angst.

Vor Jahren schrieb ein weiblicher Guide auf einem privaten Blog, wie anstrengend die Arbeit in Auschwitz sein könne. Sie bekam danach keine Aufträge mehr. Das Museum sagt, die Entscheidung habe mit dem Eintrag nichts zu tun gehabt, es wolle ansonsten »Personalentscheidungen nicht weiter kommentieren«. Manche Guides erzählen, ein Mitarbeiter der Pressestelle prüfe regelmäßig, was sie privat auf Facebook und Twitter posteten, der Mitarbeiter wird intern »der Spion« genannt. »Wir kontrollieren keine privaten Accounts«, erwidert das Museum. »Aber wir weisen unsere Guides darauf hin, dass private Einträge als Stellungnahme des Museums aufgefasst werden könnten.«

Die Verwaltung des Museums ist in einer ehemaligen SS-Baracke untergebracht. Früher befanden sich hier die Apotheke der Nazis, der Zahnarzt, die Kantine – eine kleine Figur am Eingang, die auf einem Bierfass sitzt, zeugt davon. Ansonsten grau verputzte Wände, Beton, in einem der Räume hängt eine riesige alte Luftaufnahme vom Gelände.

Im Büro des Direktors sind die Fenster abgeklebt, niemand soll von außen reinschauen. Piotr Cywiński, 46 Jahre, ist selten vor Ort, er lebt mit seiner Familie in Warschau und besucht Konferenzen auf der ganzen Welt. Man muss Monate warten, will man ihn sprechen. Nun sinkt er in ein beigefarbenes Sofa und zieht am Strohhalm seines Mate-Bechers. Er hat Geschichte studiert, Schwerpunkt Mittelalter, und spricht sechs Sprachen.

Als Cywiński 2006 Direktor wurde – auch damals regierte die PiS –, war Auschwitz marode und fast pleite. Für eine komplette Modernisierung fehlte das Geld. »Also entschied ich mich dafür, in die Konservierung zu investieren«, sagt er. »Sonst hätten wir bald nichts mehr zum Ausstellen gehabt.« Mittlerweile steht das Museum finanziell gut da. Was auch an einer Stiftung liegt, in die verschiedene Länder einzahlen, 2009 wurde sie auf Cywińskis Initiative hin gegründet, das Grundkapital beträgt derzeit 120 Millionen Euro.

Cywiński zählt in Polen zur katholischen Elite. Ihm werden gute Kontakte zur Regierungspartei nachgesagt. Es fällt mir schwer, ihn politisch einzuordnen. »Ich habe jetzt schon einige Kulturminister erlebt und mit keinem ein Problem gehabt«, mehr sagt er nicht dazu. Ob sein Vertrag Ende 2019 verlängert wird, weiß er noch nicht. Seine Mitarbeiter hält er an, sich unter keinen Umständen zu politischen Themen zu äußern. »Für mich ist Auschwitz ein historischer, kein politischer Ort«, das wiederholt er immer wieder.

Dabei ist Auschwitz in Zeiten von wachsendem Nationalismus und Antisemitismus politischer denn je. Im März 2018 besuchte Piotr Rybak die Gedenkstätte, der wohl bekannteste Rassist und Antisemit Polens. Er war gerade aus dem Gefängnis entlassen worden, im Jahr zuvor hatte er auf einer Veranstaltung des ONR eine Puppe mit Schläfenlocken und einer Kippa auf dem Kopf verbrannt – mitten auf dem Marktplatz in Breslau. Nun schritt er mit seinem Gefolge durch Auschwitz und sprach seine Botschaft in die Kamera: An diesem Ort seien über 4,5 Millionen Polen gestorben, alles andere seien jüdische Lügen. Das Museum wusste von dem Besuch.

Als der AfD-Politiker Björn Höcke eine »180-Grad-Wende« in der Erinnerungspolitik forderte und danach die KZ-Gedenkstätte in Buchenwald besuchen wollte, bekam er Hausverbot. Die Leitung in Auschwitz traute sich das bei Rybak nicht. Oder wollte es nicht.

Der Shuttlebus von Auschwitz nach Birkenau, dem zweiten Lager in der Nähe des Stammlagers, fährt los. Der Bus ist gelb, eine Spende der Berliner Verkehrsbetriebe. Elżbieta Pasternak hält sich oben an einer Schlaufe fest. Auf dem Boden unter ihr steht ein deutsches Wort: »Laderampe«.

Meistens muss sie nach einer Führung schnell zurück zum Eingang, wo schon ihre zweite Gruppe wartet. »Mir tut das weh, dass oft so wenig Zeit für Dialog bleibt«, sagt Elżbieta Pasternak. »Um das zu ändern, müsste man die Zahl der Besucher drastisch reduzieren. Aber geht es nicht auch darum, dass so viele wie möglich Auschwitz sehen?«

Elżbieta Pasternak arbeitet in ihren zwei Jobs fast jeden Tag, auch am Wochenende. Sie lebt allein in einer Zweizimmerwohnung in einem Plattenbau. Manchmal fährt sie mit ihrer Nichte Fahrrad am Fluss. Oft bleibt sie danach zum Abendbrot bei ihrer Schwester. Über Elas Arbeit sprechen sie nicht. Die Schwester arbeitet in einer Firma, die Fenster in Häuser einbaut. »Was soll sie mich da fragen? Ela, wie war dein Tag in Auschwitz?«

Nach drei Kilometern entlässt der Bus die Menschen in ein Postkartenmotiv, das Eingangstor von Birkenau, durch das damals die Züge fuhren. Als Elżbieta Pasternak die Besucher rauf zum Wachturm führt, kann ihre Gruppe es nicht glauben: So groß? 176 Hektar, die Weite hier erschreckt jeden, auch von oben ist kein Ende in Sicht.

Plötzlich, in der Weite von Birkenau, fängt eine männliche Stimme an, ein Gebet zu singen. Eine ruhige, traurige Melodie. Immer wieder macht der Sänger Pausen, setzt neu an. »Der Kaddisch?«, flüstert einer aus der Gruppe, Elżbieta Pasternak nickt. Ein junger Rabbi singt das Gebet, dort wo der Wald beginnt und das Denkmal steht, hat er einen kleinen Verstärker postiert.

Elżbieta Pasternak sagt, sie finde es gut, dass Juden hier beten. Manche Guides aber rollen mit den Augen, wenn sie die Zeremonien sehen. Manche schimpfen beim Kaffee in der Kantine über »die Juden«, die »sich wichtig machen«, ohne zu bemerken, dass ich, die Reporterin, mithören kann. Zwei Tage später steht ein weiblicher Guide vor dem Dienstzimmer, schält eine Orange und sagt zu ihrer Kollegin: »Ich habe gleich schon wieder Juden, leider.«

Jeder, der im Tourismus arbeitet, ist mal genervt von Touristen. Trotzdem: Verbringt man viel Zeit in Auschwitz, hört man über keine andere Gruppe vergleichbare Sprüche. Ein paar Guides bestätigen mir gegenüber, dass es immer wieder Unmut über »die Juden« gebe. Elżbieta Pasternak sagt, sie habe bisher nichts davon mitbekommen. »Ich weiß aber, dass von uns Guides erwartet wird, dass wir moralisch klar sind wie Kristalle. Das ist nicht so einfach. Und warum sollen die Menschen hier besser sein als anderswo?«

Hatte ich gehofft, Auschwitz sei eine Insel, unberührt von der Welt da draußen? Wenn Polen, wenn die Welt ein Problem mit Antisemitismus und Fremdenfeindlichkeit hat – dann auch Auschwitz. Das Museum antwortet bereitwillig auf Fragen. Ob aber die Direktion derartige Sprüche mitbekommen habe und wie sie mit ihnen umgehe, diese Frage lässt das Museum aus. Es reagiert auch nicht mehr auf meine Nachfragen.

Elżbieta Pasternak ist am Ausgang von Birkenau angekommen. »Wir machen dann mal einen Punkt«, sagt sie. »Danke, dass Sie sich die Zeit genommen haben.« Ihre Tour ist zu Ende, alle Sätze sind gesprochen. In ein paar Minuten bringt ein Bus die Gruppe nach Krakau zurück. Und als die Deutschen schüchtern klatschen, legt sie ihre rechte Hand an die Brust und lächelt.

Die Überlebenden haben alles getan, ihre Erinnerungen für die Nachwelt festzuhalten. Allein in Yad Vashem, der Gedenkstätte in Jerusalem, gibt es 51 000 Videos von Zeitzeugengesprächen. Wer einmal anfängt, sich mit dem Thema zu beschäftigen, kann schwer wieder aufhören. Elżbieta Pasternak kennt diesen Sog. »Wir wollen den Holocaust unbedingt verstehen«, sagt sie. »Aber wir schaffen es nicht, wir werden nie ans Ziel kommen. Diese Lücke zu schließen, das treibt auch mich an. Das ist es doch, was uns wachhält, nicht wahr? Dass wir mit dieser Frage zurückbleiben.«

EIN TRAUM IN ROT-WEISS

Sind alle Flaggen gleich? Egal welche Farben sie zeigen? Macht es einen Unterschied, ob Menschen, die Fahnen schwenken, es als Nachkommen von Tätern oder Opfern tun?

Die Polen lieben ihre Flagge. Alle Polen, auch die linken und liberalen. Meine Tante, die sich in der Opposition engagiert, hängt an Feiertagen Fahnen an ihren Balkon. Von dieser polnischen Obsession wusste ich also schon vor meinem polnischen Jahr. Und doch habe ich Probleme, mich an sie zu gewöhnen. Vielleicht, weil ich in Deutschland sozialisiert wurde, wo zumindest ein Teil der Bevölkerung sich mit den eigenen Nationalfarben schwertut.

Ich dachte, es habe etwas mit dem Tag der Arbeit zu tun, als am 1. Mai in Danzig plötzlich überall rot-weiße Flaggen zu sehen waren. Bis ich verstand, dass das nur die Vorbereitung war für den Tag danach: Der 2. Mai ist der Tag der polnischen Flagge. Er wurde 2004 eingeführt, als Brückentag zwischen dem 1. und dem 3. Mai, dem Tag der Verabschiedung der ersten polnischen Verfassung. Sie wurde 1791 vom damaligen Polen-Litauen verabschiedet, als erste demokratische Verfassung in Europa überhaupt. Diese ersten Maitage, die *Majówka*, sind für die Polen jedes Jahr ein willkommener Miniurlaub. Dann hängt die Flagge überall: an fast jedem Gebäude, an Bussen, Trambahnen und Kiosken. Manche haben eine Flagge an ihren Fahrradlenker gesteckt, andere tragen sie als Stirnband oder hüllen sich einfach darin ein.

Meine Tochter zeigte mir im Kindergarten stolz ihr Werk: Sie hatte ein Meer aus roten und weißen Krepp-Kügelchen auf Pappe geklebt. Wie die anderen zwanzig oder fünfundzwanzig Kinder auch. Seit sie verstanden hatte, was es mit den zwei magischen Farben auf sich hat, die noch dazu an Ketchup und Mayo erinnern, machte sie mich jedes Mal darauf aufmerksam, wenn sie eine polnische Flagge sah. Wie die deutsche Flagge aussieht, weiß sie bis heute nicht, glaube ich.

Nun stehe ich in Warschau, ohne Kind, in einem Traum in Rot-Weiß. Es ist der 11. November, der Tag der Polnischen Unabhängigkeit. Er jährt sich zum hundertsten Mal. Die Menge bläst Atemwölkchen aus, es riecht nach Bier.

Im Zentrum der Hauptstadt, dort wo sich Aleja Marszałkowska und Aleje Jerozolimskie kreuzen, stehen Tausende Menschen, in Presseberichten wird später von über 200 000 Teilnehmern die Rede sein. Sie schwingen Flaggen, brennen bengalische Feuer ab und rufen »Gott! Ehre! Vaterland!« Dann ertönt von vorne aus den Lautsprechern eine Melodie, die ich kenne, alle stehen still, manche legen ihre rechte Hand an die Brust, alle singen, und ich weiß nicht mehr, was ich fühlen soll.

Ich habe Gänsehaut. Und bin verwirrt. Ich erinnere mich, wie sehr ich als Kind Nationalhymnen liebte. Meine Musiklehrerin hatte mir in der Grundschule eine Kassette überreicht, die ich mit nach Hause nehmen durfte: Die amerikanische Hymne war drauf, die französische, die deutsche, auch die polnische. Ich hatte zu keiner einen besonderen Bezug, aber ich mochte die Musik, dieses Feierliche, Pathetische. Heute kann ich meine Faszination von damals nur schwer nachvollziehen. Inmitten all dieser Leute, die mir so fremd sind, auch wenn wir alle den gleichen Pass haben, schaffe ich es nicht, mitzusingen. Ich kenne die Zeilen, aber schon bei der ersten – »Noch ist Polen nicht verloren« – denke ich: Das ist nicht mein Text. Das bin nicht ich.

1918 markierte für andere europäische Länder das Ende des Ersten Weltkriegs. Für Polen war es das Jahr, in dem das Land nach langen 123 Jahren Fremdherrschaft endlich (und nur für kurze Zeit) seine Unabhängigkeit wiedererlangte.

Jahrhundertelang war es eingekeilt gewesen zwischen den großen Mächten, die heute Deutschland und Russland heißen, und die meiste Zeit davon war Polen gar nicht Polen. Ist es da verständlich, dass die Polen anfällig sind für Patriotisches, Nationalistisches? Dass es zu ihrem Selbstverständnis gehört, das Polnische hochzuhalten? Fällt es ihnen deshalb so leicht, Stolz zu empfinden? Weil ihre nationale Rolle, historisch gesehen, eher passiv als aktiv war?

Nur ist Nationalismus eben mehr als Heimatliebe und das Bewahren kultureller Traditionen. Und er führt zu einem sehr einseitigen Selbstbild.

Die Polen haben noch immer wenig Erfahrung darin, die eigenen Verfehlungen in der Geschichte aufzuarbeiten. Sie benutzen zwei Schablonen, mit denen sie sich identifizieren: Die Polen waren entweder Helden – oder Opfer.

Zwischen diesen beiden historischen Rollen bewegen sich die Erzählungen der polnischen Nation: über die polnischen Aufständischen des 19. Jahrhunderts, als Preußen, Russland und Österreich das Land unter sich aufteilten; über die Kämpfer des Warschauer Aufstands von 1944, die sich dem Nazi-Regime widersetzten; über die *Żołnierze wyklęci*, die verfemten Soldaten des konservativen, antikommunistischen Widerstands, die von 1944 bis 1947 gegen die drohende und dann vollzogene Sowjetisierung Polens gekämpft hatten und über die unter dem kommunistischen Regime nicht gesprochen werden durfte. Seit 2010 ist es das Unglück von Smolensk, mit dem die polnische Märtyrergeschichte weitergesponnen wird.

Die Polen sind überzeugt davon, dass diese Ereignisse die Grundlage ihrer nationalen Identität bilden. Sie sind besessen von ihrer Geschichte. Sie gehen ins Kino und schauen sich historische Filme über polnische Helden an, die fast im Wochenrhythmus auf die Leinwand kommen. Sie bringen ihren Kindern schon in der Kita bei, dass ihr Volk es immer schwer hatte und sein Land verteidigen musste. Und manche Polen ziehen sich sogar Kostüme über, fahren irgendwo in die Einöde und stellen dort auf einem verlassenen Feld die Schlacht von Tannenberg nach oder – wie die Tataren – die Schlacht von Párkány. Etwas ist verlorengegangen, das es am Leben zu erhalten gilt. Die Traumabewältigung hält bis heute an.

Es ist dieses Schwarz-Weiß-Verständnis von Geschichte, das den polnischen Rechten und Rechtsextremen in die Hände spielt. Das Gefühl der diffusen Bedrohung, das Gefühl, noch immer von Feinden umzingelt zu sein, war einfach zu wecken in einem Land, das so grausam behandelt wurde – und sich so grausam behandelt fühlte – wie kaum ein anderes in Europa.

Ursprünglich war der Marsch von rechten und rechtsextremen Gruppen organisiert worden – wie jedes Jahr. Vom Nationalradikalen Lager (ONR), aber auch von Ortsgruppen der Regierungspartei PiS und radikalen Fußballfans. Das ONR ist eine neofaschistische und antisemitische Organisation, die sich 1993 gründete, in Anlehnung an die gleichnamige faschistische Partei der Zwischenkriegszeit. Sie ist in Polen gut organisiert. Über die Zahl ihrer Mitglieder gibt die Organisation keine Auskunft, es sollen mehrere tausend sein. In den vergangenen Jahren soll die Zahl noch mal stark gestiegen sein – seit die PiS an der Macht ist.

Als die liberale Stadtregierung in Warschau den Marsch wenige Tage vorher absagte, sorgte unter anderen die PiS dafür, dass ein neuer organisiert wurde.

Die Regierung hat die Grenze des Sag- und Machbaren deutlich erweitert. Erst kürzlich, an Ostern 2019, brannte wieder eine Puppe, die einen Juden darstellen sollte: In Pruchnik vollzogen die Bewohner des kleinen Ortes im Südosten das rituelle »Judasgericht«, das die katholische Kirche vor zehn Jahren verboten hat. Sie zerrten einen »Judas« aus Stroh und mit großer, krummer Nase durch die Straßen, schlugen ihn mit Stöcken und hängten ihn an einem Mast auf. Am Ende zündeten sie ihn an und warfen ihn in einen Bach. Einen Monat nach unserer Ankunft in Danzig waren bereits Rechtsextreme des ONR durch die Altstadt marschiert, mit Flaggen und Armbinden zogen sie an den Touristen vorbei, die Bilder weckten ungute Erinnerungen an die Märsche der SS vor fast achtzig Jahren. Und ein Jahr zuvor hatte das ONR sogar international Schlagzeilen produziert, weil Piotr Rybak auf dessen Marsch in Breslau die Puppe verbrannt hatte, die an einen orthodoxen Juden erinnern sollte.

Justyna Helcyk, Chefin des ONR in Niederschlesien, war in Breslau dabei. Als ich sie vor ein paar Jahren traf, erklärte sie mir, warum ihre Organisation so beliebt ist: »Wir Polen werden doch weiter attackiert«, sagte sie. »Von Berlin, von Brüssel. Der Krieg ist nicht zu Ende. Er geht weiter. Und der polnische Nationalismus ist ein anderer als der deutsche. Er verteidigt nur, er greift nicht an.«

Helcyk ist eine blasse, junge Frau, die enge Jeans trägt und hohe Schuhe. Sie ist 28 Jahre alt, sie hat Chemie studiert, in ihrer Freizeit betätigt sie sich als Sportschützin. Ihren Extremismus sieht man ihr nicht an. Auf YouTube sind Videos zu sehen, in denen sie, der blonde Engel, vor bösen Moslems warnt. Das ONR hetzt gegen Ausländer, die es in Polen kaum gibt. Was genau verteidigt es, wo es doch nicht angreifen will?

Eigentlich wollte ich in Warschau Justyna Helcyk treffen. Aber ich finde sie nicht. Die Organisatoren laufen vorne mit, dorthin ist kein Durchkommen. Es ist so voll, dass wir uns in der ersten halben Stunde nur ein paar Meter vorwärtsbewegen.

Es sind nicht nur polnische Rechtsextreme zum Marsch angereist, sondern auch italienische, ungarische – und deutsche. Lutz Bachmann zum Beispiel. Ich entdecke ihn zufällig, er läuft etwa drei Meter hinter mir. Ich lasse mich etwas zurückfallen und spreche ihn an: »Guten Tag, Herr Bachmann, ich bin Journalistin, würden Sie mir …«

»Ah, nee, lassen Sie mal«, sagt er und dreht sich um.

Ich versuche es noch ein paar Mal, er will nicht mit mir sprechen. Aber er kann auch nicht weg, er ist eingekeilt in der Menge. Also tut er so, als sei ich unsichtbar.

Dafür spricht er in sein Handy, das er auf einen Selfiestick gesteckt hat. »Ja, Freunde. Unglaublich, unglaubliche Szenen hier«, sagt er. »Hier kann man wirklich Kraft tanken. Hier ist nichts mit Nazis, was von der deutschen Presse behauptet wird. Hier ist die normale polnische Bevölkerung auf der Straße, und das ist einfach geil.«

Lutz Bachmann kommt aus Dresden, er ist Gründer von Pegida und wurde bereits wegen Drogenhandel, Körperverletzung und Volksverhetzung verurteilt. Er fragt seinen Nebenmann etwas auf Englisch. »Ah, okay, perfect. Also, was die Menschen hier singen: Die weiße und die rote Farbe werden nie geschlagen werden.« Für einen kurzen Moment ist Bachmann abgelenkt, weil es direkt neben ihm knallt und bengalische Feuer gezündet werden, dann richtet er seinen Blick wieder in die Kamera: »Ja, Freunde, es ist absoluter Wahnsinn.«

Das Video wird Bachmann später auf YouTube stellen. Und in einer Sache hat er Recht: Es sind tatsächlich viele Menschen hier, die aussehen, als würden sie einen ganz normalen Sonntagsspaziergang machen. Familien mit Babys und Kleinkindern, Nonnen, Hipsterpärchen, Damen im Pelz – und weiter vorn der Präsident und der Premierminister.

Ein Mann mit Glatze hat Probleme, sich aufrecht zu halten,

er stolpert und wankt, dann fällt ihm der Stock aus der Fahne, er versucht, ihn wieder dranzustecken, und schafft es nicht. Mittlerweile hängt über der Menge eine Duftwolke aus Schwefelgeruch, Schnaps und Energydrinks. Alle Kioske in der Nähe haben offen, vor allen drängen sich Menschen. Wer hier Alkohol verkauft, macht das Geschäft des Jahres.

Der Kumpel des Glatzkopfs ist deutlich fitter, er klettert gerade auf das Wartehäuschen einer Tramstation. Seine Trainingshose, an der seitlich Druckknöpfe befestigt sind, ist zur Hälfte offen. Oben angekommen, lässt er sich seine Flagge geben, dann brüllt er: »Raus mit den Muslimen!«, und seine Freunde brüllen ihm nach. »Raus mit den Muslimen! Raus mit den Muslimen!« Einer reckt seine rechte Hand zum Hitlergruß und lacht.

Unten läuft eine Nonne vorbei. Kurz schaut sie zu den Jungs hoch, dann richtet sie ihren Blick wieder nach vorn. Was denkt sie? Hat sie keine Angst? Ich drängele mich zu ihr durch und frage sie.

»Angst wovor?«, fragt sie zurück. Dann weiß sie doch, worauf ich hinauswill. »Das sind doch nur Jungs«, sagt sie. »Das ist harmlos, was die machen. Ich finde gut, dass wir Polen an diesem Tag zusammenkommen und unsere Nation feiern. Natürlich bin ich als Katholikin dafür, Menschen zu helfen. Aber ich glaube, man sollte Flüchtlinge dort unterstützen, wo sie herkommen, in ihren Ländern. Wir haben hier andere Werte, einen anderen Glauben. Daran würden die sich eh nicht gewöhnen.«

Sätze wie diese höre ich an diesem Tag öfter – vor allem von Menschen, denen man nicht unbedingt ansieht, welche Partei sie wählen: ganz normale Familien, ganz normale Studentinnen, ganz normale Rentner. Natürlich brüllen nicht alle, die mitmarschieren, rechtsextreme Parolen oder heben den Arm zum Hitlergruß. Aber keiner kann behaupten, die Parolen nicht zu hören, die hochgereckten Arme nicht zu sehen.

Der Politologe Ivan Krastev schreibt in seinem Buch *Europadämmerung*: »Im Kontext der Flüchtlingskrise wurde deutlich, dass nationale Loyalitäten, die einst als tot und begraben galten, sich im heutigen Europa – mit erstaunlicher Macht – zurückgemeldet haben.«

Nur waren die nationalen Loyalitäten in Osteuropa schon immer sehr stark. Und während die polnische Regierung eine im Grunde linke Sozial- und Wirtschaftspolitik eingeführt hat, schottet sie das Land gleichzeitig nach außen ab und sät Hass auf alle, die nicht Polen sind, während rechte Splittergruppen die hasserfüllte Sprache der Regierung in Taten übersetzen.

Hinzu kommt: Militante Neonazis haben in Osteuropa einen »Standortvorteil«, wie es Reinhold Vetter in seinem Buch *Nationalismus im Osten Europas* nennt: In den Ländern dort sitzen rechte Parteien nicht nur in Parlamenten, sie regieren sogar oder sind an der Regierung beteiligt: in Polen, Ungarn, der Tschechischen Republik, der Slowakei, Kroatien und den baltischen Staaten. Ihre Macht haben sie auch den rechtsextremen Gruppierungen in ihren Ländern zu verdanken, die ihrerseits von den Machtverhältnissen in den Parlamenten profitieren. Ein Marsch der Rechtsextremen durch das Zentrum der Hauptstadt wird in Polen eher schulterzuckend hingenommen; die Mehrheitsgesellschaft in Deutschland machte es beispielsweise der Pegida unter Lutz Bachmann nicht so leicht.

Ich löse mich aus der Menge und laufe Richtung Bahnhof. Bachmann habe ich verloren, Justyna Helcyk nicht gefunden. Wie merkwürdig, sich allein zu bewegen, nachdem man stundenlang in einer Menge eingepfercht war. Wie befreiend. Ich verlasse Warschau früher, als ich vorhatte.

Das Land feiert an diesem Tag einen runden, einen im Grunde tollen Geburtstag. Aber die Party, die es veranstaltet, ist nicht gut. Als ich im Zug nach Danzig sitze, habe ich Bauchschmerzen.

Der Mann neben mir schaut auf dem Handy Videos, die er vom Marsch aufgenommen hat. Hinter mir kippt eine Bierflasche um. Der Zug rollt langsam durch die Stadt. Sie ist gehüllt in Rauch und Nebelschwaden.

GRENZERFAHRUNG

Auf unseren vielen Zugfahrten zwischen Danzig und Berlin haben wir dreierlei festgestellt: Erstens, es fahren viel mehr Menschen von Polen nach Deutschland als umgekehrt. Zweitens, die Menschen in der 1. Klasse sehen besser aus, lächeln aber nie. Drittens, im Großraum der 2. Klasse gibt es keine einzige Steckdose, was vor allem für meine vierjährige Tochter immer wieder zum Problem wird – aber dazu später mehr.

Es ist der 1. Januar 2019, das neue Jahr erst ein paar Stunden alt, als wir im Waggon 267 des Eurocity von Berlin-Hauptbahnhof nach Gdingen sitzen, fünf Stunden und neunundvierzig Minuten bis Danzig-Wrzeszcz, die einzige Direktverbindung am Tag. Mit uns im Waggon sitzen Polen, die ebenfalls ihre Familien in Deutschland besucht haben. Meist sind sie unter dreißig oder über sechzig. Menschen also, die auf Feste eher eingeladen werden, statt sie selbst auszurichten – sie tun es noch nicht oder nicht mehr.

Eine junge Frau hält ihr Handy am Ohr, die kommenden eineinhalb Stunden wird sie erst die Feiertage bei der Familie, dann ihren Silvesterabend am Brandenburger Tor besprechen. Ein älterer Mann wird ebenfalls telefonieren, immer wieder. Ab und an wird er auf ein falsches Knöpfchen drücken und so die Verbindung zur Tochter und dem Enkel unterbrechen, die er in Berlin besucht hat. Er hält die beiden auf dem Laufenden über die Temperatur im Zug, die Dunkelheit (für ein paar Minuten fallen die Lichter aus) und über die Stationen, die wir passieren. »Na, bald sehen wir uns wieder«, sagt er, immer wieder, es ist das Mantra dieses Gesprächs. Es ist auch unser Mantra, und wer weiß: vielleicht das des ganzen Zugs.

Der Waggon ist nicht sehr voll, »aber alt«, so die Feststellung meiner Tochter. Im Laufe unseres polnischen Jahres, das uns regelmäßig – in den Ferien, zu Geburtstagen oder an Weihnachten – auch nach Deutschland führte, stellten wir fest: Waggon 267 ist im Zug von Berlin nach Danzig immer, wirklich immer, der mit Abstand älteste Waggon in der Reihe. Die Sitze im Waggon 267 sind mit braungemustertem Stoff überzogen, nicht mit dem modernen blauen wie in den anderen Waggons. Und sie sehen aus, als hätten auf ihnen schon in den Siebzigern Menschen gesessen. So riechen sie auch: nach einer Mischung aus Heizungsluft, Schweiß und – warum auch immer – sauren Gurken. Die Klos im Waggon 267 haben keine Spülung wie im Rest des Zuges, sondern schlicht eine Klappe, die sich beim Betätigen des Knöpfchens öffnet und Festflüssiges direkt auf die Gleise befördert. Es gibt keine Flüssigseife, sondern eine Vorrichtung, an der man drehen muss, bis einem etwas weißes Pulver auf die Hand rieselt, das dann in Verbindung mit Wasser zu einer Art Reinigungsflüssigkeit wird.

Und doch lande ich mit meinem Reservierungswunsch jedes Mal in Waggon 267. Denn 267 ist immer der Großraumwagen. Und ich kann nicht im Abteil reisen. Vielleicht unterscheiden sich die Deutschen und die Polen in dieser Hinsicht nicht voneinander, egal, ob sie nach Danzig, Krakau, Białystok oder nach Dortmund und Dresden unterwegs sind: Ich habe den Eindruck, dass Großstädter die Anonymität des Großraumwagens vorziehen, während Menschen vom Land eher die Intimität eines Abteils zu schätzen wissen. In unserem Zug jedenfalls ist es so: Im Großraum sitzen die, die in den größeren Städten zu- und aussteigen. Menschen aus den kleineren Orten, die zwischendrin angefahren werden, haben meist im Abteil reserviert.

Eine weitere Besonderheit von Waggon 267: Er ist entweder ein Eisfach oder ein Backofen. Die Heizung hier kennt kein Mittelmaß. Die Schaffner behaupten zwar jedes Mal, sie hätten »die Klimaanlage auf 23 Grad« gestellt, aber das glaubt ihnen keiner. Alle rollen nur genervt mit den Augen. Dann ziehen sie ihre Daunenjacken über oder beschließen, im Unterhemd zu reisen. Das überstehen sie auch noch, Polen haben schon viel Schlimmeres ausgehalten.

Doch das wahre Drama ist das eingangs erwähnte: Waggon 267 hat keine einzige Steckdose. Was auf einer durchschnittlich sechsstündigen Zugfahrt regelmäßig zu menschlichen Zusammenbrüchen führt. Manche verbarrikadieren sich nach zwei Stunden im Klo und zapfen den Rasierstrom an, andere sind schlauer und haben externe Ladestationen mitgebracht.

Ich gehöre nicht zu den Schlauen. Und so kommen die Zeichentrickfilme, die meine Tochter auf Zugfahrten ausnahmsweise auch unter der Woche schauen darf, nur zu Beginn der Reise in Frage, wenn der Akku meines Handys noch voll ist – was immer wieder zu lauten, sagen wir, »Diskussionen« führt.

An diesem ersten Tag des neuen Jahres ist Waggon 267 ein Eisfach. Die kalte Luft kommt sogar durch die Schlitze in Fußhöhe, was bedeutet, dass man eigentlich zwei Daunenjacken bräuchte, eine für oben und eine für unten. Viele im Waggon haben ihre Mützen auf. Der Schaffner hat bereits polnisch penibel die Fahrkarten kontrolliert, dafür aber polnisch schludrig allen Nachfragenden nur hingeworfen, das »Temperaturproblem« sei bekannt, er werde sich kümmern. Er kümmert sich drei Stunden lang, bis Posen, dann schlägt »das Temperaturproblem« in die andere Richtung, es wird warm und wärmer, und alle ziehen sich aus.

In Posen ist Bergfest, die Hälfte der Strecke ist um. Und während der Zug bis dahin meist relativ leer bleibt, steigt in Posen der Rest Polens zu. Der Bahnsteig ist so voll, dass ich mich frage, wie diese Menschen alle hineinpassen sollen. Sie tun es irgendwie. Sitzen vor dem Klo und in den Gängen und natürlich im Speisewagen, dem berühmten *Wars*.

Ich habe mich oft gefragt, warum so wenige Deutsche nach Polen reisen. Vor allem, warum so wenige Berliner es tun, die Grenze ist nur 70 Kilometer entfernt. Zwei Drittel der Deutschen sind laut einer Studie noch nie nach Polen gereist. Nur knapp ein Drittel sagte, Polen sei ihnen »sympathisch«. In deutschen Ohren klingt das Wort »Osten« nicht gut, nicht sexy. Erst der etwas fernere Osten, also Russland, fasziniert die Deutschen wieder. Warum ist das so? Und war es nicht mal anders, zur Zeit der Solidarność zum Beispiel? Da waren die Deutschen sehr wohl fasziniert von den Polen, Ost- und Westdeutsche gleichermaßen. 1989 waren die Polen die Freiheitshelden Europas, ihr Aufbegehren bereitete den Weg für die deutsche Einheit.

Heute ist der Enthusiasmus im besten Fall Desinteresse gewichen – im schlechteren Arroganz und Aggression. Auch 15 Jahre nach dem Eintritt Polens in die EU gilt: Schauen Deutsche ostwärts, erwarten sie in der Regel nichts Positives. Seit 2015 mögen sie dafür sogar Gründe haben. Aber gemessen daran müsste das Russlandbild der Deutschen viel miserabler ausfallen. Tut es aber nicht.

Laut polnischer Statistik gibt es 24 000 deutsche Einwanderer in Polen, dem stehen knapp zwei Millionen in Deutschland lebende Menschen mit polnischem Migrationshintergrund gegenüber.

Dabei haben Deutsche und Polen viele Gemeinsamkeiten: Sie essen gerne Würstchen, Sauerkraut und Kartoffeln, sie haben in ihren Ländern einen Konflikt zwischen Stadt und Land, West und Ost, Polen hat sogar, wer hätte das gedacht, die meisten Schrebergärten in Europa. Ganz zu schweigen von der gemeinsamen Grenze: 467 Kilometer ist sie lang. Warum also schauen so viele Deutsche auf die Polen herab?

Wenn ich in Deutschland bin, laufen meine Gespräche über Polen oft folgendermaßen ab: Ich erzähle, dass ich derzeit in Polen wohne. Ein Freund, eine Bekannte, wer auch immer, ist entzückt: »Ach toll, Mensch, wie ist es denn da?«

»Ja, also …«

»Hab ich dir schon erzählt, meine Oma kommt auch aus Polen, ich habe den Namen des Dorfes vergessen, irgendwo da an der Ostsee, wie hieß das noch …«

»Interessant, warst du mal da?«

»Du, ich wollte immer, nur habe ich es bisher irgendwie nicht geschafft. Aber ich will unbedingt mal hin!«

Meist wohnt die Person, mit der ich mich unterhalte, in Berlin. Meist fährt sie auch regelmäßig sehr weit weg, nach Thailand beispielsweise. Aber weil ich nicht das polnische Fremdenverkehrsamt spielen will, sage ich am Ende nichts dazu.

In Polen fühle ich mich noch immer häufig fremd, in Deutschland mittlerweile auch. Ich lebe in Danzig, mein anderes Zuhause in Berlin ist seit meinem Wegzug stehengeblieben – jedenfalls für mich. Während es sich für alle anderen, die dort leben, selbstverständlich weiterdreht. Ich fühle mich nicht wohl als Gast in Deutschland. Und bin jedes Mal froh, wieder in Polen zu sein.

Weil der Transit zwischen Deutschland und Polen uns beide, meine Tochter und mich, schmerzt, haben wir Rituale entwickelt. Jede von uns sucht sich am Berliner Hauptbahnhof eine Zeitschrift aus. Dann kaufen wir uns einen Kaffee beziehungsweise einen Kakao und ein Schinken-Käse-Baguette, und wenn wir dann auf unseren Plätzen in 267 angekommen sind, ziehen wir erst mal die Schuhe aus. Ich versuche meine Tochter mit Uno-Spielen, Vorlesen und Quatschen noch etwas hinzuhalten. Dann darf sie ihren Film gucken.

Gleich zu Beginn der Reise wäre das sowieso nicht möglich, am besten, man lässt erst mal Frankfurt/Oder hinter sich, dann ist man in Polen, da funktioniert die Sache mit dem Filmschauen prima. Apropos Land zweiter Klasse: In Polen ist das Internet auch im hinterletzten Dorf besser als in manch einer deutschen Großstadt.

Wenn meine Tochter sich müde geguckt hat und der Akku eh leer ist, gehen wir in den Wars, in den Speisewagen. Meist ist er hinter Posen sehr voll, so auch an diesem Tag. An einem Vierertisch ist noch ein Platz frei, ich setze mich und nehme meine Tochter auf den Schoß. Uns gegenüber versucht eine Mutter gerade zu verhindern, dass ihr Sohn, der wohl Jeremek heißt (»Jeremek! Lass das!«), ihre Tasche ausräumt.

Die polnische Bahn hatte mal einen sehr schlechten Ruf. Gerüchteweise stand früher im Winter in den Waggons der Schnee knöchelhoch, während im Sommer gelegentlich der letzte Waggon verlorenging und einfach irgendwo ausrollte. Und der Speisewagen soll zu Zeiten der Volksrepublik ausschließlich Essig, Wasser und schlecht gelauntes Personal mitgeführt haben.

Heute scheint die Kellnerin auch nicht wirklich gut gelaunt, was sehr verständlich ist. Sie ist nicht älter als Mitte zwanzig, ihre Augen sind müde, die Lippen noch rot vom Alkohol der letzten Nacht. Tapfer versucht sie das Tablett an den vollbesetzten Tischen und ein paar herausstehenden Beinen vorbeizubugsieren. Als sich der Zug kurz in die Kurve legt, verzieht sie das Gesicht, hält aber die Balance. Dann bringt sie der Männergruppe hinten endlich ihr Konterbier.

Im Speisewagen sitzen die unterschiedlichsten Menschen. Ältere Frauen mit einem Schmöker in der Hand, weil der Ehemann neben ihnen mittlerweile verstummt ist. Sie leisten sich im Wars nur einen Kaffee, denn sie haben ja Brote geschmiert. Urbane Hipster, unterwegs nach Sopot oder Danzig, die auf der Karte nach Angeboten suchen, die mit ihrem Ernährungsplan vereinbar sind. Eine Männergruppe trägt Kapuzenpullis mit dem Schriftzug »Blood and Honour Worldwide«, auf einem T-Shirt steht »White Resistance«. Auch in Polen ist die Chance recht groß, dass Nazis mitreisen. Meist bleiben sie ruhig.

Nur ein Typ Reisender lässt sich nie im Speisewagen blicken: der freundliche, etwas verlebte Mann mittleren Alters, der immer allein unterwegs ist. Vielleicht kann er sich einen Besuch im Wars nicht leisten, jedenfalls bleibt er stundenlang auf seinem Platz sitzen, wo er etwa alle zwei Minuten seinen Flachmann an den Mund führt. Er ist sich selbst genug.

Die Tische im Speisewagen haben nichts gemein mit den sterilen, abwischbaren Flächen in deutschen Zügen: Am Fenster steht ein kleines Lämpchen, das einen hübschen gelben Lichtkegel auf die weiße Tischdecke wirft. Die Sitze sind weinrot und einladend, aus der Küche ist lautes Klopfen zu hören und leises Brutzeln. Wer die Mikrowellenkost, die vakuumverpackten Salate und Sandwiches der Deutschen Bahn gewöhnt ist, wird es vielleicht nicht glauben: In polnischen Zügen wird ähnlich wie in tschechischen wirklich gekocht. Und so riecht es hier auch. Nach Bratfett, Knoblauch und Zwiebeln.

Vielleicht ist das mein Schnitzel, das gerade plattgeklopft wird, denke ich. Ich habe Hunger. Serviert wird es mit kleinen Kartoffeln und frischem Salat: weißes Kraut und rote Beete. Meine Tochter hat das Kindermenü bestellt: Hühnchen, ebenfalls Kartoffeln und polnischer Gurkensalat, den sie so liebt, weil die Gurkenscheiben in einer Soße aus Joghurt, Sahne und Zucker schwimmen. Wer fleischlos isst, kann Salate, Pierogi oder gebackenen Camembert bestellen. Auch der wird frisch paniert und gebraten.

Für die Kinder gibt es ein kleines Geschenk, das man nicht gleich wegwerfen möchte wie viele andere »Geschenke«, die

Kindern oft hinterhergeworfen werden. Im polnischen Speisewagen bekommen sie einen Spielwaggon aus buntem Holz, mit einer Nummer obendrauf. Vorne und hinten sind kleine Magnete befestigt, so dass man die Waggons (eine rote Lokomotive gibt es auch) miteinander verbinden kann. Wir sind in diesem Jahr so oft Zug gefahren, wir haben fast alle, uns fehlen nur noch die Nummern 2 und 7.

Der kleine Jeremek hat aufgehört, sich mit der Handtasche seiner Mutter zu beschäftigen. Nun hat er auf der anderen Seite des Ganges einen Mann entdeckt und schneidet ihm Grimassen. Der Mann ist noch jung, kleine Pickelchen verteilen sich über sein Gesicht, er liest ein Buch, *Astrophysik für Dummies*, seine Kreditkarte dient ihm als Lesezeichen. Seine Sneaker sind rosa, er trägt keine Socken, dafür trinkt er ein großes Bier. Ich kann verstehen, dass Jeremek ihn interessant findet.

Zwischen den beiden entwickelt sich ein Spielchen, sie machen Witze. Der Mann hält sich das Buch vors Gesicht, zieht es runter und sagt: »Kuckuck!« Da sagt Jeremek: »Hey, du kleiner Scheißer!«

»Jeremek!« Die Mutter schaut von ihrem Handy auf. »Was habe ich gesagt? Hör auf mit den Schimpfwörtern, von wem hast du die überhaupt? Willst du, dass der Schaffner dich rauswirft? Willst du am Gleis warten, ganz allein?« Dann beschließt sie, ihre Taktik zu ändern, und fängt an, ihn zu kitzeln. Wahrscheinlich ist sie genauso verkatert wie wir alle und versucht nur, möglichst schmerzfrei zu Hause anzukommen. Ich habe es besser getroffen, denke ich noch. Meine Tochter ist auf meinem Schoß eingeschlafen.

Nach einer halben Stunde wacht sie auf und hat schlechte Laune. »Ich will jetzt Film gucken! Wo sind meine Gummibärchen? Ich will jetzt Film gucken!« Sie wittert meine Schwäche und schreit weiter und hat vielleicht auch genug vom ewigen

Hin-und-Herfahren, außerdem ist es schon spät, nach 20 Uhr. Die Mutter gegenüber schenkt mir einen solidarischen Blick, bevor wir uns zurück in Richtung Waggon 267 bewegen. Vielleicht, denke ich, tut uns ein Szenenwechsel gut.

Doch dort geht der Kampf weiter – meine Tochter wird immer wacher und ich immer müder. Je mehr ich flüstere, um meine Kräfte einzuteilen, desto lauter wird sie, bis sie schließlich durch den Wagen schreit: »Du bist eine Scheißmama!« Auf Deutsch. Kurz gefällt mir die Beobachtung, dass wir beide ausschließlich auf Deutsch fluchen, dann bemerke ich die Blicke der anderen: Ich nehme an, »Scheißmama« haben alle verstanden.

GERUCH DER HEIMAT

Wenn ich an das Polen meiner Kindheit denke, steigen mir sofort Gerüche in die Nase. Und wenn ich in Polen aus dem Zug steige und tief einatme, muss ich sofort an meine Kindheit denken. Das Land riecht für mich, egal wo ich bin, noch immer genau wie früher, in den Achtzigern. Denke ich an Polen, rieche ich Braunkohle.

Mit Braunkohle heizt Polen noch immer. Das ist umweltpolitisch kein gutes Zeichen. Für mich, emotional, ist es das schon. Es gibt also doch Momente, denke ich, in denen ich mich heimisch fühle. Mit dem Geruch von Rauch und Ruß verbinde ich meinen Alltag als Stadtkind, Wege in die Kirche, Wege zum Einkaufen. Mit dem von feuchtem Waldboden: Ferien.

Jeden Sommer fuhr ich mit meinen Großeltern zelten. Eigentlich war es verboten, in dem Wald, in den wir fuhren, ein Lager aufzuschlagen. Aber weil meine Großeltern den Förster kannten, durften wir es doch. Wir hatten eins dieser großen Zelte, die fast wie ein Häuschen wirken, mit zwei Schlafkammern, in der einen schliefen meine Großeltern, in der anderen meine Schwester und ich. Und jedes Mal, wenn ich morgens den Reißverschluss öffnete, im Bogen von unten nach oben nach unten, aus dem Zelt robbte und mir noch im Schlafanzug die Gummistiefel überzog, weil der Rasen nass war, überwältigte mich der Geruch aufs Neue.

Es roch nach Tau, Moos und Erde. Nach Kiefernnadeln, Gras und dem Himbeerstrauch, der am Wegrand wuchs. Und vielleicht roch es auch etwas nach dem Kackhaufen weiter weg, den wir nicht sorgfältig genug verbuddelt hatten. Ich war ein Schulkind und stand nicht etwa meditativ da, den Duft einsaugend, wie ich es vielleicht als Erwachsene getan hätte. Ich hatte zu tun. Ich zog mir einen Pulli über, weil es irgendwie doch zu frisch war, pflückte ein paar Himbeeren und machte mich daran, meiner Puppe ihr Frühstück zuzubereiten.

Der Geruch dieser Sommer brannte sich mir ein.

Nichts spült so unwiderstehlich Erinnerungen hoch wie Gerüche. Es wundert mich deshalb nicht, dass ich unbewusst versuche, sie wiederzufinden, seit meine Familie Polen verlassen hat. In Deutschland, im Rest von Europa, in Ägypten, Amerika und Kanada: Egal, wo ich war, ich fühlte mich vom Wald und vom Meer angezogen. Doch Wald und Meer rochen überall anders, ich fand den Geruch nicht wieder.

Es ist mir auch in diesem Jahr nicht gelungen. Dabei war ich sogar im letzten Urwald Europas, dem Białowieża. Rund die Hälfte des fast 1500 Quadratkilometer großen Waldes gilt als weitgehend unberührt. Seit seiner Entstehung vor 8000 bis 9000 Jahren wurde er kaum vom Menschen beeinflusst.

Białowieża ist Weltnaturerbe, Heimat der berühmten Wisente. Die PiS-Regierung hatte im Frühjahr 2016 beschlossen, dort mehr als 180 000 Kubikmeter Holz zu schlagen – das Dreifache der ursprünglich erlaubten Menge. Allein im Jahr 2018 wurden nach offiziellen Angaben 150 000 Bäume gefällt. Umweltschutzorganisationen protestierten dagegen und reichten bei der EU-Kommission Beschwerde ein. Die wiederum klagte vor dem Europäischen Gerichtshof – und bekam Recht. Polen habe mit der Abholzung gegen das Naturschutzrecht der EU verstoßen.

Als wir im Sommer in Białowieża Halt machten, auf Durchreise zu den Tataren im Osten, und im Wald spazierten, waren die Abholzarbeiten schon gestoppt worden. Wir liefen auf einem Holzsteg durch den Teil des Waldes, den Touristen betreten dürfen. Der Nationalpark ist Lebensraum für über 12 000 Tierarten.

Viele sind nur hier anzutreffen. Ich habe noch nie so viele Vögel in einem Wald gehört und noch nie so ein sattes Blattgrün gesehen. Es war schön. Aber es war nicht der Wald von früher. Als wir hinterher in einem Städtchen in der Nähe in einem Restaurant saßen und Hirschgulasch bestellten, schauten wir direkt auf ein Storchennest. Die waren hier überall. Hier und überall in Polen. Egal, wohin man fährt, im Sommer ist auf fast jedem Strommast ein Nest zu sehen. Ein Drittel der Weltpopulation der Störche nistet in den warmen Monaten in Polen – kein Wissenschaftler kann sagen, warum.

Geht es um Natur- und Umweltschutz, tut Polen sich nicht erst seit der PiS-Regierung schwer. Kohleöfen, alte Autos, alte Fabriken: Anfang der Neunzigerjahre galt jeder zweite Fluss in Polen als stark verschmutzt, Menschen erzählten sich schaurige Geschichten von Karpfen, die unter Wasser leuchteten.

Nach der Wende ging die Hälfte der polnischen Fabriken bankrott. Schlecht für die Menschen, gut für die Umwelt. Und doch gewinnt Polen bis heute achtzig Prozent seiner Energie aus Braun- und Steinkohlekraftwerken. Die PiS will nun nicht nur den Bergbau erhalten, sondern auch neue Atomkraftwerke bauen. Von einem Energiemix ist die Rede, der auch Sonnenenergie und den Bau von Windkraftanlagen auf See einschließt. Ein hundertprozentiger Ausstieg aus der Kohle ist derzeit nicht geplant.

Ich weiß das alles, und doch macht es mich seltsam nostalgisch und glücklich, diese schlechte Luft einzuatmen. Das, was da aus den Schornsteinen der Kohleöfen kommt, ist für mich, was bei Marcel Proust die in Lindenblütentee getunkten Madeleines sind.

Nun, im Winter, blasen die Schornsteine einen derartig starken Rauch aus, dass mir manchmal die Augen tränen. Mehr als jeder dritte Haushalt in Polen heizt noch mit Kohle. Unser Haus hat zwar Fernwärme, allerdings können wir die Heizung nicht regulieren. Im Oktober wird sie zentral an- und im Mai wieder ausgestellt. Wird es uns zu warm, müssen wir eben das Fenster aufmachen.

Dabei haben wir es in Danzig noch gut erwischt. In Krakau, das in einer Art Kessel liegt, ist etwa die Hälfte des Jahres Smogalarm. In Warschau schauen Eltern im Winter oft erst auf ihre Smog-Apps, bevor sie mit den Kindern das Haus verlassen. Ein Online-Shop, der Atemmasken verkauft, wurde vor ein paar Jahren noch belächelt. Mittlerweile läuft das Geschäft wahnsinnig gut, man kann sogar Messgeräte und Innenraumreiniger kaufen. Umgerechnet kostet eine Maske etwa 35 Euro, es gibt verschiedene Farben und Muster, für Kinder Masken mit Autos oder Prinzessinnen. Es gibt Pflanzen zu kaufen, die Feinstaub auf eine ganz besondere Art rausfiltern sollen. Es gibt Wandfarben und Gesichtscremes gegen Smog.

Uns habe ich nichts davon besorgt, obwohl ich ab und an vermummte Menschen in Danzig sehe. Wir haben doch das Meer, denke ich. Aber es gibt Tage wie in diesem Januar, die Heizperiode läuft schon ein paar Monate, an denen meine Tochter über »Schmerzen am Kopf« klagt und ich aufs Joggen lieber verzichte. Wir erkennen sie meist schon morgens, beim Blick aus dem Fenster. Hängt eine graue Decke am Himmel, ist die Sache klar: Der Smog kann nicht abziehen, also staut er sich darunter.

An solchen Tagen geben die Verkehrsbetriebe die Smogwerte an den Tramstationen durch. Auf den Tafeln, wo sonst die Wartezeiten angezeigt werden, werden die Bürger und Bürgerinnen darum gebeten, sich nicht allzu lang draußen aufzuhalten. Meine Tochter erzählt, in der Kita sei sie angewiesen worden, nur durch die Nase zu atmen, sonst komme »ganz viel Dreck in den Mund«. Und manchmal, wenn wir länger durch die Stadt laufen, wird uns übel. Abends schnäuzen wir uns die Nasen, das Taschentuch ist hinterher schwarz. 33 der 50 am stärksten durch Smog belasteten Städte Europas liegen in Polen.

Die schlechte Luft, überhaupt der Zustand der Umwelt, ist in Polen wie überall vor allem Schuld der Politik und der Konzerne. Doch auch jeder Einzelne hat seinen Anteil. Vielen Polen, vor allem der urbanen Mittelschicht, ist sehr wohl bewusst, dass sie Natur und Umwelt schützen müssen. Sie tun es auch. Sie kaufen kein Mineralwasser mehr, sondern füllen Leitungswasser in eigens angeschaffte, hübsch verzierte Glasflaschen. Sie kaufen Kleidung aus Bio-Baumwolle und benutzen Naturkosmetik. Sie verwenden wie die Frau im veganen Imbiss Holz- statt Plastikgabeln. Sie schützen die Umwelt vor allem dort, wo sie konsumieren können.

Und eher weniger, wenn es darum geht, zu verzichten. Auf das Auto, aufs Fliegen, auf den Winterurlaub. Noch die größten Umwelt- und Tierschützer haben ein Auto. 200 000 Neuwagen werden in Polen pro Jahr verkauft. Hunderttausende der alten Dieselautos, die in Deutschland kürzlich verboten wurden, fahren mittlerweile in Polen. Das Auto bleibt das wichtigste Statussymbol.

Wo sich die Polen ebenfalls um andere kümmern: bei großen Charity-Aktionen. Meine Tochter macht auch mit, es ist ganz einfach. Plastikdeckel von Flaschen werden nicht weggeschmissen, sondern an bestimmten Orten, bei uns ist es das Einkaufszentrum um die Ecke, in großen, durchsichtigen Containern gesammelt. Die Deckel werden dann einem Recyclingunternehmen verkauft, der Erlös kommt Kindern oder Menschen mit Behinderungen zugute.

Nur landen die dazugehörigen Flaschen nicht unbedingt im Plastikmüll. Sie liegen im Park oder einfach auf der Straße. Neulich habe ich einen Mann in unserem Müllverschlag dabei beobachtet, wie er Dosen und Plastikflaschen aus den Containern fischte, um sie mit den Füßen plattzutreten. Ich weiß nicht, warum er das tat, und auch nicht, ob er der Besitzer des Schlafsacks war. Er roch nach Bier, vielleicht waren das seine Dosen. Er sah freundlich aus.

Viele Polen werfen ihren Plastikmüll auch einfach in den Heizungsofen. Und damit schließt sich auch der Kreis, denn das, was ich seit meiner Kindheit rieche, ist eben nicht nur Kohle. Es ist auch verbranntes Plastik.

Den mir liebsten Geruch meiner Kindheit habe ich in diesem Jahr nicht gesucht. Ich wusste, ich würde ihn nicht finden. Es ist der Geruch meiner Oma.

Mit den Jahren fällt es mir immer schwerer, mich an ihn zu erinnern. An diese Mischung, die sich ja auch im Laufe ihres Lebens veränderte. Und die auch die Gerüche ihrer Wohnung einschloss, die nun meine Cousine bewohnt.

Als ich klein war, roch es dort manchmal nach dem Mohnstrudel, den sie vor allem für meinen Vater buk, oder den Hefehörnchen und der Rosenmasse, mit der diese gefüllt waren. Meine Großeltern besaßen außerhalb Danzigs eine Datsche, zu der sie fast jedes Wochenende fuhren und von der meine Oma Rosenblätter mitnahm, um sie zu Hause einzukochen. Es roch nach den kleinen Speckwürfeln, die sie anbriet, bis sie fast schwarz waren, um sie danach mitsamt der zerlassenen Butter über ihre Pierogi zu streuen.

Ich sehe meine Oma bis heute vor mir, in der kleinen Küche stehend, mit dem Rücken zur Tür. Sie streut Mehl auf die Arbeitsfläche, knetet ein letztes Mal den Teig durch und rollt ihn mit einem Nudelholz aus. Ihre Hände wischt sie sich an der Schürze ab, dann nimmt sie ein Glas und sticht runde Teigstücke aus. Sie drückt einen Teelöffel der Füllung (bestehend aus Kartoffeln, Quark und angebratenen Zwiebeln) in die Mitte eines Teigstücks. Dann klappt sie es zu und zwirbelt die Enden mit Daumen, Zeige- und Mittelfinger zu – so dass sich ein schönes, gleichmäßiges Muster ergibt. Und als sie die fertigen Pierogi aus dem siedenden Wasser mit einer Kelle herausfischt, nimmt sie sofort einen in die Hand, pustet, sagt »ah, heiß« und beißt dann rein. Meiner Oma gelangen sie immer, bei ihr wurden sie nie zu Pierogi-Suppe.

Doch im Laufe der Jahre kam die Familie immer seltener zu Besuch. Meine Oma saß dafür immer öfter vor dem Fernseher. Sie hatte sich einen mit flachem Bildschirm angeschafft, und – nach Jahrzehnten – ein neues Sofa. Es war hart, man sank nicht mehr einen halben Meter hinein, durchaus praktisch, wenn man alt ist. Wobei sich meine Oma, streng genommen, auf Plastik setzte. Alle machten sich darüber lustig, dass sie den Plastikschutz, mit dem das Möbelstück geliefert worden war, nie abgenommen hatte. »Es sieht noch so schön, so neu aus darunter«, sagte sie. Das Sofa hatte sie eine komplette Monatsrente gekostet.

In dieser Zeit stand meine Oma kaum noch in der Küche. Was sollte sie auch groß für sich und ihren Mann kochen? Der Geruch der Wohnung veränderte sich. Sie roch plötzlich nach alten Menschen. Nach dieser Mischung aus ungelüfteten Zimmern, der Erinnerung an ein süßes Parfüm und Kleidung, die schon länger nicht mehr gewaschen worden war.

Ganz am Ende roch die Wohnung meiner Großeltern auch nach Chemie. Das Desinfektionsmittel, das die ukrainische Pflegerin meines Opas benutzte, war so streng, dass der Geruch sogar bis vor die Wohnungstür drang. Die Pflegerin half meiner Oma nicht nur dabei, meinen Opa zu waschen und zu füttern und ihn von der einen auf die andere Seite zu drehen, damit er sich nicht wund lag. Sie machte auch den Haushalt, putzte und kochte ukrainischen Barszcz – trotz der Proteste meiner Oma, die in diesen Momenten gespürt haben muss, wie sehr sich die Zeiten geändert hatten, wie zerstreut und verlorengegangen unsere Familie war. Wenn ich sie besuchte, meist allein, weinte sie viel.

Ich tröstete mich mit dem Gedanken, dass die Pflegerin ihr nun auch eine Freundin geworden war. Sie wohnte direkt neben der Wohnungstür, im kleinsten der vier kleinen Zimmer, die kleine Küche, das kleine Bad und das klitzekleine Klo nicht mitgezählt.

Betrat man dieses Klo, musste man sich um die eigene Achse drehen, um die Tür zu schließen, und sich wieder umdrehen, um auf der Klobrille Platz zu nehmen. Die Fläche war insgesamt nicht größer als ein Quadratmeter, und auf diesen Quadratmeter konzentrierten sich auch die Klogerüche. Vermischt mit dem Duft des Weichspülers, wenn die Kloumpuschelung gerade gewaschen worden war. Und dem des Klopapiers, das rosa war und nach Blumen roch. Die Zeiten, in denen sich die Polen ihren Hintern mit kratzigem, braunem, schnell reißendem Papier abwischten, waren vorüber. Vielleicht griff meine Oma gerade nach dem rosa Klopapier, als sie das letzte Mal auf diesem Quadratmeter saß. In einer Nacht im Januar kippte sie vom Klo und war tot.

EINE WOCHE FERNSEHEN

Nach dem Tod meiner Oma hielt mein Opa nur noch ein knappes Jahr durch, dann starb auch er. Meine Tante mistete die Wohnung aus, schmiss die alten Möbel weg, verteilte die neueren auf die Danziger Verwandtschaft. Was mit dem Fernseher passierte, weiß ich nicht. Dabei war der Fernseher in ihren letzten Lebensjahren der Lebensmittelpunkt meiner Großeltern gewesen. Die Kinder und Enkel waren mehr oder weniger weit weg, die Freunde starben nach und nach, das Fernsehprogramm brachte Struktur rein.

Vor allem für meine Oma. Mein Opa bastelte in seinem kleinen Zimmerchen an seinem Radio rum, meine Oma saß im Wohnzimmer, las Zeitung oder sah fern. Irgendwann hatte sie sich – zusätzlich zum Sofa – einen Fernsehsessel gekauft, in den setzte sie sich jeden Abend um halb acht, stellte ihren schwarzen Tee mit Zitrone bereit, warf die Pantoffeln ab und stemmte sich nach hinten, so dass der Sessel in eine Liegeposition kippte.

Die *Wiadomości* im ersten Sender TVP, die Nachrichten am Abend, waren neben ihrer Lieblings-Telenovela der Höhepunkt des Tages. Heute, ein paar Jahre nach ihrem Tod, ist die Sendung eine komplett andere geworden. Man kann es nicht anders ausdrücken: Sie wird von der Regierung kontrolliert. Seit die PiS die Wahlen gewann und die TVP einen neuen Chef bekam, wurde fast die komplette Belegschaft ausgetauscht. Rund 200 Journalisten und Journalistinnen wurden entlassen oder verließen von sich aus den Sender, bevor es so weit kommen konnte. An ihre Stelle traten regierungstreue Kolleginnen und Kollegen.

Was aber bedeutet das konkret? Wie viel Staat steckt in TVP, und wie einseitig berichten die *Wiadomości*? Welcher Ausschnitt von der Wirklichkeit wird mir also präsentiert, wenn ich mich eine Woche lang ausschließlich in dieser Sendung über die Lage in Polen und der Welt informiere, jeden Abend um 19 Uhr 30?

Ich weiß nicht, was ich erwartet hatte. Aber die Frau, die mich eines winterlichen Montagabends auf dem Bildschirm begrüßt, sieht nett aus, gar nicht nach Staatsfernsehen. Sie trägt die langen, braunen Haare offen und eine weiße Bluse mit rotem Blazer. Das hochglanzblaue Studio, in dem sie sitzt, hat etwas Positives, Hoffnungsvolles.

Weniger positiv ist das, was sie sagt: Der israelische Außenminister Israel Katz habe den Polen strukturellen Antisemitismus unterstellt und behauptet, sie hätten den Judenhass »mit der Muttermilch aufgesogen«. Mehrmals wird der Ausschnitt aus dem israelischen Fernsehen gezeigt, in dem er sich so äußert.

Das ist die erste und demnach wichtigste Nachricht des Tages. Was in anderen Ländern an diesem Abend als Topmeldung gilt, weiß ich zu diesem Zeitpunkt noch nicht.

Daraufhin werden polnische Politiker und Historiker gebeten, die Aussage zu kommentieren. Zu Wort kommen ausschließlich Männer, die Mitglied der PiS sind, und Männer von Instituten, Zeitungen und Universitäten, die der Regierung nahestehen.

Sie sagen unisono: Polen seien nicht antisemitisch, ganz im Gegenteil. Statt Juden zu ermorden oder zu verraten, hätten die Polen sie in erster Linie: gerettet. Man müsse doch wohl eher nach Frankreich oder Deutschland schauen, wolle man Antisemitismus sehen, sagt die Moderatorin. In Berlin seien »Attacken auf Juden Alltag«. Es folgen schnell geschnittene Bilder von Demonstrationen in Deutschland und von dem jungen Mann, der in Berlin einen Juden mit einem Gürtel attackierte.

Nach dem Skandal aus Israel erfahre ich, dass die polnische Regierung sehr erfolgreich sei. Zwei kleine Firmen werden vorgestellt, die – PiS sei Dank – Steuern sparen. Eine vierfache Mutter erzählt, wie sie – PiS sei Dank – nun mehr Geld für die Erziehung ihrer Kinder habe. Die Arbeitslosigkeit sinke, die Menschen hätten mehr Geld.

Ich weiß, dass die Arbeitslosigkeit deshalb gesunken ist, weil seit Jahrzehnten die Anzahl der befristeten und gering dotierten Arbeitsverträge steigt. Andererseits: Jede Regierung verbucht aktuelle positive Statistiken für sich – auch wenn diese auf Reformen ihrer Vorgänger zurückzuführen sind. Also im Grunde nichts Besonderes.

Anders als erwartet kommt auch die Opposition zu Wort, kurze Beiträge auf Facebook oder Twitter werden zusammengeschnitten. Sie klingen etwas aus dem Zusammenhang gerissen und nicht besonders gut formuliert, aber immerhin: Sie sind da.

Dass Oppositionspolitiker direkt in eine TVP-Kamera sprechen, kommt eher selten vor. Auch deshalb, weil die meisten von ihnen die TVP mittlerweile boykottieren. Sind sie doch einmal zu sehen, dann in Ausschnitten, in denen sie sich verhaspeln, in denen sie emotional wirken und unsouverän. PiS-Leute hingegen sind bei der TVP immer mit ruhigen, besonnenen, rationalen Äußerungen zu sehen.

Die Nachrichten des Tages enden mit einer guten Neuigkeit: Die TVP habe für die kommenden Jahre die Rechte ergattert, alle Spiele der polnischen Nationalmannschaft zu zeigen. Es werden Bilder von polnischen Fußballern gezeigt, die Tore schießen; ein Junge strahlt vor Freude, ein alter Mann mit Schnurrbart sagt: »Das hat es früher im polnischen Fernsehen nicht gegeben.« Der Mann sieht sehr glücklich aus.

Die Menschen schauen doch gar kein Fernsehen, heißt es immer. Es gibt doch das Internet! Da ist was dran – auch in Polen. Wenn die Polen fernsehen, dann vor allem Privatsender. 2016 erreichten TVP 1 und TVP 2 zusammen nur noch einen Marktanteil von 14 Prozent, der tiefste Wert seit Beginn der Quotenmessungen. Und viele Polen, bis zu zwei Drittel, zahlen ihren Rundfunkbeitrag nicht – obwohl er im europäischen Vergleich niedrig ist. Das einst erfolgreiche Finanzierungskonzept aus Gebühren und Werbeeinnahmen funktioniert nicht mehr.

Dennoch kenne ich viele Menschen, die sich so informieren. Unsere Babysitterin etwa. Sie erzählt immer wieder, sie habe diese und jene Information aus den Abendnachrichten. Sie sind noch immer eine feste Größe in vielen Haushalten. Jedenfalls für den einen Teil der Polen. Der andere schaut Privatsender wie TVN und liest Zeitungen wie die *Gazeta Wyborcza*.

Am nächsten Tag: eine Eilmeldung. Die PiS hat ihre Kandidaten und Kandidatinnen für die bald anstehende Europawahl bekanntgegeben. Live-Schalte zu einem Mann, der irgendwo in Warschau in einer dunklen Straße steht. Der Korrespondent nennt alle 13 Namen, das war's. Dann wird die Ex-Premierministerin Beata Szydło eingeblendet: Sie glaube an ein tolles Ergebnis der PiS.

Was sonst so in der Welt passiert, erfahre ich nicht. Erst nach Abschluss meiner Woche mit der TVP informiere ich mich, was ich verpasst habe: Die US-Bundesstaaten haben gegen den nationalen Notstand geklagt. Die EU hat sich auf Schadstoff-Grenzwerte bei LKW und Bussen geeinigt. Karl Lagerfeld ist gestorben. Putin hat in seiner Rede zur Lage der Nation vor einem neuen Wettrüsten mit dem Westen gewarnt. Der Machtkampf in Venezuela ist eskaliert, es gab Tote. Und: Nigeria hat einen neuen Präsidenten gewählt.

Bei der TVP finden diese Themen nicht statt. Auslandsnachrichten sind ausschließlich Nachrichten, die unmittelbar mit Polen zu tun haben. An diesem Abend geht es wieder um die Aussage des israelischen Politikers: Polen, Antisemitismus,

Muttermilch. Schalte zum Korrespondenten in Tel Aviv: Er sagt, dass Ministerpräsident Netanjahu nichts sagt – und damit zurück nach Warschau.

Am Ende: die Band Tulia. Vier junge Frauen mit Trachten, rotem Lippenstift und dicken Flechtzöpfen, die Polen beim Eurovision Song Contest vertreten. Sie mischen polnische Volksmusik mit modernem Pop und singen auf diese typisch osteuropäische Art, die manchen wie Jaulen erscheint. Ich mag das, es erinnert mich an die polnischen Berglieder meiner Kindheit.

Jede Ausgabe der *Wiadomości* folgt dem gleichen Aufbau: Innerhalb einer halben Stunde wendet sich das Böse, meist aus dem Ausland, zum Guten, immer im Inland, und am Ende gibt es ein kleines Zuckerstück, eine polnische Band, einen Fußballer, was für die Massen. Die Zuschauer sollen eine Wandlung durchmachen. Wenn da draußen alles schlecht und chaotisch ist, wieso schließen wir nicht einfach die Tür und machen es uns drinnen gemütlich? Wir brauchen die anderen nicht, wir haben doch uns und so tolle Musiker, historische Helden, Fußballer!

Fast alle der durchschnittlich zehn Beiträge werden von Männern gemacht. Manchmal, bei »leichteren« Themen, zum Beispiel aus der Kultur, dürfen auch Frauen ran. Nachdem mit dem ersten, negativen Beitrag die Stimmung gesetzt ist, folgen weitere politische Nachrichten, dann meist eine Lokalposse, etwa dass in irgendeinem Dorf Schriftstücke aus dem 16. Jahrhundert gefunden wurden oder dass irgendwo kein Bus mehr fährt (worum sich aber die PiS kümmern werde). Und auf die Unterhaltungsbeiträge am Ende folgen TV-Tipps. Selbstverständlich aus dem eigenen Programm. Historische Filme oder Serien, meist polnische Helden-Epen, Fernsehshows – immer mit dem Hinweis, dass die Zuschauerzahlen bei der TVP derzeit alle Rekorde brechen.

Es war das polnische Fernsehen, gegründet 1952, dass die Polen vom Trauma des Zweiten Weltkriegs befreien sollte, mittels einer Schocktherapie: Stundenlang liefen Bilder von Auschwitz und der Zerstörung Polens durch Nazideutschland über die Bildschirme. Dokumentarfilme, Spielfilme, Serien: Hauptsache Zweiter Weltkrieg.

Die ersten deutschen Worte, die meine Eltern als Kinder lernten, waren »schnella, schnella« und »Feuerrrrr!«. Sie hatten sie im Fernsehen aufgeschnappt. Erst in den Achtzigerjahren änderte sich das Programm. Zum ersten Mal wurde eine westdeutsche Serie ausgestralt: *Derrick*. Ein deutsches Gesicht, das ausnahmsweise keinen Nazi zeigte und halbwegs sympathisch war: Millionen Polen schauten zu. Da wussten sie noch nicht, dass der Schauspieler Horst Tappert in der Waffen-SS gewesen war.

Nach 1990 änderte sich die Sendeanstalt. Das Ziel: eine polnische BBC werden. Nach dem Vorbild der Aufsichtsratsgremien in Großbritannien wurde in Polen ein Landesrundfunkrat gegründet, der das Fernsehen kontrollieren sollte.

Heute wird der öffentlich-rechtliche Rundfunk, der unter anderem TVP 1 bis 3, TVP Info, TVP Sport, TVP Historia, TVP Kultura und TVP Seriale umfasst, von Jacek Kurski geleitet, 53 Jahre, PiS-Mitglied und so etwas wie der polnische Roger Stone: ein Meister der politischen Manipulation.

Vor den Wahlen 2005 hatte er sehr erfolgreich das falsche Gerücht gestreut, der Großvater des damaligen Präsidentschaftskandidaten der Opposition, Donald Tusk, sei freiwillig der Wehrmacht beigetreten. Drei Jahre später wurde Kurski wegen Verleumdung verurteilt, aber da war sein Spiel schon aufgegangen: Präsident war Lech Kaczyński geworden, der Zwillingsbruder von PiS-Chef Jarosław Kaczyński. Dieser vergaß ihm das nicht und machte Kurski nach dem Wahlsieg 2015 zum TVP-Chef.

Am Donnerstagabend: Bischofskonferenz im Vatikan. Diesmal also ein wirklich wichtiges Thema. Die Bischöfe wollen das Thema Pädophilie in der Kirche besprechen. »Die Gläubigen erwarten von uns, dass wir uns der Sache annehmen«, sagt Papst Franziskus in die Kamera. Das polnische Episkopat kümmere sich schon längst um pädophile Priester, verkündet die Sprecherin, seit zehn Jahren bereits verfolge es eine Null-Toleranz-Politik.

Ein wiederkehrendes Element der *Wiadomości* sind Diagramme, die die Entwicklung des Landes grafisch zeigen. Etwa zu der Frage: Wie effektiv arbeiten die Gerichte? Die Antwort: Bis einschließlich 2015 arbeiteten sie sehr schlecht, schlossen nur wenige Prozesse ab. Die Kurve ist rot. In den Jahren danach, also seit die PiS regiert, steigt die Kurve an. Jetzt ist sie grün.

Die Dramaturgie der Erzählung ist stets einfach. Man kann es fast nicht glauben, aber so gut wie jeder Beitrag läuft auf die gleiche Pointe hinaus, wie beim Karneval: Wer ist schuld? Das Ausland, die Opposition, die Postkommunisten. Alaaf!

Am Freitag sehe ich mir zum ersten Mal bewusst den Vorspann an. Eine Kamerafahrt über Warschau, an der Weichsel vorbei, am Fußballstadion, ich sehe Hochhäuser, Fabriktürme, viele Wolken, aber da hinten, am Horizont, steht die Sonne. Geht sie gerade auf, geht sie unter? Vielleicht Letzteres, es ist ja Abend.

Die Kamerafahrt endet mit Streichern und Bläser-Fanfaren bei einem prachtvollen Gebäude mit roter Fassade und einem Turm in der Mitte. Es ist das Schloss, in dem die erste moderne Verfassung Europas verabschiedet wurde. Das Schloss, das von den Nazis gesprengt und in den Siebzigern wiederaufgebaut worden war. Das Schloss, das die Größe Polens zeigt, aber auch das Leid seines Volkes.

Samstagabend. Kaczyński stellt sein Programm für das Wahljahr 2019 vor: Das Kindergeld 500 + wird nun ab dem ersten Kind gezahlt. Es wird eine 13. Rente geben, jeder Rentner bekommt einmal im Jahr einen Zuschuss im Wert von umgerechnet etwa 255 Euro. Die lokalen Busverbindungen sollen verbessert werden. Arbeitnehmer bis 26 Jahre müssen keine Einkommensteuer zahlen. Und die Arbeitskosten werden gemindert – damit die Gehälter steigen können. »Ich bin begeistert«, sagt eine ältere Dame bei einer Straßenumfrage.

Dann geht es wieder um den Papst und die Pädophilen, ohne neue Nachrichten. Es geht wieder um die schwachen Oppositionsparteien. Wieder um die fehlende Buslinie. Es wird überhaupt viel wiederholt.

Am Ende ist Mateusz Morawiecki zu Gast, der amtierende Premierminister. Sieben Minuten spricht er mit einem Journalisten des Senders, im Hintergrund die polnische und die EU-Flagge, es ist Wahlkampf. Welches Versprechen wird zuerst realisiert? Der Bustransport, ab April. Im Mai dann die zusätzliche Rente, und pünktlich zum Ferienbeginn: das Kindergeld. Und dann traue ich meinen Ohren kaum, denn es folgt eine vorsichtig kritische Frage: »Warum haben Sie das Kindergeld ab dem ersten Kind nicht schon früher eingeführt?« Morawiecki entgegnet: »Wir handeln verantwortungsvoll. Wir mussten zunächst die Fehler der Vorgängerregierung ausbügeln.«

Am nächsten Tag, bei der Sonntagsfrage, lautet das Ergebnis: PiS: 41,1 Prozent, PO: 26,2 Prozent, Wiosna, die neue Partei des Ex-Bürgermeisters Robert Biedroń: 9,2 Prozent. »PiS würde also weiterhin absolut und allein regieren«, informiert die TVP. Und ich fürchte, sie hat Recht. Andere Umfragen sind im Ergebnis ähnlich.

Am Tag danach ist Morawiecki nach Scharm asch-Schaich geflogen, zum Treffen der EU und der Arabischen Liga. Er sagt, er erwarte Lösungen bei den Themen Terror und Geflüchtete. In den meisten Gebieten Syriens herrsche wieder Frieden, also müsse man sich überlegen, »wie die Flüchtlinge aus Europa zurückkehren können«, sagt Morawiecki.

In diesem Moment frage ich mich, was wohl unsere Babysitterin denkt, wenn sie das sieht. In den vergangenen Jahren hörte sie immer wieder, wie gefährlich Geflüchtete seien, dass sie »unsere« Frauen vergewaltigen und »ihre« Frauen unterdrücken.

Deutschland beispielsweise erscheint im polnischen Fernsehen als ein Land, in dem man sich seines Lebens nicht mehr sicher sein kann – bewohnt von Islamisten, die ein landesweites Kalifat errichten, und Menschen, die dem »Gender-Wahn« verfallen seien, was fast so klingt, als hätten sie Tollwut. Ich habe unsere Babysitterin gefragt: Sie glaubt das alles. Und deshalb wählt sie die PiS. Mit der PiS, sagt sie, fühle sie sich sicherer.

Die Sprache im polnischen Fernsehen ist hart, zum Teil brutal, angsteinflößend und immer etwas militärisch. Ständig ist von einem Feind die Rede, den man »beseitigen«, »eliminieren« oder »fertigmachen« müsse. Wer anderer Meinung ist, wird als ein Verräter Polens gestempelt, ein Agent des Feindes. Es gibt keine Kritik, nur Verrat.

Der Historiker Piotr Osęka hat die Abendnachrichten im Sommer 2018 analysiert. Sein Fazit: Sie erinnerten immer mehr an die Propaganda der Kommunisten. Es gebe keine Differenzierungen, nur Gut und Böse, Schwarz und Weiß. Die Journalisten seien zu Regierungssprechern geworden, sie würden sich nicht einmal mehr die Mühe machen, objektiv zu wirken. Was nicht zur Weltanschauung passe, so Osęka, werde ausgeblendet.

Der Wert von gutem Journalismus wird einem vor allem dann klar, wenn er fehlt. All die Monate habe ich ein bisschen herabgeschaut auf Menschen wie unsere Babysitterin. Menschen, die sich meiner Meinung nach allzu leicht blenden lassen von falschen Nachrichten, die nicht kritisch genug sind, nicht distanziert. Nur ahne ich: Würde ich ausschließlich einen bestimmten Teil der Medien konsumieren, würde ich irgendwann auch glauben, was ich da sehe, lese und höre. Die Nachrichten transportieren Angst vor all dem, was (noch) abwendbar ist, sie vermitteln Sicherheit im Innern. Und wer möchte sich nicht geborgen und sicher fühlen?

Als meine Oma die Nachrichten verfolgte, konnte sie noch davon ausgehen, einigermaßen ausgewogen über die Lage in Polen und der Welt informiert zu werden. Fast jede Nachricht, jeden Beitrag kommentierte sie. Am lautesten wurde sie, wenn sie die Kaczyński-Brüder auf dem Bildschirm sah. Dann machte sie ein Geräusch, das sich fast so anhörte, als würde sie ausspucken. »Te kaczory«, diese Enteriche – mehr brachte sie nicht hervor. Fast bin ich froh, dass sie nicht mehr miterleben muss, wie einer von ihnen Stück für Stück die Demokratie abbaut.

DOROTA AUS MEINEM BLOCK

Kurz vor meinem Umzug nach Polen hatte mich eine Buchhändlerin in Berlin zur Seite genommen und gefragt: »Kennst du eigentlich Dorota Masłowska?«

»Nein?«, sagte ich, das Fragezeichen hängte ich an, weil ich ahnte, dass ich sie eigentlich kennen sollte. Bestimmt irgendeine berühmte Schriftstellerin, dachte ich.

So ist es auch. Aber nicht nur. »Ich frage dich, weil ich gelesen habe, dass du aus Wejherowo kommst«, sagte die Buchhändlerin. »Da kommt die Masłowska auch her. Und du bist doch 1983 geboren, oder? Sie auch!«

Was für ein irrer Zufall, dachte ich. Wejherowo ist so klein! Kurz nachdem wir unsere Danziger Wohnung bezogen hatten, schrieb ich sie an. »Hallo Dorota! Ich bin eine deutsch-polnische Journalistin, hättest du Lust, dich mal mit mir treffen und über Polen zu sprechen? Wir sind lustigerweise beide in Wejherowo geboren. Was für ein Zufall, oder?«

Vier Minuten später kam die Antwort. »Cześć Emilia, erinnerst du dich nicht mehr an mich?«

Mir wurde heiß und kalt. Es stellte sich heraus, dass wir beide im selben Block gewohnt hatten, im gleichen Aufgang sogar, ich im vierten Stock, sie im dritten. »Ich weiß sogar noch, wie du von allen genannt wurdest: Miluszka.«

Ich schämte mich. Warum hatte ich Dorota vergessen? Ich strengte mein Gehirn an: nichts. Keine Erinnerung. Wir schrieben uns hin und her, tauschten Geschichten über unsere Freunde Asia und Tomek aus (an die ich mich sehr wohl erinnerte), über unsere Töchter, unsere Leben.

An Dorota erinnerte ich mich nicht, an unseren Block aber

sehr wohl. Ein grauer Plattenbau unter grauen Plattenbauten, in denen Menschen nicht unbedingt wohnten, sondern untergebracht waren. Wobei das mein heutiger Blick ist. Nach dem Zweiten Weltkrieg, mit vielen zerstörten Häusern, einer steigenden Bevölkerungszahl und Zuwanderung in die Städte, sah sich nicht nur die polnische Regierung gezwungen, Wohnungen zu bauen. Die Gebäude aus vorgefertigten Platten waren billig und schnell fertig. Und sehr beliebt damals. Noch heute schwärmt meine Mutter von der tollen Gemeinschaft im Haus, davon, wie sie ihre Freundinnen besuchen konnte, ohne die Straße zu betreten, weil alle Teile des Blocks mit Fluren verbunden waren. Noch heute leben etwa 12 Millionen Polen in Plattenbauten, fast ein Drittel der Bevölkerung. Allerdings sind die Bauten nicht mehr grau, sondern farbig gestrichen. Unser Block in Wejherowo ist heute sonnengelb, mit orangefarbenen Streifen.

Nachdem Dorota und ich uns geschrieben hatten, versanken wir zunächst in Arbeit. Ich lebte mich in Danzig ein, recherchierte und reiste, Dorota brachte ihr neues Buch heraus und diverse Theaterstücke. Sie saß auf Podien, machte Lesungen, reiste nach Toronto, Moskau und Minsk, Göteborg und Madrid.

Ich las ihre Bücher. Dorota war ein Shootingstar der polnischen Literaturszene gewesen, während ihres letzten Jahres am Gymnasium erschien ihr Romandebüt *Schneeweiß und Russenrot*, das in mehrere Sprachen übersetzt und mit *Der Fänger im Roggen* verglichen wurde. Seitdem hat sie sechs weitere Bücher geschrieben. Ich mag ihren Sound. Sehr rhythmisch, sehr sinnlich, manchmal klingen ihre Texte wie Hip-Hop-Songs. Dorota verwendet die Sprache der sogenannten Unterschicht, der Jugendlichen ohne Perspektive, der armen Familien in der Warschauer Peripherie – und das immer, ohne sie vorzuführen.

Mein Jahr in Polen neigt sich schon dem Ende zu, als wir es endlich schaffen, uns zu treffen. An einem Wochenende im Januar packe ich einen kleinen Rucksack und mache mich mit meiner Tochter auf den Weg nach Warschau. Wir nehmen den Pendolino, den Schnellzug, nach drei Stunden sausen wir im Bahnhof Warszawa Centralna ein. Es ist gerade 16 Uhr und schon dunkel, es hat frisch geschneit. Doch innerhalb kurzer Zeit wird der Schnee grau und matschig.

Ich habe die großen Alleen, die vom Warschauer Bahnhof abgehen, schon immer gehasst, wie ich Warschau grundsätzlich nicht besonders mag. Ich verbinde nichts mit dieser Stadt, und jedes Mal wenn ich hier bin, fühle ich mich verloren. Wahrscheinlich sollten die großen Straßen, erbaut in der Zeit des kommunistischen Regimes, den Menschen genau diese Gefühle vermitteln: dass sie klein und unbedeutend sind.

Wir stapfen die Aleje Jerozolimskie entlang zu unserer Unterkunft, die sich als eine riesige Wohnung in einem uralten Gebäude entpuppt, in der einzelne Zimmer, so groß wie Ballettsäle, vermietet werden. Wir stellen nur kurz unser Gepäck ab und machen uns wieder auf den Weg. In einer Żabka, dem polnischen Spätkauf, wähle ich noch schnell einen australischen Wein aus, der nicht zu billig und nicht zu teuer scheint, dann kämpfen wir uns weiter die Allee entlang, die immer kälter wird und immer windiger.

Dorota wohnt mit ihrem Freund und ihrer Tochter in einem schönen Haus, alt, aber renoviert, außen weiß gestrichen. »Hallo«, sagt sie, als wir ganz oben ankommen, »hallo«, sage ich. Wie merkwürdig es doch ist, Menschen zu sehen, mit denen man vor langer Zeit einmal verbunden war – man weiß nicht, wie viel Nähe und wie viel Distanz angebracht ist.

In Dorotas Wohnung kommt man rein und ist direkt in der Küche. Wir setzen uns, ihr Freund öffnet den Wein, verschwindet dann aber erst mal wieder. Meine Tochter starrt auf Dorotas Mund. »Du schaust dir meine Spange an, oder?«, fragt Dorota, meine Tochter nickt. »Sei froh, dass du keine hast, vor allem am Anfang tut sie echt weh.«

»Ich hatte auch eine, aber das ist schon länger her«, sage ich. Und denke: die erste Gemeinsamkeit.

Dorota ist 35, wie ich. Sie wurde vierzig Tage vor mir geboren. Wir wärmen uns langsam auf. Sprechen über unsere gemeinsame Freundin, die ihr Kind nicht impfen lassen wollte, überhaupt über die große Impfdebatte in Polen, die im Grunde ähnlich verläuft wie in Deutschland. Wir sind beide fürs Impfen – die zweite Gemeinsamkeit.

Ich fühle mich wohl in ihrer Küche. Wer Bücher liest, kennt Dorota, sie ist berühmt in Polen. Aber ihrer Wohnung sieht man das nicht an: ein bisschen gemütlich, ein bisschen unaufgeräumt, nicht so, dass man hier Bilder für ein Hochglanzmagazin schießen wollte. Am Fenster hängt eine bunte Lichterkette, aus dem Radio dudelt George Michael. Dorota hat, bevor wir ankamen, etwas in den Ofen geschoben, ich kann nicht erkennen, was es ist, ein Geschirrtuch hängt davor. Auch die Apfelschnitze auf ihrem Küchentisch sollen nichts demonstrieren, sie sind einfach nur Apfelschnitze. In diesem Jahr habe ich oft das Gefühl gehabt, mit Symbolen, mit versteckten Botschaften konfrontiert zu werden, die ich zu lesen hatte: Schau her, ich stehe auf dieser oder jener Seite. Hier ist das nicht so. Obwohl ich natürlich ahne, auf welcher Seite Dorota steht.

»Du schreibst also Reportagen über Polen«, sagt sie. »Worüber denn so?«

»Ach, über verschiedene Themen«, antworte ich. »Aber interessant, dass du fragst. Einen Deutschen würde es nie interessieren, wie ein Pole ihn sieht. Hier ist es andersherum. Viele Polen fragen mich aus, sie interessiert mein deutscher Blick. Und jedes Mal denke ich: Aber ihr wisst doch am besten, was in eurem Land so vor sich geht.«

»Du weißt doch, wie wir Polen sind. Wir sind uns selbst nicht genug, anders als die PiS behauptet. Wir wollen geliebt und geachtet werden, wir wollen wissen, was das Ausland über uns denkt.«

Und als sie fragt, warum ich eigentlich nicht auf Polnisch schreibe, muss ich kurz lachen. Meine Tochter hat in diesem Jahr Polnisch gelernt, von null auf hundert sozusagen. Ich bin mehr oder weniger auf demselben Niveau geblieben. Suche noch immer nach Vokabeln und frage mich, wie dieser oder jener Dativ oder Genitiv klingt.

Wir stoßen endlich an. Leicht betrunken spreche ich flüssiger – oder bilde es mir zumindest ein.

»Es ist interessant, dass du mich vergessen hattest«, sagt Dorota und klingt nicht enttäuscht, sondern einfach neugierig. »Was meinst du, woran das liegt?«

»Ich weiß nicht. Ich habe mich das auch schon gefragt. Vielleicht unbewusst am Stress der Ausreise? Vielleicht habe ich das verdrängt wie so vieles? Ich erinnere mich sehr wenig an meine Kindheit. Wie lang bist du denn in Wejherowo geblieben?«

»Ach, ich habe noch kurz in Danzig studiert, bin dann aber sehr schnell nach Warschau gezogen. Die große Stadt, die Möglichkeiten hier, das war meine Rettung. Meine Mutter besuche ich aber regelmäßig, sie lebt noch im selben Block. Als mein erstes Buch rauskam und ich plötzlich in der Öffentlichkeit stand, hatte sie es nicht leicht in dieser kleinen Stadt. Es ist ja nicht so, dass alle meine Bücher mögen. Meine Themen, meine Sprache sind kontrovers, und meine Mutter war plötzlich *die Mutter von*. Bis heute rufen Leute bei ihr in der Praxis an und wollen mich für eine Veranstaltung buchen.«

»Aber dann hast du doch so etwas Ähnliches vollzogen wie wir, oder nicht? Du warst das goldene Kind, das plötzlich in der Großstadt lebte.«

»Das war etwas anderes. Ich bin in Polen geblieben. Ich stand weiter unter Beobachtung. Ihr wart einfach weg. Wir Zurückgebliebenen haben uns sonst was ausgemalt: Wie es euch wohl geht, wie ihr wohnt, was ihr euch alles kaufen könnt im Westen. Ob ihr schon eine Stereoanlage habt. Ihr hattet es geschafft, ihr wart angekommen im reichen Westen.«

»Warum war der Konsum den Polen eigentlich so wichtig? Und ist es bis heute?«

»Die Polen definieren sich über Güter, weil ihnen das jahrzehntelang verwehrt war, also auch aus Trotz, glaube ich. Ich beobachte das auch, wenn ich im Ausland Polen treffe. Sie bleiben irgendwie immer Polen, obwohl sie versuchen, ihr Polnischsein zu verstecken. Sie sind materiell abgesichert, aber da ist so eine Traurigkeit in ihnen, ein stilles Beweinen nicht erfüllter Träume. War es bei euch nicht auch so?«

»Ja. Ich würde sogar sagen, wir waren mehr als traurig. Als wir Polen verließen, dachten wir, wir würden nie zurückkehren. Wir brachen die Verbindung ab zu diesem Land. Und trugen gleichzeitig eine gewisse Aggressivität in uns, einen Hass unserer Heimat gegenüber.«

»Es wirkt ein bisschen, als hättet ihr Polen im Ausland vor langer Zeit Schmerzmittel genommen, damit euch eure Heimat nicht mehr wehtun kann. Aber die Mittel wirken nicht mehr.«

Vielleicht hat sie Recht. Vielleicht tragen die Polen im Ausland, also auch ich, die zwei Seiten ihres Landes in sich, vielleicht fühlen sie sich als Gewinner und Verlierer gleichzeitig. Meine Eltern sind mit mir ausgereist, ich habe mich losgelöst von Polen, das in meiner Erinnerung irgendwie grau und traurig war. Und doch kenne auch ich dieses bohrende Gefühl – der Sehnsucht oder des Heimwehs –, das ich mir lange Zeit nicht eingestanden habe. Heimweh nach einem Land, in dem ich mich fremd fühle.

»Ich glaube, dein Glück war, dass du so jung ausgereist bist«, sagt Dorota. »Als Erwachsener sein Land zu verlassen fällt schwerer, da sind die Wurzeln, die man rausreißen muss, dicker und tiefer.«

»Ja, deshalb können meine Eltern sich auch nicht vorstellen, noch einmal in Polen zu leben. So ein Jahr, wie ich es mache, das wäre zu schmerzhaft für sie.«

Dorota und ich reden immer weiter. Über unsere Mütter und unsere Väter, über unsere Geschwister, die so anders sind als wir. Meine Tochter hat es sich auf dem Sessel gemütlich gemacht. Sie isst Bonbons, blättert Bücher durch, guckt Filme. Ab und an schaltet sie sich in unser Gespräch ein.

Dann kommt Dorotas Freund an den Tisch, wir schenken ihm ein. Schnell sind wir bei der zweiten Flasche, und erst jetzt fällt mir auf: Das sind meine ersten polnischen Freunde, die Alkohol trinken. Dorotas Freund heißt Stasiu, auch er ist Schriftsteller. Er ist stiller als Dorota und sehr lustig. Stasiu interessiert sich für Vögel, er schreibt auch Bücher über Vögel. Und ich muss Tränen lachen, als er erzählt, wie ihn wildfremde Menschen auf Partys fragen, welcher Vogel da wohl vor ihrem Fenster singt, wie sie beschreiben, wie der Vogel aussieht, er als Vogelmann wisse doch sicher, wie der heiße?

Auch am Abend zuvor sind die beiden auf einer Party gewesen. Ein Kulturmagazin, *Dwutygodnik*, steht vor dem Aus, die PiS hat ihm die staatliche Förderung gestrichen. Dorota und Stasiu schreiben regelmäßig für das Magazin, gestern haben sich alle betrunken, die schwindende Kulturlandschaft in Polen betrauert.

Dorota steht auf und öffnet den Backofen. Es gibt Blätterteigtaschen mit Pilzen und Pad Thai, ein thailändisches Nudelgericht. »Wo bleibt eigentlich meine Tochter?«, fragt sie. »Wahrscheinlich ist sie wieder verträumt in die falsche Tram gestiegen.«

Dorota hat zehn Jahre vor mir ein Kind bekommen, mit 21.

Ihre Tochter ist jetzt 14. »Haben deine Eltern eigentlich damals überlegt auszureisen?«, frage ich Dorota. »Oder war ihnen immer klar, dass ihr in Polen bleibt?«

»Unsere Familiensituation war ja eine andere. Mein Vater war Seemann, er war eh kaum zu Hause, ich wurde im Grunde von meiner Mutter und meiner Oma erzogen. Meine Mutter war Ärztin im Krankenhaus, wie deine Eltern auch. Alle Ärzte und Krankenschwestern lebten mit ihren Familien in dem einen Block. Ich glaube, deshalb waren auch alle so kompetitiv, das war wie in einem Kessel voller Ambitionen. In der Grundschule kam ich in eine gesonderte Klasse, kurz nach der Wende war das. Schon da wurden wir aufgeteilt, in Arztkinder und eben die anderen. Da hat sich die Spaltung des Landes schon abgezeichnet.«

Wie ähnlich wir uns sind, denke ich. Wie gern ich sie als Freundin gehabt hätte, all die Jahre. Ich kenne niemanden mehr aus meiner Kindheit und beneide jeden, der diese Freundschaften noch hat. Mit Asia aus dem vierten Stock beispielsweise ist Dorota bis heute befreundet, auch sie kennen sich seit der Geburt. Asia und Dorota verbringen jeden Sommer gemeinsam. Dorota sagt, sie könne Asia sogar an ihrem Husten erkennen.

»Und wie geht es deinem Bruder?«, frage ich.

Dorota schweigt. Mittlerweile kann ich dieses Schweigen in den Familien deuten, mittlerweile weiß ich, dass es mehr sagt, als: Wir verstehen uns nicht so gut.

»Er lebt den Reihenhaustraum«, sagt Dorota. »In einem dieser wohlhabenden Vororte von Warschau. Er denkt, er sei aufs Land gezogen. Dabei wohnt er ja nicht auf dem Dorf. Diese Vororte, die etwas Ländliches vermitteln sollen, sind im Grunde sehr städtisch konstruiert. Jeder kleine Weg ist asphaltiert, der Supermarkt fünf Minuten entfernt, und der Parkplatz davor groß genug, dass alle SUVs darauf Platz haben. Mein Bruder wohnt nicht weit weg, aber wir sehen uns selten.«

Wir essen, trinken und reden weiter. Und als wir gemeinsam abräumen, fällt Dorota noch eine Geschichte ein.

»Weißt du eigentlich, dass ich euren ersten Besuch in Polen nie vergessen werde? Das muss kurz nach der Grenzöffnung gewesen sein. Ich weiß das noch so genau, weil ich Mumps hatte.«

Meine Tochter fängt an zu kichern. »Du hattest ein Schweinchen?«, ruft sie, nun müssen wir alle lachen. Ich erkläre ihr, dass »Schweinchen« auf Polnisch auch eine Krankheit meint, bei der man eben ein bisschen aussieht wie ein Schweinchen, mit ganz dicken Backen. Und Dorota erzählt weiter:

»Miluszka kommt! Wir im Block raunten uns das tagelang zu, so sehr haben wir uns gefreut, dass ihr uns besuchen kommt. Geplant war, dass wir uns alle bei Asia treffen beziehungsweise bei ihrer Mutter. Ich war also auch dort und wartete, und dann kam erst mal nur deine Mutter hoch. Sie hätte gehört, dass ich Mumps hatte. Ich muss sagen, sie war nicht gerade freundlich. Wie ein Stein saß ich auf dem Sofa, ich konnte mich nicht regen. Sie sagte, ihre Mädchen sollten sich nicht anstecken, ich solle bitte gehen. Mich hat das tief getroffen.«

»O Gott«, sage ich. »Ich erinnere mich nicht daran. Klingt aber sehr nach meiner Mutter. An ihre Angst vor allem und jedem, Kinderkrankheiten eingeschlossen. Was hast du gemacht?«

»Na, ich bin wieder hoch in unsere Wohnung. Aber als ich oben angekommen war, wurde ich richtig wütend. Also belog ich meine Mutter und sagte, die Berliner seien jetzt angekommen, es gebe unten Kaffee und Kuchen, wir seien herzlich eingeladen. Meine Mutter griff nach ihrer Zigarettenschachtel …«

»… die meine Mutter sicher auch missbilligt hätte …«

»… und dann sind wir nach unten gegangen. Natürlich hatte es sich deine Mutter nicht plötzlich anders überlegt, und ich erlebte dieselbe Schmach noch mal.«

»Dorota, das tut mir leid. Und Wahnsinn, wie gut du dich daran erinnern kannst. Das muss doch 1990 gewesen sein. Da waren wir nicht älter als sechs oder sieben!«

»Dorota kann sich manchmal erschreckend präzise erinnern«, sagt Stasiu. »Manchmal weiß sie noch, welches Wetter an einem Tag war, der zehn Jahre zurückliegt.«

»Was glaubt ihr, wie geht es weiter mit Polen?«, frage ich.

Zum ersten Mal wissen die beiden nicht sofort eine Antwort. Stattdessen fragen sie zurück.

»Hast du von irgendwem eine Antwort darauf erhalten, seit du in Polen lebst?«

»Nein. Nicht wirklich. Jeder spricht für sich, ich habe lauter kleine Puzzleteile. Aber entweder fehlen mir welche, oder ich habe es einfach nicht geschafft, das Bild richtig zusammenzusetzen. Wenn ich ehrlich sein soll, bin ich etwas ratlos.«

»Ich weiß auch nicht, wie es weitergeht«, sagt Dorota. »Ich habe das Gefühl, beide Seiten haben es sich ganz gemütlich eingerichtet. An eine Annäherung glaube ich nicht. Schau dir allein die Medien an. Da nehmen sich beide Seiten nicht viel. Auch die *Gazeta Wyborcza*, die so wichtig war für das Land, macht nur noch Politik und Propaganda. Das ist traurig. Es gibt kaum noch Medien, die den Kampf aus der Distanz betrachten, alle kämpfen mit. An der Schule meine Tochter, die ein sehr liberales Profil hat, wird selbst im Chemie- und Physikunterricht erwähnt, dass die PiS böse ist. Muss das sein?«

»Ich glaube auch nicht mehr an die Opposition«, sagt Stasiu. »Ich sehe da keine Bewegung, keine Hoffnung. Auch wenn Robert Biedroń nun aus der Deckung gekommen ist. Ist er wirklich ein guter Politiker? Oder macht er einfach sehr gute PR? Ich finde, es gibt in der Politik keine wirklich charismatischen Typen.«

Kurz schweigen wir. Wie immer, wenn ein Tischgespräch auf die Politik kommt, sinkt die Stimmung.

»Aber ihr bleibt in Polen, oder?«, frage ich.

»Natürlich«, sagt Dorota sofort. »Das ist mein Land. Ich schreibe auf Polnisch, ich bin an die Sprache gebunden. Manchmal, wenn wir im Ausland sind, fragen wir uns schon, wie es wäre, einfach dort zu bleiben, in den USA, in Großbritannien, egal. Aber ich fürchte, für uns würde so eine Flucht nicht funktionieren. Ein Traum ist doch immer schöner als die Wirklichkeit. Und mir würde mein Zuhause fehlen.«

»Hat sich deine Mutter denn mittlerweile damit abgefunden, dass du Schriftstellerin und nicht Ärztin geworden bist?«

»So ganz überzeugt ist sie nicht«, sagt Dorota, »aber sie hat es akzeptiert, denke ich. Der Arztberuf ist ein stolzer Beruf, etwas sehr Handfestes. Das Schreiben ist viel schwerer zu greifen. Wahrscheinlich haben wir beide unsere Eltern ein wenig enttäuscht«, sagt sie, und wir müssen lachen.

Dann sage ich: »Meine Mutter findet dich toll. Die Masłowska, sagt sie immer. Für sie bist du ein Star – auch wenn sie wahrscheinlich keins deiner Bücher gelesen hat.«

»Ob meine Mutter meine Bücher liest, weiß ich gar nicht so genau. Aber deins hatte sie neulich in der Hand, das über deine Familie und euer Leben in Deutschland. Sie hat das Ende gelesen. Sie wollte wissen, wie es ausgeht.«

MAMA, WARUM WEINST DU?

In Danzig fing alles an. Für mich jedenfalls, denn meine Eltern lernten sich in Danzig kennen.

»In Danzig fing alles an«, sagt auch Lech Wałęsa, der für die Freiheit Polens kämpfte, Robert Biedroń, nun die Hoffnung der Opposition, spricht es ihm nach. Wann auch immer in politischen Reden die Rede auf Danzig kommt: Dieser Satz fällt immer. Danzig, die ehemalige Hansestadt, steht für Freiheit, Offenheit, Solidarität. Für die Nähe zum Meer, die auch Nähe zur Welt bedeutet. Für den Beginn des Zweiten Weltkriegs und das Ende des Kommunismus.

Und nun, am Ende meines Jahres, endet in Danzig etwas. Es ist die Vorstellung, der Wunsch, dass die polnische Gesellschaft vielleicht gar nicht so tief zerrissen sei. Und die Angst, dass der Hass sich entladen und den Riss noch viel tiefer machen könnte.

Die Angst weicht der Gewissheit, als am 13. Januar 2019, einem Sonntag, der Danziger Bürgermeister ermordet wird.

Paweł Adamowicz, 53 Jahre alt, steht an diesem Tag bei der größten Benefizveranstaltung des Landes auf einer Bühne in der Danziger Altstadt. Es ist kurz vor 20 Uhr, er zählt einen Countdown herunter, gleich soll ein Feuerwerk beginnen. Da rennt ein junger Mann auf die Bühne und sticht Adamowicz mit einem Messer nieder. Adamowicz wird reanimiert und ins Krankenhaus gebracht, die anschließende Operation dauert fünf Stunden. 41 Blutkonserven sollen dabei verbraucht werden. Am folgenden Tag stirbt er. Die Wunden am Herzen und an anderen Organen waren zu schwer, die Messerklinge soll laut Staatsanwaltschaft fast 15 Zentimeter lang gewesen sein.

Seine Sterbeurkunde wurde ihm bereits eineinhalb Jahre vorher ausgestellt, von der sogenannten Allpolnischen Jugend, einer rechtsextremen Organisation.

Sie trägt den polnischen Adler und ist mit »Republik Polen« überschrieben, am oberen rechten Rand haben sie sein Foto eingefügt. »Name: Paweł. Nachname: Adamowicz. Öffentliche Funktion: Stadtpräsident Danzigs. Todesursache: Liberalismus, Multikulturalismus, Dummheit.«

Natürlich ist dieses Schriftstück nicht echt. Die Staatsanwaltschaft nahm damals die Ermittlungen auf – und stellte sie wieder ein. Die Urkunde, hieß es, wäre nicht als Drohung zu verstehen, lediglich als »Ausdruck von Unzufriedenheit«. Damit ist schon viel gesagt über die Situation des Landes, in dem die öffentliche Sprache immer brutaler geworden ist.

Der Täter Stefan W., ein 27 Jahre alter Mann, ein verurteilter Bankräuber, ist Anfang Dezember erst aus dem Gefängnis entlassen worden. Nach den Messerstichen hat er auf der Bühne sogar noch Gelegenheit, für wenige Sekunden das Mikro zu ergreifen, bevor er von Sicherheitsleuten überwältigt wird. »Ich habe unschuldig im Gefängnis gesessen«, schreit er, »in der Regierungszeit der Bürgerplattform. Deshalb musste Adamowicz sterben.« Paweł Adamowicz war bis 2015 Mitglied der Bürgerplattform. Das Video von der Tat verbreitet sich schnell im Internet.

Seitdem diskutieren die Polen, wie es so weit kommen konnte, dass ausgerechnet in ihrem Land ein Politiker auf offener Bühne ermordet wird. Ob und inwiefern die Tat politisch motiviert war.

Ich habe Paweł Adamowicz nie persönlich getroffen. Aber ich sah ihn zufällig an dem Sonntag im Oktober 2018, als die Danziger und Danzigerinnen ihren neuen Bürgermeister wählten. Zwanzig Jahre lang hatte Adamowicz bereits die Stadt regiert. Am Wahlsonntag sah es zunächst nicht gut aus für ihn. Ein anderer Kandidat, ebenfalls aus dem liberalen Lager, lag in den Umfragen knapp vor ihm. Und so war ich erstaunt, wie ruhig der noch amtierende Bürgermeister wirkte, als ich ihn an diesem Tag zufällig an der Danziger Bucht traf. Er saß mit seinen Eltern im selben Fischlokal wie wir, es war ein sonniger Mittag, das Lokal ist ein beliebtes Ausflugsziel auf der Insel Sobieszewo, wo die Danziger am Meer spazieren gehen oder Vögel beobachten können. Ich erkannte ihn sofort. Die große Statur, die schwarze Hornbrille, die leicht zusammengekniffenen Augen. Ich weiß nicht, ob Adamowicz dort so etwas wie ein Stammgast war. Aber die Selbstverständlichkeit, mit der die anderen Gäste ihn einfach seinen Fisch mit Pommes essen ließen, hatte etwas Liebevolles.

Wenn man heute jemanden in Danzig fragt, hat fast jede und jeder eine eigene Anekdote zu ihm parat. Ich habe Adamowicz mal die Hand geschüttelt, wir haben mal über dies und das geredet, solche Sätze hört man ständig. Die Menschen sagen, es fühle sich an, als hätten sie einen Vater verloren. Er gehörte zur Stadt dazu. In dem Fischlokal war ich die Einzige, die versuchte, ständig den Kopf nach ihm zu verdrehen. Und am Abend, als die ersten Wahlstimmen ausgezählt waren, wurde klar: Paweł Adamowicz war in seinem Amt ein fünftes Mal bestätigt worden.

Wir wohnen in der schönsten Stadt der Welt!

Paweł Adamowicz wiederholte diesen Satz ständig, auch bei seinem letzten Auftritt. Zugleich war er ein überzeugter Europäer, der wusste, dass Nationen keine Zukunft haben, wenn sie sich isolieren. Als ein paar Wochen nach seinem Tod Angela Merkel und Emmanuel Macron einen neuen Freundschaftsvertrag zwischen Deutschland und Frankreich unterzeichnen, erwähnt der EU-Ratspräsident Donald Tusk in seiner Rede seinen Freund Paweł Adamowicz: »einen Europäer mit Leib und Seele«. Auch Donald Tusk wurde in Danzig geboren.

In den Stunden nach Paweł Adamowicz' Tod wirkt es zunächst, als gehe das Leben in Danzig normal weiter. Zeitungen auf der ganzen Welt schreiben, das Land stehe still, es sei erstarrt, Polen weine. Aber an diesem Montagnachmittag fahren die Trams, die Jogger joggen, das Nagelstudio der Ukrainerinnen ist voll wie immer. Ein Mann steht vor einem Einkaufszentrum und erörtert am Telefon die Motive des Täters, um gleich danach die Einkaufsliste für den Abend durchzugehen.

Als ich meine Tochter von der Kita abhole, sehe ich eine Mutter mit verweinten Augen, die ihrem Kind den Schneeanzug überzieht. Ich frage die Erzieherin, ob den Kindern erzählt wurde, was passiert sei. Sie scheint zunächst nicht zu wissen, wovon ich spreche, dann sagt sie: »Ach so, das, nein. Dafür sind die Kinder ja zu klein.« Mord kann man Vier- und Fünfjährigen schwer erklären. Meine Tochter aber ist vom Tod gerade sehr fasziniert, deshalb hat sie nichts dagegen, als ich ihr mitteile, dass wir nun in die Altstadt fahren werden, weil ein wichtiger Politiker der Stadt gestorben sei und sich die Danziger am Neptunbrunnen treffen, um gemeinsam traurig zu sein und Kerzen anzuzünden.

»Wie war es in der Kita?«, frage ich. »Gut«, sagt sie. »Aber Religion fiel aus. Der Priester musste irgendwo anders sein, ich weiß nicht, wo.«

In den 1980er Jahren hatte Paweł Adamowicz in der ersten Reihe der Solidarność gestanden, er organisierte den Streik an der Danziger Uni, es gibt Videos von ihm, wie er – der große Mann mit großer Brille – durch die Straßen Danzigs läuft und »So-li-darność!« skandiert, beide Hände zu Victory-Zeichen geformt. Er studierte Jura und gab im Untergrund Zeitungen heraus.

Adamowicz war ein strenggläubiger Katholik. Und doch einer, der sich, je älter er wurde, desto mehr anderen Lebenswelten gegenüber geöffnet hat. Das erzählen andere Lokalpolitiker, die mit ihm zu tun hatten, Bürgerinitiativen, auch schwul-lesbische Gruppen: Die Gesellschaft driftete nach rechts, Adamowicz hingegen sprach sich für Menschen jeder Nationalität, jeden Glaubens und jeder sexuellen Orientierung aus – wie es auch Jacek Jaśkowiak in Posen und viele andere liberale Bürgermeister tun.

Als meine Tochter und ich in der Tramlinie 6 sitzen, kurz vor 18 Uhr so voll wie immer, fällt mir wieder die Frage ein, die mir in diesem Jahr in Polen so oft gestellt wurde wie keine andere: die nach den Geflüchteten in Deutschland. Nach der Sicherheit auf den Straßen, dem Gefühl einer permanenten, einer fremden Gefahr. Unsere Babysitterin, die sie mir ebenfalls stellte, sagte im selben Atemzug: Sie habe Angst, nach Berlin zu fahren. Nur in Danzig, da habe sie keine.

Nun ist hier der Bürgermeister ermordet worden, nicht in Berlin. Und noch dazu von einem Polen. So banal diese Aussage ist: Wäre der Täter ein Ausländer, würde das Land eine komplett andere Diskussion führen. Ein Mord an einem Bürgermeister ist nicht nur eine furchtbare Tragödie, in erster Linie für seine Familie und Freunde. Er wird in diesen Zeiten auch politisch missbraucht. »PiS-Mörder«, »Kaczyński und sein Gefolge haben jetzt Blut an den Händen« – unzählige Kommentare wie diese tauchen wenige Stunden nach Adamowicz' Tod im Netz auf.

Die andere Seite braucht das Netz nicht. Sie hat ja die Fernsehnachrichten. Die Sendung jenes Abends zeigt Regierungsmitglieder, die zur Ruhe mahnen, und Politiker der Opposition, die »sich leider nicht daran halten«. Kurz wird der Wunsch der Familie erwähnt, die Tat nicht politisch zu instrumentalisieren. Es ist, als säße man sprichwörtlich im falschen Film.

Gerade die PiS war es, die den Hass in der Sprache immer wieder befeuert hat. »Verräter-Fressen«, »Kanaillen«, »Heuschrecken«, »Bolschewisten«, »Deutsche«, diese Wörter schrieben nicht etwa Kommentatoren im Netz, diese Wörter wurden in den Nachrichten gesendet, jahrelang. Ein Journalist eines rechten Magazins sagte einmal während der Sendung, Paweł Adamowicz sei »der Krebs der polnischen Gesellschaft«.

»Der Mord an dem Bürgermeister ist sehr wohl ein politischer«, meint der Warschauer Politpsychologe Michał Bilewicz. Denn er sei vom Mörder politisch begründet worden und eine Folge der hasserfüllten Sprache in der Politik.

Man weiß mittlerweile, dass der Mörder psychisch krank ist, er soll unter paranoider Schizophrenie leiden. Im Gefängnis soll er medikamentös behandelt worden sein, kurz vor seiner Entlassung habe er die Tabletten aber abgesetzt, heißt es.

Doch auch psychisch kranke Menschen leben ja nicht isoliert auf einer Insel. Sie sind Teil unserer Gesellschaft, sie nehmen Stimmungen wahr, sie hören und sehen Nachrichten, sie sind im Internet unterwegs. In polnischen Gefängnissen läuft ausschließlich öffentlich-rechtliches Fernsehen, Stefan W. saß fünfeinhalb Jahre ein.

Die polnische Gesellschaft ist auf Erregung gepolt. Im Alltag, auf der Straße, ist der Hass kaum spürbar, aber in die sozialen Netzwerke, in die Nachrichten und Feuilletons ist ein derart apokalyptischer und gewaltvoller Ton eingezogen, als würden die Kommentatoren bei ihrer Arbeit die Messer wetzen.

Als der Bürgermeister noch schwerverletzt im Krankenhaus liegt, werden bereits die ersten Stimmen hörbar, die fordern, es müsse nun Schluss sein mit der gewaltvollen Sprache, in diesem Moment habe das Land die Chance, sich wieder zu vereinen. Ein paar Politikerinnen sprechen sich so aus, Künstler und Priester.

Der Tod des polnischen Papstes Karol Wojtyła im Jahr 2005 und der Flugzeugabsturz über dem russischen Smolensk fünf Jahre später markierten ähnliche Zäsuren. Auch da hieß es, wir dürfen den Hass nicht gewinnen lassen. Wir müssen zusammenstehen. Die Messer niederlegen. Lange hielten diese Appelle nie an.

Meine Tochter und ich sind in der Altstadt angekommen. Wir laufen den berühmten Langen Markt entlang, wo im Sommer die Touristen Bernstein oder Zuckerwatte kaufen und die Kinder sich bunte Strähnen in die Haare flechten lassen. Menschen mit Grablichtern laufen in die gleiche Richtung, einige tragen Fahnen mit dem Danziger Wappen, polnische Flaggen sehen wir nicht. Die Souvenirläden haben zu, ein Mitarbeiter der Pizzeria Napoli versucht wie immer, die Menschen von der Straße in sein Restaurant zu locken.

Der Platz vor dem Rathaus füllt sich schnell, am Ende werden es Tausende sein, und als die Gedenkfeier beginnt, hält ein Schauspieler eine kurze Ansprache, dann ein Rabbi, ein Priester, die Stellvertreterin des Bürgermeisters – und wieder Donald Tusk. Sie sprechen angenehm kurz, fast tonlos, und da fällt mir auf, wie selten es doch geworden ist, dass bei solchen Gedenkfeiern in Polen der Tote nicht gleich zum polnischen Helden, zum Märtyrer erhoben wird.

Dabei gäbe es viele Anknüpfungspunkte. Der Mord an Paweł Adamowicz ist so symbolträchtig, dass man es fast nicht glauben kann.

Adamowicz starb in Danzig, der Stadt, die wie keine andere für Freiheit und Solidarität steht. Er starb während einer Charity-Veranstaltung, die enorm beliebt ist bei allen Polen. Das Große Orchester der Weihnachtshilfe sammelt jedes Jahr Geld für Kinderkrankenhäuser. Es ist eine der wenigen Aktionen, die das Land vereinen, manche Polen sagen, der Tag des Spendenfinales sei ihnen fast so wichtig wie Heiligabend, so eine positive Energie gehe an diesem Tag durchs Land. Kurz vor dem Attentat stand Paweł Adamowicz auf der Bühne und zählte ausgerechnet einen Countdown ab. Einer seiner letzten Sätze war: »Es ist eine großartige Zeit, um Gutes zu teilen.« Nun, sagen manche, stehe sein Tod für den Tod einer Hoffnung: der auf ein vereintes Polen.

Im Herbst sind Parlamentswahlen. Laut Umfragen liegt die PiS derzeit, ein knappes halbes Jahr vorher, bei etwa 39 Prozent. Die meisten politischen Kommentatoren glauben an eine Wiederwahl.

Wie die Zukunft der neuen Partei Wiosna aussehen wird, ist unklar. Vielleicht kann sie zumindest die parlamentarische Opposition wiederbeleben. Die Robert-Biedroń-Tour jedenfalls geht weiter. Wer eine der zahlreichen Veranstaltungen besucht, erlebt eine perfekt choreographierte Politshow. Mit Anheizern, die für Stimmung sorgen, und einem Pop-Duo, das einen eigens für die Partei komponierten Song performt. Und dann schreitet Robert Biedroń von hinten nach vorn durch den Saal, greift nach den Handys der größtenteils jungen Menschen, die ein Foto mit ihm wollen. Biedroń ist braungebrannt, weißes Hemd, graue Haare. Er sieht gut aus, und er weiß das auch. Nur die Farben des Parteilogos, Lila und Orange, erinnern irgendwie an ein Telekommunikationsunternehmen. Wiosna steht derzeit, Mitte Mai, in Umfragen bei 8,7 Prozent.

Ist der Riss, der durch dieses Land geht, noch zu kitten? Am Ende meines Jahres in Polen, nach vielen Reisen und Gesprächen, glaube ich nicht mehr daran. Ein Jahr lang bin ich diesen Riss abgelaufen, diese Linie, die das Land trennt. Ich habe Menschen auf beiden Seiten getroffen, habe mit ihnen gesprochen, habe sie verstanden – und mich an derselben Stelle wieder von ihnen verabschiedet. Es ist, wie meine Freundin Dorota sagt: Die Polen haben sich auf ihrer jeweiligen Seite eingerichtet, es sich bequem gemacht. Jeder hat eigene Freunde, eigene Medien, sogar eigene Bäcker. Eine Wahrheit, eine Geschichte, eigene Helden. Die jeweils andere Seite ist für die Polen verloren. Wozu also kämpfen?

Vielleicht gilt der Graben zwischen den Polen auch deshalb als unüberwindbar, weil sich die eine Seite insgeheim in der anderen wiedererkennt – diese Seite aber nicht wahrhaben, sondern lieber vergessen will. Die Vergangenheit, die so schmerzt, oder die Zukunft, die so greifbar war und sich doch als unerreichbar herausgestellt hat. Polen hassen andere Polen, sagt man, sie tragen eine Art Selbsthass in sich. Deshalb schimpfen sie so über ihr Land, deshalb machen sie sich im Ausland lieber unsichtbar, haben eine eher schlechte Meinung von sich als Gemeinschaft. Vielleicht sind sie deshalb auch eher allein unterwegs, als Einzelgänger, nicht als solidarische Gruppe.

Andererseits: Was ist mit dieser Menge vor dem Danziger Rathaus, die um ihren Bürgermeister trauert? Mit diesen Menschen, die in aller Würde schweigen und weinen und einander anlächeln?

In den Tagen zwischen dem Mord und der Beerdigung wird Danzig in eine friedliche Trauer sinken. Die Kita wird uns mitteilen, der Fasching werde verschoben. Schwimmbäder werden Wettkämpfe absagen, viele Cafés werden sich entscheiden, tagelang keine Musik zu spielen. Die Schlangen der Menschen, die sich im Solidarność-Zentrum der Stadt ins Kondolenzbuch eintragen wollen, werden nicht abreißen. Mein Cousin wird mir erzählen, dass seine Frau jeden Abend weine und sein Sohn sich komplett verschlossen habe. Nur im Parlament, da wird Jarosław Kaczyński vor der angekündigten Schweigeminute für den Danziger Bürgermeister den Saal verlassen.

An diesem Montagabend steht die Menge vor dem Rathaus ruhig und still. Die Menschen haben ihre Mützen und Kapuzen heruntergezogen. Zwei Kameradrohnen sind zu hören, die über der Menge schwirren. Und gerade als ich mich frage, wann wohl wieder jemand sprechen wird, ertönt aus den Boxen eine gewaltige Männerstimme. Aber sie singt.

Es ist das Lied »Sound of Silence«, eigentlich von Simon & Garfunkel, aber in der Version der US-amerikanischen Metal-Band Disturbed, ohne Instrumente, nur diese eine Stimme, erst zart, dann verzweifelt und rauher und immer kraftvoller. Sie füllt den ganzen Platz rund um den Neptunbrunnen, den Langen Markt, den Hafen, all die Straßen ringsum. Sie singt vom trügerischen Schweigen, vom lähmenden Klang der Stille.

Von Leuten, die reden, ohne zu sprechen. Von Leuten, die hören, ohne zuzuhören. Von Leuten, die Lieder schreiben, die niemals jemand singt. *And no one dared disturb the sound of silence.*

Wir stehen da wie erstarrt, wie ertappt. Den Menschen um mich herum laufen die Tränen über die Wangen. Sie machen sich nicht die Mühe, sie wegzuwischen.

Ich schaue sie an, und in diesem Moment gebe ich auf. Ich will nicht mehr Reporterin sein – in dieser Stadt, in der ich aufgewachsen bin. In der meine Oma an der Uni für die Solidarność kämpfte. In der ein Teil meiner Familie immer noch wohnt. Nicht zum ersten Mal in diesem Jahr frage ich mich, wie es weitergehen wird mit diesem Land. Aber zum ersten Mal habe ich das Gefühl: Diese Frage geht auch mich was an. Zum ersten Mal in diesem Jahr bin ich wirklich verzweifelt. Zum ersten Mal fühle ich mich als Polin, als Danzigerin.

Fools, said I, you do not know
Silence like a cancer grows
Hear my words that I might teach you
Take my arms that I might reach you.
But my words like silent raindrops fell
And echoed in the wells of silence

Diese Worte schreit der Sänger fast, niemand bewegt sich, ein paar halten stumm ihre Handys in die Höhe. Eine ältere Frau hat die Augen geschlossen, sie schwankt, dann greift sie nach der Hand ihres Mannes. Ein anderer murmelt: »Unheimlich. Es ist, als würde Adamowicz zu uns sprechen.«

Die Laternen werfen ein schwaches Licht auf die Menge und die Häuser ringsum. Auf die Straßenzüge, die fast komplett zerstört waren und mit großer Mühe wiederaufgebaut wurden. Und als das Lied vorbei ist, höre ich plötzlich eine andere Stimme. Zart, von unten. »Mama, warum weinst du?«

DANKSAGUNG

Als (dann doch) deutsche Reporterin, die nach Polen fährt, wird einem nicht jede Tür geöffnet. Umso mehr möchte ich mich bei all den Menschen bedanken, die ihre Bedenken beiseitegeschoben und mit mir gesprochen haben. Erst recht bei denen, die vielleicht spürten, dass ich anders denke, anders lebe und anders wähle als sie.

Ich danke meiner Kollegin Alice Bota und meinem Kollegen Daniel Schulz für das gemeinsame Nachdenken über den Osten.

Meinen Freundinnen Dorota Masłowska, Natalia Fiedorczuk, Gosia Zamorska, Agnieszka Senga Walędziak und Magda Grzebałkowska danke ich für wichtige Gespräche und ihr großes Netzwerk, das mir so geholfen hat in diesem Jahr.

Ich danke den Erzieherinnen im Kindergarten »Niezapominajka« dafür, dass sie uns mitten im Schuljahr und mit offenen Armen empfangen haben.

Asia und Michał Zygmuntowicz, Katarzyna und Michał Kopczyńscy und Magda Kucko danke ich für weitere lebensrettende Kinderbetreuungsdienste. Und meinen Freundinnen Lea Hagen, Eleonora Pauli und Margarete Stokowski dafür, dass sie mir ein Zimmer zum Schreiben gaben, à la Virginia Woolf.

Ich danke meinem Verleger und Lektor Karsten Kredel und meiner Agentin Barbara Wenner, die es verstehen, im für mich richtigen Maß liebevoll und streng zu sein.

Und niemals zuletzt: meiner Tochter Ada. Für ihren großen Mut und ihre Freude am Neuen und Fremden. Ich danke ihr dafür, dass sie dieses polnische Jahr zu unserem gemacht hat.